Sir Arthur Conan Doyle

Ausgewählte Werke ~ Band 29

Lord Barrymore

Sir Arthur Conan Doyle

Lord Barrymore

ERZÄHLUNGEN

HERAUSGEGEBEN VON OLAF R. SPITTEL

VERLAG 28 EICHEN
BARNSTORF

Übersetzung aus dem Englischen
von Adolf Gleiner, Anne Koch, Rudolf Lautenbach,
Jürgen Meyer und Olaf R. Spittel.

Einzeltitel,Quellen und Übersetzer finden sich
am Schluß des Bandes.

Die Deutsche Bibliothek verzeichnet diese Publikation
in der Deutschen Nationalbibliographie.
Detaillierte bibliographische Daten sind im Internet über
http://dnb.ddb.de abrufbar.

ISBN 978-3-940597-70-0
2., veränderte Auflage.

Schattenriß auf Seite 2 aus: Bernhard Fehr: Die englische Literatur des 19.
und 20. Jahrhunderts. Akademische Verlagsgesellschaft Athenaion,
Berlin-Neubabelsberg 1923 nach: Bookman 1912.

Inhalt

Der Kapitän des „Polarstern“

Ein Auszug aus dem Tagebuch des
John M’Alister Ray, Student der Medizin

Am 11. September. 81° 40' nördlicher Breite, 2° östlicher Länge. Wir liegen inmitten ungeheurer Eisfelder. Das eine, das sich von uns nach Norden erstreckt und woran wir verankert sind, kann nicht viel kleiner sein als eine ganze englische Grafschaft. Rechts und links dehnen sich gleichfalls ununterbrochene Eisflächen bis zum Horizont hin ans. Heute früh meldete der Steuermann, nach Süden zu seien Anzeichen von Packeis. Sollte sich dieses als dick genug erweisen, unsere Rückfahrt zu verhindern, so würden wir in eine gefährliche Lage geraten, da, wie ich höre, die Lebensmittel bereits anfangen, knapp zu werden. Es ist schon spät im Jahre und wird allmählich wieder Nacht. Heute morgen sah ich gerade über der Fockraa einen Stern funkeln, den ersten seit Anfang Mai. Unter der Mannschaft herrscht ziemlich starke Unzufriedenheit; viele von den Leuten möchten gerne zurückkehren, um zur Heringssaison an der schottischen Küste zu sein, weil dort um diese Zeit viel Geld zu verdienen ist. Bis jetzt äußert sich ihr Mißvergnügen nur in mürrischen Gesichtern und finstern Blicken; aber der zweite Steuermann erzählte mir heute nachmittag, sie beabsichtigten eine Deputation zum Kapitän zu schicken, um ihm ihre Beschwerde vorzutragen. Ich bin gespannt, wie er das aufnehmen wird; denn er hat ein heftiges Temperament und ist sehr empfindlich gegen alles, was irgend wie ein Eingriff in seine Rechte aussieht. Ich will es übernehmen, nach dem Essen einmal mit ihm über die Sache zu reden; denn ich habe immer gefunden, daß ich ihm auch etwas sagen darf, was er von jedem anderen Mitglied der Besatzung zurückweisen würde. Auf der Steuerbordseite sieht man nach der Nordwestecke Spitzbergens hin die Amsterdam-Insel in Gestalt einer gezackten Linie vulkanischer Felsenspitzen, mit weißen Gletscherflächen dazwischen. Es ist ein eigenartiges Gefühl, wenn man bedenkt, daß sich die nächsten menschlichen Niederlassungen in Südgrönland befinden, also in einer Entfernung von gut neunhundert Meilen Luftlinie. Ein Kapitän nimmt doch eine große Verantwortung auf sich, wenn er unter solchen Umständen sein Schiff riskiert. In einer so vorgerückten Jahreszeit ist noch kein Walfischfahrer in diesen Breiten geblieben.

9 Uhr abends. Ich habe mit Kapitän Craigie Rücksprache genommen. Obwohl das Ergebnis nicht sonderlich befriedigend ist, muß ich doch sagen, daß er meine Vorstellungen wenigstens ruhig und sogar aufmerksam angehört hat. Als ich geendet hatte, sah ich auf seinem Gesicht den Ausdruck eiserner Entschlossenheit, den ich so oft darauf beobachtet habe, und er schritt einige Minuten in der engen Kajüte rasch auf und ab. Anfangs fürchtete ich, ihn ernstlich beleidigt zu haben; doch diesen Gedanken verscheuchte er bald selbst dadurch, daß er sich neben mich setzte und mir fast freundschaftlich die Hand auf den Arm legte. Auch in seinen wilden dunklen Augen lag eine Zärtlichkeit, die mich nicht wenig in Erstaunen setzte.

„Wissen Sie, Doktor“, sagte er, „es tut mir eigentlich leid, daß ich Sie überhaupt mitgenommen habe – wahrhaftig – und ich würde gerne fünfzig Pfund auf den Tisch des Hauses legen, wenn ich Sie wohlbehalten auf dem Quai in Dundee stehen sähe. Bei mir heißt’s diesmal: biegen oder brechen. Nördlich von uns gibt’s Fische. Wie können Sie sich unterstehen, den Kopf zu schütteln, Sir, wenn ich Ihnen sage, daß ich sie vom Top aus habe spritzen sehen?“

Dieser letzte Satz kam plötzlich ganz wütend heraus, ohne daß ich mir bewußt gewesen wäre, auch nur das geringste Zeichen des Zweifels ausgedrückt zu haben.

„Zweiundzwanzig Stück in ebenso viel Minuten, so wahr ich lebe, und keiner unter zehn Fuß.1 Meinen Sie nun, Doktor, daß ich von hier wegfahre, wo mich nur eine lumpige Eisscholle von meinem Glück trennt? Kommt der Wind morgen von Norden, so können wir das Schiff voll laden und fort sein, ehe uns die Kälte überfällt. Bekommen wir aber Südwind – nun, so sollte ich meinen, die Leute seien dafür bezahlt, daß sie ihr Leben wagen, und mir selbst liegt wenig daran; denn mich verknüpft mehr mit jener Welt als mit dieser. Nur Sie tun mir leid. Ich wollte, ich hätte den alten Angus Tait wieder mitgenommen, der mich auf meiner letzten Reise begleitete; denn das war ein Mann, den kein Mensch vermißt hätte; aber Sie – sagten Sie nicht mal, Sie seien verlobt?"

„Jawohl", antwortete ich, indem ich mein Medaillon an der Uhrkette ausdrückte und ihm das kleine Bildchen Floras zeigte.

„„Verdammt!" rief er und sprang von seinem Sitz auf; selbst sein Bart sträubte sich vor ..Wut. „Was geht Ihr Glück mich an? Was hab' ich mit der zu tun, daß Sie mir ihr Bild vor der Nase 'rum baumeln lassen?"

Ich glaubte fast, er würde sich in seinem Zorn an mir vergreifen; aber weiter fluchend riß er die Kajütentüre auf und stürzte hinaus ans Deck. Ich war ganz entsetzt über diese furchtbare Heftigkeit; denn bis dahin hatte er mich stets höflich und freundlich behandelt. Während ich diese Zeilen niederschreibe, höre ich, wie er über mir aufgeregt hin- und hergeht.

Ich möchte gerne eine Charakteristik dieses Mannes entwerfen; aber so was zu Papier zu bringen, ist nicht gut möglich, wenn man selbst nur eine vage und unbestimmte Vorstellung davon hat. Manchmal glaubte ich, ihn enträtselt zu haben; aber es dauerte nicht lange, so zeigte er sich in einem neuen Lichte, wodurch alle meine Schlüsse über den Haufen geworfen wurden. Vielleicht bekommt ja kein anderes Menschenauge diese Zeilen zu sehen; aber immerhin will ich, als eine Art psychologischer Studie, eine Erinnerung an Kapitän Nicholas Craigie zu hinterlassen versuchen.

Das Äußere eines Menschen liefert schon gewisse Anhaltspunkte zur Beurteilung seiner geistigen Eigenschaften Der Kapitän ist schön und groß gebaut; er hat ein düsteres, aber hübsches Gesicht und eine eigentümliche Art, mit den Gliedern zu zucken, was von Nervosität herrühren, aber ebenso gut einfach ein Ausfluß seiner übermäßigen Energie sein kann. Das Kinn und der ganze Schnitt seines Gesichts zeigen männliche Entschlossenheit; aber das Charakteristischste sind die Augen. Sie sind ganz dunkelbraun, klar und lebhaft, und in ihrem Ausdruck liegt eine seltsame Mischung von Sorglosigkeit und einem gewissen Etwas, das mir zuweilen mehr ein Entsetzen als sonst eine Gemütserregung anzudeuten schien. Gewöhnlich war der erstgenannte Seelenzustand vorherrschend; aber gelegentlich, besonders wenn er sich in nachdenklicher Stimmung befindet, pflegt sich der Ausdruck des Entsetzens so auf seinem Gesicht auszuprägen, daß es einen ganz anderen Charakter annimmt. In diesen Zeiten neigt er am meisten zu Wutanfällen. Das scheint er auch selbst zu wissen; denn ich habe häufig beobachtet, daß er sich dann einschloß, damit ihm niemand zu nahe kam, bis seine .böse Stunde wieder vorbei war. Er schläft in diesen Perioden auch schlecht, und ich habe ihn osters nachts laut schreien hören; da seine Kajüte jedoch ein Stück von meiner abliegt, habe ich die einzelnen Worte nie verstehen können.

Das ist eine Seite seines Charakters, und zwar die unangenehmste. Nur infolge unseres sehr engen Zusammenlebens, da wir Tag für Tag zusammen verkehren, habe ich Gelegenheit gehabt, sie kennen zu lernen. Sonst ist er ein ausgezeichneter Gesellschafter, belesen und unterhaltend und ein äußerst tüchtiger Seemann. Ich werde so leicht nicht vergessen, wie meisterhaft er das Fahrzeug lenkte, als wir anfangs April infolge eines Sturmes in das Treibeis geraten waren. Ich habe ihn nie so wohlgemut, ja heiter gesehen wie in jener Nacht, als er unter Blitz und Donner und dem Heulen des Sturmes auf der Brücke auf und abschritt. Er hat mir verschiedentlich erzählt, daß ihm der Gedanke an den Tod angenehm sei, was aus dem Munde eines jungen Mannes sehr traurig klingt. Er kann nicht viel über dreißig sein, obgleich Haar und Bart schon leicht ergraut sind. Es muß ihn ein schwerer Schicksalsschlag getroffen und sein ganzes Leben vernichtet haben. Womöglich würde mirs ebenso gehen, wenn ich meine Flora verlöre – wer weiß! Ich glaube, wenn sie nicht wäre, würde mir's sehr gleichgültig sein, ob der Wind morgen von Norden oder von Süden käme. Da, ich höre ihn die Kajüttreppe herunterkommen; er schließt sich ein; das ist ein Zeichen, daß er noch schlechter Laune ist. Nun heißt's zu Bett; denn die Kerze ist heruntergebrannt, und da sich der Steward zurückgezogen hat, gibt's keine neue mehr.

Am 12. September. Ein ruhiger, klarer Tag; wir liegen noch ebenso wie gestern. Das bißchen Wind kommt von Südosten; aber es ist nur ein kaum merklicher Luftzug. Der Kapitän befindet sich in einer besseren Stimmung; er entschuldigte sich beim Frühstück wegen seiner Grobheit. Er sieht jedoch immer noch etwas verstört aus, und in seinen Augen schlummert noch jener wilde Blick, der bei einem Hochschotten zu bedeuten pflegt, daß etwas im Anzuge ist – so versicherte mir wenigstens unser Oberingenieur, der bei dem keltischen Teil unserer Besatzung als Prophet und Zeichendeuter sich eines gewissen Rufes erfreut.

Es ist doch sonderbar, welche Herrschaft der Aberglaube über diesen hartköpfigen und praktischen Volksstamm erlangt hat. Wenn ich's nicht selbst erfahren hätte, würde ich es nie für möglich gehalten haben, daß er eine solche Ausdehnung annehmen kann. Auf dieser Reise hatten wir eine wahre Aberglauben-Epidemie, bis ich schließlich mit der Grog-Ration am Sonnabend gleichzeitig bestimmte Mengen die Nerven beruhigender und stärkender Mittel austeilte. Das erste Krankheitssymptom war, daß die Steuerleute kurz hinter den Shetlands-Inseln erklärten, sie hörten im Kielwasser klagende Laute und Rufe, als ob etwas hinterher schwämme, ohne das Schiff erreichen zu können. Diese Sinnestäuschung hielt während der ganzen Fahrt an, und zu Beginn des Robbenfanges war sie so stark, daß in dunklen Rächten die Mannschaft nur mit Mühe veranlaßt werden konnte, auf Wache zu gehen. Zweifellos kamen diese Töne entweder von den Reibungen der Ruderketten oder von vorbeifliegenden Seevögeln Ich bin mehrmals aus dem Bett geholt worden, um selbst zu horchen; ich brauche jedoch kaum zu bemerken, daß ich nie etwas

Unnatürliches hören konnte. Aber die Leute sind so fest von ihrer Auffassung überzeugt, daß man nicht mit ihnen darüber rechten kann. Ich erwähnte es einmal dem Kapitän gegenüber; aber zu meiner Überraschung faßte er die Sache durchaus ernst auf und schien tatsächlich von meiner Erzählung stark beunruhigt zu werden. Ich hätte gedacht, er wenigstens wäre über solchen Volksaberglauben erhaben. Bei dieser Abhandlung über den Aberglauben darf ich nicht vergessen, daß unser zweiter Steuermann, Mr. Manson, vergangene Nacht einen Geist gesehen hat – oder wenigstens behauptet, einen gesehen zu haben, was für ihn aufs Gleiche hinausläuft. Es ist eine ganz nette Abwechslung, ein neues Unterhaltungsthema zu haben, nachdem die Geschichten von Eisbären und Walfischen schon monatelang haben herhalten müssen. Manson schwört, daß das Schiff von Gespenstern heimgesucht werde und er keinen Tag darauf bleiben würde, wenn er wüßte, wo er sonst hingehen könnte. Der gute Mann befindet sich wahrhaftig in ehrlicher Aufregung, und ich mußte ihm heute morgen Chloral und Bromkali geben, um ihn zu beruhigen. Er schien ganz entrüstet zu sein, als ich ihm zu verstehen gab, er werde gestern abend wohl eins zu viel getrunken haben, und zu seiner Besänftigung hatte ich keine andere Wahl, als während seiner Erzählung, die er überzeugungsvoll und als unbestreitbare Tatsache vortrug, ein möglichst ernstes Gesicht zu machen. „Ich stand um zwölf Uhr auf der Brücke", sagte er, „gerade als es am dunkelsten war. Der Mond schien zwar ein bißchen; aber die Wolken jagten gewöhnlich darüber hin, so daß man nicht viel vom Schiff sehen konnte. John M'Leod, der Harpunierer, kam vom Fockmastkorb und meldete ein eigentümliches Geräusch am Steuerbordbug. Ich ging mit ihm hin, und wir hörten es beide; manchmal klang es wie das Rufen eines Kindes, manchmal wie Klagelaute von einem jungen Mädchen. Ich fahre nun schon siebzehn Jahre in diesen Breiten, hab' aber von Seehunden, alten oder jungen, nie solche Töne gehört. Als wir so dastanden, kam der Mond hinter einer Wolke hervor, und wir konnten beide sehen, wie eine weiße Gestalt quer über die Eisfläche lief und zwar in derselben Richtung, von der wir das Schreien gehört hatten. Eine

Zeitlang verloren wir sie aus dem Gesicht; aber es dauerte nicht lange, so tauchte sie am Backbord auf, und wir konnten ihren Schatten auf dem Eis hinhuschen sehen. Ich schickte einen Matrosen nach hinten, um eine Flinte zu holen, worauf M'Leod und ich hinunterstiegen, weil wir glaubten, es könnte vielleicht ein Bär sein. Drunten auf dem Eis verlor ich M'Leod; aber ich stürmte weiter in der Richtung, von der ich immer noch das Wehgeschrei hörte. Ich folgte dem Ruf eine Meile oder noch weiter, lief dann um einen Eishügel herum, bis ich es plötzlich droben stehen sah, als ob es auf mich wartete. Ich weiß nicht, was es war. Ein Bär war's sicher nicht; es war groß und weiß und aufrecht, und wenn es nicht ein Mann oder ein Weib gewesen ist, will ich meinen Kopf zum Pfand setzen, daß es noch was Schlimmeres war. Ich rannte, so rasch ich konnte, nach dem Schiff zurück und war heilfroh, als ich wieder an Bord war. Ich habe mich kontraktlich verpflichtet, auf dem Schiff meinen Dienst zu tun, und auf dem Schiff will ich auch bleiben; aber kein Mensch bringt mich nach Sonnenuntergang wieder aufs Eis hinaus."

Das ist die ziemlich wortgetreue Wiedergabe seiner Geschichte. Ich denke mir, daß die Gestalt, die er gesehen hat, trotz seiner gegenteiligen Versicherung weiter nichts gewesen ist, als ein auf den Hinterbeinen stehender junger Bär; diese Tiere richten sich nämlich häufig in dieser Weise auf, wenn sie verfolgt werden. Bei der unvollkommenen Beleuchtung würde in dieser Stellung dann eine gewisse Ähnlichkeit mit einem menschlichen Wesen vorhanden sein, zumal in den Augen eines Mannes, dessen Nerven bereits etwas angegriffen sind. Was es nun auch gewesen sein mag, jedenfalls war es ein unglückliches Vorkommnis, denn es übte ans die Mannschaft eine sehr unangenehme Wirkung aus. Sie blicken noch mürrischer drein als vorher, und ihre Unzufriedenheit wird immer unverhohlener. Der doppelte Unmut, am Heringsfang verhindert und auf einem Schiff eingesperrt zu sein, das sie als verhext bezeichnen, könnte sie leicht zu unüberlegtem Handeln hinreißen. Selbst die Harpunierer, die ältesten und zuverlässigsten Leute, schließen sich der allgemeinen Gärung an. Von dieser albernen Gespensterfurcht abgesehen, steht die Sache gar nicht schlecht. Das Packeis, das sich nördlich von uns gebildet hatte, ist zum Teil verschwunden, und das Wasser ist so warm, daß ich annehme, wir liegen in einem jener Ausläufer des Golfstromes, die sich zwischen Grönland und Spitzbergen nach Norden ziehen. Zahlreiche kleine Medusen und Dorisschnecken sowie große Mengen Krabben wimmeln um das Schiff herum, so daß höchst wahrscheinlich auch bald „Fische" gesichtet werden dürften. Tatsächlich hat man um die Mittagszeit einen blasen sehen, aber in einer solchen Lage, daß ihn die Boote unmöglich verfolgen konnten.

Am 13. September. Ich hatte eine interessante Unterhaltung mit unserem ersten Offizier, Mr. Milne, auf der Kommandobrücke. Der Kapitän scheint den Seeleuten und selbst den Schiffsreedern ein ebenso großes Rätsel zu sein wie mir. Mr. Milne erzählt mir, daß Kapitän Craigie, sobald nach der Rückkehr des Schiffes abgelöhnt ist, sofort verschwindet und sich nicht eher wieder sehen läßt, bis die nächste Saison naht. Dann begibt er sich ruhig in das Geschäftsbureau der Gesellschaft und fragt an, ob ein Posten für ihn frei sei. Er hat keinen Freund in Dundee, und kein Mensch kennt sein Vorleben. Seine Stellung hängt einzig und allein ab von seiner Tüchtigkeit als Seemann und von seinem Ruf in Bezug auf Mut und Kaltblütigkeit, welchen er sich schon als Steuermann erworben hat, ehe man ihm ein eigenes Kommando anvertraute. Die allgemeine Ansicht geht dahin, daß er gar kein Schottländer sei, sondern einen angenommenen Namen führe. .Mr. Milne glaubt, daß er sich nur darum der Walfischfängerei gewidmet hat, weil sie die gefährlichste Berufsart ist, die er wählen konnte, und weil er den Tod auf alle mögliche Weise sucht. Um seine Annahme zu begründen, führte er verschiedene Beispiele an, von denen eins, wenn es auf Wahrheit beruht, ziemlich merkwürdig ist. Einmal stellte er sich nicht im Bureau ein, so daß ein anderer an seiner Statt engagiert werden mußte. Das war zur Zeit des letzten russisch-türkischen Krieges. Als er im nächsten Frühling wieder erschien, hatte er eine starke Halswunde, die er durch die Krawatte zu verdecken suchte. Ob die Meinung des Offiziers, daß er an jenem Kriege teilgenommen habe, richtig ist oder nicht, kann ich nicht entscheiden. Auf alle Fälle war. es ein sonderbares Zusammentreffen.

Der Wind scheint nach Osten umspringen zu wollen, ist aber immer noch sehr schwach. Es kommt mir vor, als ob uns das Eis seit gestern näher gerückt sei. So weit das Auge reicht, sieht man nach allen Seiten eine einzige weiße Fläche, die nur hie und da durch einen Spalt oder den dunklen Schatten eines Eisberges unterbrochen ist. Südlich haben wir noch einen schmalen Streifen blauen Wassers, unsere einzige Hoffnung, herauszukommen; aber auch dieser wird alle Tage enger. Der Kapitän lädt eine schwere Verantwortung auf sich. Wie ich höre, sind die Kartoffelbehälter leer, und sogar das Brot fängt an, knapp zu werden; aber er zeigt dasselbe erbarmungslose Gesicht und bringt den größten Teil des Tages auf der Brücke zu, den Horizont mit dem Glase absuchend. Sein Benehmen mir gegenüber hat sich vollständig geändert; er scheint meine Gesellschaft zu meiden; aber die Zornesausbrüche von neulich abends haben sich nicht wiederholt.

Sieben Uhr dreißig Minuten nachmittags. Mein schon längere Zeit bestehender Verdacht ist mir endlich zur vollen Gewißheit geworden: wir werden von einem Irrsinnigen kommandiert. Sonst wären die Absonderlichkeiten und Narrheiten Kapitän Craigies nicht zu verstehen. Es ist ein Glück, daß ich dieses Tagebuch geführt habe; denn falls wir zu irgendwelchen Zwangsmaßregeln gegen ihn genötigt sein sollten, kann es zu unserer Rechtfertigung dienen; freilich würde ich nur im äußersten Notfall zu diesem Schritt meine Einwilligung geben. Merkwürdigerweise erklärte er selbst Mondsucht und nicht bloße Exzentrizität als die Ursache seines seltsamen Benehmens. Er stand schon ungefähr eine Stunde auf der Brücke und blickte wie gewöhnlich unverwandt durch sein Fernrohr, während ich auf Deck auf- und abspazierte. Die Mehrzahl der Mannschaft ist unten beim Tee; denn es wurde in der jüngsten Zeit nicht mehr regelmäßig gewacht. Des Hin- und Hergehens müde, lehnte ich mich gegen die Railings und bewunderte das sanfte Glühen, das die untergehende Sonne auf den unermeßlichen Eisfeldern hervorzauberte, die uns von allen Seiten umgeben. Aus dieser Träumerei, in die ich allmählich versunken war, wurde ich plötzlich durch eine rauhe Stimme emporgeschreckt. Ich drehte mich um und sah den Kapitän neben mir stehen. Er war von der Brücke heruntergestiegen und starrte hinaus über das Eis hinweg. In seinem Blick stritten Entsetzen und Erstaunen und ein gewisser Ausdruck der Freude um die Vorherrschaft. Trotz der Kälte liefen ihm große Schweißtropfen die Stirne herunter; er war furchtbar aufgeregt. Seine Glieder zitterten wie bei jemandem, der im nächsten Moment in epileptische Krämpfe verfällt; die Linien um seinen Mund waren straff und hart.

„Sehen Sie!“ keuchte er und faßte mich fest am Handgelenk, aber den Blick noch immer auf die ferne Eisfläche gerichtet und den Kopf langsam in horizontaler Richtung bewegend, als ob er einen Gegenstand verfolge, der über das Gesichtsfeld huschte. „Sehen Sie! Dort, Mann, dort! Zwischen den Eisbergen! Jetzt kommt sie zwischen den entferntesten vor! Sie sehen sie – Sie müssen sie sehen! Dort ist sie noch immer! Sie flieht vor mir; bei Gott, sie flieht – jetzt ist sie weg!“

Die letzten paar Worte stieß er flüsternd und in einem so schmerzerfüllten Tone hervor, den ich nie im Leben vergessen werde. Er umklammerte die Strickleiter, um daran emporzuklimmen und so noch einen letzten Blick zu erwischen von dem scheidenden Bilde. Seine Kraft reichte jedoch nicht mehr aus; er taumelte zurück gegen die Salonfenster, an die er zitternd und erschöpft gelehnt blieb. Sein Gesicht war so bleich, daß ich jeden Augenblick eine vollkommene Ohnmacht befürchtete. Ich führte ihn daher unverzüglich die Treppe hinunter und legte ihn in meiner Kajüte auf das Sofa. Dann hielt ich ihm etwas Branntwein an die Lippen, ließ ihn daran riechen und goß ihm ein wenig davon ein. Dieses Mittel war von wunderbarer Wirkung. Das blutleere Gesicht rötete sich allmählich wieder, und die zitternden Glieder beruhigten sich. Er erhob sich, stützte sich auf den Ellbogen, und als er sich durch einen Blick ins Zimmer überzeugt hatte, daß wir allein waren, nickte er mir zu, zu ihm zu kommen und mich zu ihm zu setzen.

„Sie haben's gesehen, nicht wahr?" fragte er noch in demselben gedämpften ängstlichen Tone, welcher der furchtbaren Natur dieses Mannes so fremd war.

„Nein, ich habe nichts gesehen."

Da sank sein Kopf wieder zurück auf das Kissen. „Nein, ohne das Glas wird er wohl nicht", murmelte er, „konnte er ja nicht. Das Glas war's, das sie mir zeigte, und dann die Augen der Liebe – die Augen der Liebe. Lassen Sie den Steward nicht 'rein, Doktor! Er dächte, ich wäre verrückt. Schließen Sie lieber ab, bitte."

Ich stand auf und tat, was der Kapitän mich geheißen hatte. Er blieb eine Weile ruhig liegen, offenbar in Gedanken versunken. Dann richtete er sich wieder auf den Ellbogen ans und bat mich um noch etwas Branntwein.

„Sie glauben's doch nicht, Doktor. nicht wahr?" fragte er, als ich die Flasche wieder in den Wandschrank zurücksetzte. Sagen Sie mir jetzt als Mann zu einem Mann; glauben Sie, daß ich wahnsinnig sei?"

„Ich glaube", antwortete ich, „es bedrückt Sie etwas, das Sie aufregt und Ihnen viel Kummer bereitet."

„Das stimmt, mein Lieber!" rief er laut, und seine Augen funkelten unter der Wirkung des Alkohols. „Mich bedrückt viel, sehr viel. Aber ich kann noch Länge und Breite bestimmen, mit dem Sextanten umgehen und meine Logarithmen aufsuchen. Vor einem Gerichtshof könnten Sie mich noch nicht für verrückt erklären, nicht wahr, nicht?" Es war eine seltsame Sache, zu hören, wie dieser Mann dalag und kaltblütig die Frage seiner eigenen Zurechnungsfähigkeit erörterte.

„Vielleicht nicht", erwiderte ich; „aber trotzdem würden Sie meines Erachtens gut tun, möglichst rasch nach Hause zurückzukehren und eine Zeitlang der Ruhe zu pflegen."

„Zurückkehren, heh?" murmelte er höhnisch. „Einmal in meinem Interesse und zweimal in Ihrem, mein Junge. Der Ruhe pflegen mit Flora – der kleinen niedlichen Flora. Sind böse Träume ein Zeichen von Wahnsinn?"

„Zuweilen", antwortete ich.

„Was sind sonst welche? Was pflegen die ersten Symptome zu sein?"

„Kopfschmerzen, Ohrensausen, Blitzen vor den Augen, Sinnestäuschungen –“

„Halt! Warten Sie mal!“ unterbrach er mich; „was ist damit? Was verstehen Sie unter einer Sinnestäuschung?“

„Wenn man etwas sieht, das nicht da ist, so spricht man von einer Sinnestäuschung.“

„Aber sie *war* da!“ stöhnte er, „sie *war* da!“ Damit stand er auf, riegelte die Türe auf und begab sich langsam und sicheren Schrittes nach seiner eigenen Kabine, wo er bestimmt bis morgen früh bleiben wird. Was er sich auch zu sehen eingebildet haben mag, sein Nervensystem scheint einen furchtbaren Stoß bekommen zu haben. Der Mann wird mit jedem Tag rätselhafter, obwohl seine eigene Annahme, daß sein Geist angegriffen sei, zweifellos richtig ist. Ich glaube nicht, daß sein Verhalten auf ein schlechtes Gewissen zurückzuführen ist. Dieser Meinung sind allgemein die Offiziere und, wie mir’s vorkommt, auch die Mannschaft. Aber mir macht er nicht den Eindruck eines schuldbeladenen Mannes, sondern eines solchen, der einen schweren Schicksalsschlag erlitten hat und der eher als Märtyrer denn als Verbrecher anzusehen ist.

Der Wind drehte sich heute nacht nach Süden. Gott sei uns gnädig, wenn er die enge Durchfahrt versperrt, die unseren einzigen Ausweg bildet! In unserer Lage am Rande der großen arktischen Packeis-Zone oder der „Grenzmauer“, wie sie die Walfischfänger nennen, fegt jeder Nordwind das Eis um uns herum auseinander und gestattet uns so die Durchfahrt, während Südwinde das sämtliche Treibeis hinter uns zusammenwehen und uns zwischen zwei undurchdringlichen Eismassen einkeilen. Ich wiederhole nochmals; Gott sei uns gnädig!

Am 14. September. Heute ist Sonntag und Rasttag. Meine Befürchtungen haben sich bestätigt; der schmale blaue Wasserstreifen nach Süden ist verschwunden. Man sieht nichts mehr als gewaltige unbewegliche Eisfelder mit zauberhaften Bergen und phantastischen Spitzen. Über der weiten Fläche liegt eine furchtbare, unheimliche Ruhe. Das Brausen der Wogen, das Geschrei der Möwen, das Flattern der Segel, alles hat aufgehört; es herrscht nur nach eine einzige allgemeine tiefe Stille, zu der das Murmeln der Seeleute und das Poltern ihrer Stiefel auf dem glänzenden Deck unpassend und unangebracht scheint. Unser einziger Besucher war ein Polarfuchs, ein seltenes Tier auf dem Eis, so häufig es auch auf dem Land ist. Er kam jedoch nicht an das Schiff heran, sondern lief, nachdem er uns von ferne beobachtet hatte, in eiliger Flucht davon. Dieses Gebaren war auffallend, weil diese Tiere den Menschen gewöhnlich nicht kennen und in ihrer natürlichen Neugierde so zutraulich werden, daß man sie leicht fangen kann. So unglaublich es auch scheinen mag, selbst dieser unbedeutende Zwischenfall rief bei der Besatzung eine schlimme Wirkung hervor. „Das arme Vieh wittert besser, jawohl, und sieht besser als ihr oder ich!“ erklärte einer der führenden Harpunierer, und die übrigen nickten zustimmend mit dem Kopf. Gegen solch kindlichen Aberglauben anzukämpfen, ist ein vergebliches Beginnen. Diese Leute haben den festen Glauben, daß ein Fluch auf dem Schiff ruht, und nichts wird sie je vom Gegenteil überzeugen.

Der Kapitän blieb den ganzen Tag unsichtbar bis auf eine halbe Stunde am Nachmittag, da er auf Deck kam. Ich bemerkte, daß sein Blick auf jene Stelle geheftet war, wo er gestern die Gestalt geschaut hatte, und ich war auf einen neuen Anfall gefaßt; aber es erfolgte keiner. Er schien mich gar nicht zu sehen, obgleich ich dicht neben ihm stand. Den Gottesdienst versah wie gewöhnlich der Oberingenieur. Es berührt eigentümlich, daß auf Walfischfahrern das Gebetbuch der anglikanischen Kirche zu Grunde gelegt wird, obschon weder von den Offizieren noch von der Mannschaft jemand dieser Kirche angehört. Unsere Leute sind sämtlich Katholiken oder Presbyterianer, wobei jene überwiegen. Da also eine Kirchenordnung angewandt wird, die diesen beiden Konfessionen fremd ist, so kann sich keine beklagen, daß die andere vorgezogen werde, und sie hören alle aufmerksam und andächtig zu; insofern hat dieses System entschieden etwas für sich.

Der Sonnenuntergang war wunderbar; die riesigen Eisflächen sahen wie ein großer See von Blut aus. Eine prachtvollere und gleichzeitig zauberischere Wirkung habe ich noch nie beobachtet. Der Wind dreht sich. Falls er vierundzwanzig Stunden von Norden bläst, kann noch alles gut werden.

Am 15. September. Heute ist Floras Geburtstag. Teures Mädchen! Es ist gut, daß sie ihren Jungen, wie sie mich zu nennen pflegt, nicht sehen kann, wie er zwischen den Eisfeldern eingeschlossen ist, mit einem wahnsinnigen Kapitän an Bord und einem Vorrat von Lebensmitteln, die nur noch für wenige Wochen reichen werden. Sicher studiert sie alle Morgen im „Scotsman" die Schiffslisten, um zu sehen, ob wir noch nicht von Shetland gemeldet sind. Ich muß der Mannschaft mit gutem Beispiel vorangehen und frech und sorglos dreinschauen; aber, weiß Gott, manchmal ist mir das Herz recht schwer.

Das Thermometer zeigt heute neunzehn Grad Fahrenheit. Die Brise ist nur gering; aber das bißchen kommt aus einer ungünstigen Ecke. Der Kapitän ist ausgezeichnet gelaunt; ich glaube, der arme Kerl hat während der Nacht noch mehr Erscheinungen gehabt; denn er kam heute früh bei guter Zeit in meine .Kabine, beugte sich über meine Koje und flüsterte mir ins Ohr: „Es war keine Täuschung, Doktor; die Sache hat ihre Richtigkeit." Nach dem Frühstück bat er mich, festzustellen, wie viel Vorräte wir noch hätten. Ich beeilte mich mit dem zweiten Offizier, seinen Wunsch zu erfüllen. Es sind sogar weniger, als wir vermutet hatten. Vorne haben wir noch eine große Kiste Schiffszwieback, drei Faß Salzfleisch und einen kleinen Rest Kaffee und Zucker. Im hinteren Proviantraum und den Schränken gibt es noch Leckerbissen wie Lachs, Gemüse, Hülsenfrüchte, Büchsen, Suppen-, Hammelfleisch etc; aber bei einer Besatzung von fünfzig Mann will das alles nicht viel heißen. Außerdem besitzen wir noch zwei Faß Mehl und einen unbeschränkten Vorrat an Tabak. Alles in allem haben wir ungefähr genug, um uns bei halben Rationen noch etwa achtzehn bis zwanzig Tage halten zu können – länger ganz gewiß nicht. Als wir dem Kapitän diesen Stand der Dinge gemeldet hatten, befahl er, die gesamte Mannschaft auf Deck antreten zu lassen. Ich habe ihn nie in einer vorteilhafteren Stellung gesehen. Mit seiner großen schönen Gestalt, dem dunklen lebhaften Gesicht schien er der geborene Befehlshaber. Er setzte ihnen die Lage in kühler Seemannsart auseinander, zeigte aber doch, daß er die Gefahr nicht verkannte und für jeden Ausweg, zu entrinnen, ein offenes Auge hatte.

„Leute“, sagte er, „ihr werdet gewiß denken, daß ich euch in diese Falle gelockt habe, wenn es eine ist, und mancher von euch wird mir deshalb grollen. Aber ihr müßt auch bedenken, daß viele Jahre lang kein heimkehrendes Fahrzeug so reiche Beute mitgebracht hat wie der alte „Polarstern“, und jeder von euch hat seinen Anteil bekommen. Ihr könnt eure Frauen und Kinder in auskömmlichen Verhältnissen zurücklassen, während sie andere arme Teufel bei ihrer Rückkehr im Armenhaus finden. Wenn ihr mir für das eine zu Dank verpflichtet seid, so müßt ihr auch das andere in den Kauf nehmen; dann sind wir quitt. Wir haben schon vorher manches kühne Abenteuer zusammen gewagt, und es ist uns gelungen; wenn wir nun eins gewagt haben und es ist fehlgeschlagen, so ist das kein Grund, darüber zu wehklagen. Sollte das Allerschlimmste über uns hereinbrechen, so können wir über das Eis an Land gehen und dort von Seehunden leben, bis der Frühling anbricht. Doch wird’s so weit nicht kommen; denn ehe drei Wochen um sind, werdet ihr die schottische Küste wiedersehen. Von jetzt ab muß sich jeder Mann mit halben Rationen begnügen, einer wie der andere; keiner darf begünstigt werden. Also Mut! Dann werdet ihr auch diese Gefahr überstehen, wie ihr vorher schon so viele überstanden habt.“

Mit diesen wenigen einfachen Worten wirkte er Wunder bei der Besatzung. Seine frühere Unbeliebtheit war verschwunden, und der alte Harpunierer, den ich wegen seines Aberglaubens schon erwähnt habe, brachte drei Hoch auf ihn aus, in die alle Mann begeistert einstimmten.

Am 16. September. Der Wind hat sich während der Nacht nach Norden umgedreht, und die Eisdecke scheint sich öffnen zu wollen. Die Leute sind trotz der halben Rationen guten Mutes. Das Schiff liegt unter Dampf, um, sobald sich eine Gelegenheit zum Entrinnen bietet, keine Verzögerung zu haben. Der Kapitän ist ganz ausgezeichnet gelaunt, obwohl jener „wilde“ Ausdruck, von dem ich oben bereits gesprochen habe, noch nicht verschwunden ist. Diese plötzliche Heiterkeit beunruhigt mich mehr als seine frühere Niedergeschlagenheit. Ich kann sie nicht begreifen. Wenn ich nicht irre, habe ich an anderen Stellen dieses Tagebuches schon mehrmals erwähnt, daß er seltsamerweise keinen Menschen seine Kajüte betreten läßt, sondern sich selbst das Bett macht und auch alle sonstigen Verrichtungen selbst besorgt. Zu meiner nicht geringen Überraschung gab er mir heute den Schlüssel und bat mich, hinunterzugehen und von seinem Chronometer die Zeit zu notieren, während er den Sonnenstand um Mittag messen wollte. Es ist ein kleiner kahler Raum, worin ein Waschtisch und einige Bücher stehen; sonst befinden sich, von einigen Bildern an den Wänden abgesehen, keine Luxusgegenstände darin. Auch die Bilder sind größtenteils billige Öldrucke; nur ein Mädchenkopf in Aquarell fesselte meine Aufmerksamkeit. Es war offenbar ein Porträt, aber keine von jenen Phantasie-Typen weiblicher Schönheit, wie sie Seeleute vielfach mit sich führen. Kein Künstler hätte aus sich heraus eine so eigentümliche Mischung von Energie und Schwäche zur Darstellung bringen können. Die schmachtenden, träumerischen Augen mit den langen Wimpern und die breite, niedrige Stirn, nicht gefaltet vom Denken oder von Sorgen, standen in schroffem Gegensatz zu dem scharfgeschnittenen vorspringenden Kiefer und der Entschlossenheit verratenden Bildung der Unterlippe. In einer Ecke des Bildes stand geschrieben: „M. B., aet.[1] 19." Daß jemand in dem kurzen Zeitraum von neunzehn Lebensjahren eine solche Willenskraft entwickelt haben sollte, wie sie auf diesem Gesicht zum Ausdruck gebracht war, schien mir nahezu unglaublich. Sie mußte ein außergewöhnliches Weib gewesen sein. Ihre Züge haben einen so unauslöschlichen Eindruck auf mich gemacht, daß ich sie, obwohl ich nur einen flüchtigen Blick auf sie geworfen habe, wenn ich ein Zeichner wäre, Strich für Strich auf diesem Tagebuchblatt wiedergeben könnte. Ich wäre neugierig, welche Rolle sie im Leben unseres Kapitäns gespielt hat. Das Bild hängt über dem

---

1 aet. – after extra time; im Football: nach Verlängerung, hier soviel wie „im Alter von".

Fußende seines Bettes, so daß er es stets vor Augen hat. Wenn er kein so verschlossener Mann wäre, würde ich mal darauf zu sprechen kommen. Von den übrigen Gegenständen in seiner Kabine bot keiner ein besonderes Interesse – Uniformstücke, ein Klappstuhl, ein kleiner Spiegel, ein Tabakbeutel und eine Menge Pfeifen, darunter eine orientalische Huhka – die, nebenbei bemerkt, als ein Beweis der Erzählung des Mr. Milne dienen könnte, nämlich, daß der Kapitän am russisch-türkischen Kriege teilgenommen habe; freilich ist der Zusammenhang etwas gesucht.

Elf Uhr zwanzig Minuten nachts. Der Kapitän hat sich nach einer Unterhaltung über allgemeine Gegenstände eben zu Bette begeben. Wenn er will, kann er ein ganz bezaubernder Unterhalter sein; denn er ist auffallend gut belesen und hat die Gabe, seine Meinung eindringlich zum Ausdruck zu bringen, ohne doch anmaßend zu erscheinen oder verletzend zu werden. Ich bin durchaus kein Freund von jemandem, der in geistiger Beziehung Fußtritte versetzt. Er sprach über das Wesen der Seele und umschrieb die Ansichten von Plato und Aristoteles über diesen Gegenstand in meisterhafter Weise. Er scheint an die Seelenwandernng und die Lehren des Pythagoras zu glauben. Bei dieser Erörterung berührten wir den modernen Spiritismus, und ich machte dabei eine scherzhafte Anspielung auf die Schwindeleien Clades. Zu meinem Erstaunen warnte er mich jedoch nachdrücklich, die Unschuldigen mit den Schuldigen zu verurteilen, und erklärte, mit derselben Logik könnte man auch das Christentum brandmarken, weil Judas, der jene Religion verkündigte, ein Schurke war. Kurz darauf sagte er mir gute Nacht und zog sich in seine Kajüte zurück.

Der Wind wird stärker und weht beständig von Norden. Die Nächte sind bereits so dunkel wie in England. Ich hoffe, daß wir morgen aus unsern Eissesseln erlöst werden.

Am 17. September. Wieder die alten Gespenstergeschichten! Gott sei Dank, daß ich starke Nerven habe! Der Aberglaube dieser armen Kerle und die umständlichen Berichte, die sie mit größtem Ernst und größter Überzeugungstreue liefern, könnten jedem Entsetzen einflößen, der nicht an solche Dinge gewöhnt ist. Es gibt eine ganze Anzahl verschiedener Versionen; aber sie laufen sämtlich darauf hinaus, daß alle Nacht ein Gespenst um das Schiff flattert, und daß es Sandie McDonald von Peterhead und der „lange“ Peter Williamson von Shetland sowie auch Mr. Milne auf der Brücke gesehen hätten; da sie nun drei Zeugen haben, können sie sicherer auftreten, als es der zweite Steuermann konnte. Ich sprach nach dem Frühstück mit Milne darüber und sagte ihm, er sollte doch über derartigen Unsinn erhaben sein und als Offizier den Leuten mit einem besseren Beispiel vorangehen. Er schüttelte jedoch sein wetterfestes Haupt und antwortete mit bezeichnender Vorsicht: „Vielleicht haben Sie Recht, Doktor, vielleicht auch nicht; ich hab’ ja auch nicht behauptet, daß es ein Gespenst war. Ich will nicht sagen, daß ich gerade an Seegeister und dergleichen glaube, obwohl es viele gibt, die behaupten, solches und noch schlimmeres gesehen zu haben. Ich fürchte mich so leicht nicht; aber vielleicht würden auch Ihnen die Haare etwas zu Berge gestiegen sein, mein lieber Mann, wenn Sie, statt am hellen Tage danach Umschau zu halten, gestern nacht bei mir gewesen wären und das entsetzliche grauweiße Ding gesehen hätten, wie es bald hier, bald dort auftauchte und in der Dunkelheit jammerte wie ein kleines Kind, das die Mutter verloren hat. Dann würden Sie wohl nicht so rasch bei der Hand sein und alles für Altweiberspuk erklären; davon bin ich überzeugt.“

Ich merkte, daß es hoffnungslos war, mit ihm darüber zu disputieren; so begnügte ich mich damit, ihn zu ersuchen, er möge mir das nächste Mal den Gefallen tun, mich zu rufen, wenn das Gespenst wieder erscheine – eine Bitte, die er mir zwar erfüllen wollte, von der er aber, wie aus seinen lauten Klagen hervorging, stark hoffte, daß sich ihm nie die Gelegenheit dazu bieten möchte.

Wie ich vermutet hatte, war die weiße Wüste hinter uns nach allen Richtungen von Wasserstreifen durchzogen. Unsere Breite war heute 80° 52'; daraus geht hervor, daß wir stark südlich treiben. Sollte der günstige Wind anhalten, so wird das

Eis ebenso schnell vergehen, wie es sich gebildet hat. Vorläufig können wir eben weiter nichts tun als unter Dampf bleiben, abwarten und das Beste hoffen. Ich bin rasch zum Fatalisten geworden. Sobald man mit so unbestimmten Faktoren zu tun hat wie Wind und Eis, bleibt einem nichts anderes übrig. Es ist leicht möglich, daß der Wind und der Sand der arabischen Wüste die ersten Anhänger des Propheten zu Fatalisten gemacht hat.

Solche Spuk-Nachrichten üben auf den Zustand des Kapitäns eine sehr üble Wirkung aus. Da ich befürchtete, diese neue törichte möchte sein empfindliches Gemüt wieder aufregen, so bemühte ich mich, sie von ihm fern zu halten; aber unglücklicherweise hörte er zufällig, wie einer von der Mannschaft darauf anspielte, und nun bestand er darauf, darüber aufgeklärt zu werden. Wie ich erwartet hatte, brachte sie den latenten Wahnsinn wieder zum Vorschein und zwar in der schlimmsten Form. Ich vermag kaum zu glauben, daß dies derselbe Mann ist, der sich gestern abend mit mir scharfsinnig und logisch über Philosophie unterhalten hat. Er läuft auf dem Deck auf und ab wie ein Tiger in seinem Käfig; manchmal bleibt er stehen, streckt mit klagender Gebärde die Hände aus und starrt ungeduldig über das Eis. Er murmelt fortwährend mit sich selbst, und einmal rief er aus; „Nur noch eine kleine Weile, Geliebte – nur noch eine kleine Weile!“ Armer Kerl, es ist ein Jammer, einen wackeren Mann und vollendeten Gentleman in einem solchen Zustand zu sehen und zu denken, daß Einbildung und Täuschung ein Herz beängstigen können, für das wirkliche Gefahren die Würze des Lebens bilden. War je ein Mann in einer solchen Lage wie ich, zwischen einem wahnsinnigen Kapitän und einer Gespenster sehenden Besatzung? Ich meine manchmal, ich sei der einzige vollständig gesunde Mensch an Bord – vielleicht mit Ausnahme des zweiten Maschinisten, der eine überlegende Natur ist und sich um keinen Teufel kümmert, so lange er ihn in Ruhe läßt und sein Werkzeug nicht in Unordnung bringt.

Das Eis geht immer mehr auseinander, so daß wir aller Wahrscheinlichkeit nach morgen früh abdampfen können. Sie werden mich zu Hause für einen Aufschneider halten, wenn ich ihnen all die sonderbaren Dinge erzähle, die mir passiert sind.

Zwölf Uhr Mitternacht. Ich bin stark erschüttert, obwohl ich mich augenblicklich dank einem Glase steifen Grogs schon wieder etwas ruhiger fühle. Doch bin ich, wie die Handschrift zeigen wird, kaum noch der Alte. Tatsächlich habe ich eine ganz seltsame Erfahrung hinter mir, und ich bezweifle allmählich, ob ich berechtigt war, alle Leute an Bord für verrückt zu erklären, weil sie Dinge gesehen zu haben behaupteten, die mein Verstand nicht begreifen konnte. Pah! Ich bin ein Narr, mich durch eine solche Lumperei beeinflussen zu lassen, und doch hat sie nach all diesen Beunruhigungen eine erhöhte Bedeutung; denn ich kann nun weder Mr. Mansons Erzählung bezweifeln noch die des Steuermanns, da ich selbst etwas erfahren habe, worüber ich früher zu spotten pflegte.

Bei alldem war es gar nichts allzu Beunruhigendes – ein bloßer Ton, weiter nichts. Ich kann nicht erwarten, daß irgend jemand, der dies liest, wenn es überhaupt je ein Mensch lesen sollte, mir es nachempfinden oder sich die Wirkung wird vorstellen können, die es damals auf mich ausgeübt hat. Es war nach dem Abendessen; ich war auf Deck gegangen und wollte in Ruhe eine Pfeife rauchen, ehe ich in meine Kabine ging. Die Nacht war sehr dunkel, so dunkel, daß ich, unter dem Beiboot stehend, den Offizier auf der Brücke nicht sehen konnte. Ich habe die ungewöhnliche Stille wohl bereits erwähnt, die in dieser Eiszone herrscht. In anderen Erdstrichen, und mögen sie noch so unbewohnt sein, hört man doch irgend ein leises Wehen der Luft – irgend ein schwaches Geräusch, sei es nun von entfernten menschlichen Ansiedlungen, von den Blättern der Bäume, von den Schwingen der Vögel oder von dem leisen Rascheln des Grases, das den Boden bedeckt. Man mag diese Geräusche tatsächlich gar nicht wirklich wahrnehmen; fehlten sie aber, so würde man sie doch vermissen. Nur hier in diesen arktischen Meeren fühlt man diese tiefe, unheimliche Ruhe in ihrer fürchterlichen Wirklichkeit. Das Trommelfell ist so gespannt, daß es den leisesten Laut auffängt, und das gleichgültigste Geräusch auf dem Schiff wird gierig aufgefaßt.

In diesem Zustande lehnte ich an den Railings, als durch die Stille der Nacht vom Eis her, fast gerade unter mir, ein scharfer, schriller Schrei an mein Ohr drang. Wie es mir schien, war er anfangs tief und wurde dann immer höher, bis er zum Schluß in einen langgezogenen Klagelaut ausklang, wie ihn ein Sterbender ausstößt. Der gräßliche Ton klingt mir jetzt noch im Ohr. Schmerz, unsäglicher Schmerz und eine große Sehnsucht schienen darin ausgedrückt zu sein; aber daneben konnte man auch ein gewisses Jauchzen heraushören. Es kam aus meiner nächsten Nähe, und doch konnte ich, als ich hinausstarrte in die Finsternis, nichts ernennen. Ich wartete ein Weilchen; aber der Klageruf wiederholte sich nicht. So begab ich mich denn nach unten, erschütterter als ich es je im Leben gewesen war. Als ich die Treppe hinunterging, begegnete ich Mr. Milne, der gerade heraufkam, um die Wache abzulösen. „Nun, Doktor", sagte er, „halten Sie es nun immer noch für Altweiberspuk? Haben Sie es jetzt winseln hören? Ist das vielleicht auch noch Aberglaube? Wie denken Sie nun darüber?" Ich konnte den ehrlichen Kerl nur um Entschuldigung bitten und ihm gestehen, daß ich mir's ebensowenig erklären könne wie er. Vielleicht stellt sich morgen alles in einem anderen Lichte dar. Augenblicklich darf ich kaum alles niederschreiben, was mein Gehirn durchwühlt. Denn wenn ich es einmal in kommenden Tagen lesen sollte, wenn alle diese Gedankenverbindungen aus meinem Kopf entschwunden sind, so würde ich die Achtung vor mir selbst verlieren, weil ich so schwach gewesen war.

Am 18. September. Ich verbrachte eine schlaflose und unruhige Nacht; jener unheimliche Klageschrei spukte immer in meinem Kopf herum. Auch der Kapitän macht den Eindruck, als ob er nicht viel geruht hätte; denn sein Gesicht ist verstört, und die Augen sind blutunterlaufen. Ich habe ihm mein Abenteuer von gestern abend nicht mitgeteilt und werde es auch nicht. Er ist so schon unruhig und erregt; bald steht er auf, bald setzt er sich wieder; er kann allem Anschein nach durchaus keine Ruhe finden.

Heute morgen zeigte das Eis, wie ich es erwartet hatte, einen feinen Durchgang, so daß wir den Eisanker lichten und ungefähr zwölf Meilen weit in west-südwestlicher Richtung weiter dampfen konnten. Dann mußten wir wegen einer großen Eisbank stoppen, die so dick war wie kaum eine hinter uns. Sie versperrt uns die Weiterfahrt vollkommen, so daß uns nichts weiter übrig bleibt, als wieder vor Anker zu gehen und zu warten, bis sie aufbricht, was, wenn wir günstigen Wind behalten, wahrscheinlich innerhalb der nächsten vierundzwanzig Stunden der Fall sein wird. Wir sahen verschiedene Robben schwimmen, eine davon, ein mächtiges Tier von über elf Fuß Länge, haben wir geschossen. Es sind wilde, kampflustige Tiere und sollen einem Eisbären gehörig zu schaffen machen. Glücklicherweise sind sie in ihren Bewegungen langsam und plump, so daß man sie auf dem Eis ohne große Gefahr angreifen kann. Der Kapitän ist offenbar nicht der Ansicht, daß wir bereits am Ende unserer Fährnisse angelangt seien. Ich kann mir freilich nicht vorstellen, warum er so trübe in die Zukunft blickt; denn alle übrigen Leute an Bord halten dafür, daß wir wunderbar gut entschlüpft sind und nun sicher die offene See erreichen werden.

„Mir scheint, Doktor, Sie glauben, es sei nun alles überstanden?“ sagte er, als wir nach dein Essen beisammen saßen.

„Ich hoffe es“, antwortete ich.

„Man darf nicht allzu vertrauensselig sein; aber trotzdem haben Sie Recht. Wir werden bald alle in den Armen unserer Lieben ausruhen, nicht wahr? Aber doch dürfen wir nicht zu vertrauensselig sein – dürfen wir nicht zu vertrauensselig sein.“

Der Kapitän schwieg eine Weile und schlenkerte, in Gedanken versunken, mit dem Bein hin und her. „Wissen Sie“, fuhr er dann fort, „es ist eine gefährliche Gegend hier, selbst im besten Falle – eine heimtückische, gefährliche Gegend, Ich habe schon Leute gekannt, die unter einem solchen Breitengrad im Nu von der Bildfläche verschwunden waren. Das geringste Versehen genügt zuweilen, das allergeringste Versehen, und krachend geht’s hinunter in die Tiefe; nur eine Welle auf dem grünen Wasser bezeichnet die Stelle, wo man sinkt. Komisch“, fuhr er mit einem nervösen Lachen fort; „trotzdem ist mir’s all die Jahre, die ich nun schon in diesen Zonen gefahren bin, noch nie in den Sinn gekommen, ein Testament zu machen. Ich will damit nicht sagen, daß ich etwas Besonderes zu hinterlassen habe; aber immerhin, wenn jemand Gefahren ausgesetzt ist, sollte er alles geordnet haben; finden Sie das nicht auch?“

„Gewiß“, gab ich zur Antwort, mich wundernd, worauf in aller Welt er hinaus wollte.

„Er ist beruhigter, wenn er weiß, daß alles in Ordnung ist“, fuhr er fort. „Nun, falls mir was zustoßen sollte, hoffe ich, daß Sie sich meiner Sachen annehmen. Es ist ja nur wenig in der Kajüte; aber was eben da ist, möchte ich gerne verkauft und den Erlös im selben Verhältnis unter die Besatzung verteilt haben wie das Beutegeld. Den Chronometer behalten Sie, bitte, selbst als kleines Erinnerungszeichen an unsere Reise. Das sind natürlich alles bloß Vorsichtsmaßregeln; aber ich wollte nur mal die Gelegenheit benutzen und mit Ihnen darüber sprechen. Ich glaube doch, daß ich mich nötigenfalls auf Sie verlassen kann?“ „Ganz gewiß“, antwortete ich; „da Sie übrigens darauf kommen, so darf ich umgekehrt wohl auch –“

„Sie! Sie!“ unterbrach er mich. „Was zum Teufel ist denn mit Ihnen los? Nun, ich will nicht beleidigend werden; aber ich höre gar nicht gern, wenn ein junger Kerl, der kaum zu leben angefangen hat, ans Sterben denkt. Gehen Sie ’nauf auf das Deck und kühlen Sie sich ordentlich ab, anstatt hier unten Unsinn zu reden und mich damit anzustecken.“

Je mehr ich über diese Unterhaltung nachdenke, um so weniger gefällt sie mir. Warum sollte der Mann gerade jetzt seine Angelegenheiten ordnen wollen, da wir alle Gefahren überwunden zu haben scheinen? In seinem Wahnsinn muß Methode liegen. Vielleicht hat er Selbstmordgedanken? Aber ich entsinne mich, daß er bei einer Gelegenheit in ehrlicher Entrüstung über die Abscheulichkeit dieses Verbrechens sprach. Immerhin werde ich ein wachsames Auge auf ihn haben, und wenn ich auch nicht in die Stille seiner Kajüte zu ihm dringen kann, so will ich wenigstens so lange auf Deck bleiben, als er oben ist.

Mr. Milne sucht meine Befürchtungen zu zerstreuen und erklärt, das sei nur so „die Art des Kapitäns“. Er betrachtet die Lage sehr rosig. Seiner Meinung nach werden wir übermorgen aus der Eiszone heraus sein und in etwas über einer Woche die Shetland-Inseln sichten. Ich will hoffen, daß sich seine Ansichten nicht als zu optimistisch erweisen. Auf alle Fälle bietet seine Auffassung ein bedeutsames Gegengewicht gegen die düsteren Vorsichtsmaßregeln des Kapitäns; denn er ist ein alter, erfahrener Seemann, der wohl überlegt, ehe er etwas sagt.

Die lange befürchtete Katastrophe ist endlich eingetreten. Ich weiß kaum, was ich darüber schreiben soll. Der Kapitän ist fort. Es mag ja sein, daß er lebend zu uns zurückkehrt; aber ich fürchte – ich fürchte –. Es ist jetzt sieben Uhr morgens am 19. September. Ich habe mit einer Anzahl Matrosen die ganze Nacht die große Eisbank abgesucht, um irgend eine Spur von ihm zu entdecken, aber vergeblich. Ich will im Folgenden versuchen, die Umstände wiederzugeben, die auf sein Verschwinden Bezug haben. Sollte jemand diesen Bericht lesen, so möge er dabei bedenken, daß ich nicht Mutmaßungen oder Erzähltes niederschreibe, sondern als normaler und gebildeter Mann genau das schildere, was sich vor meinen Augen tatsächlich zugetragen hat. Die Nebenbemerkungen und Schlüsse sind mein eigenes Produkt; aber die Tatsachen sind vollkommen objektiv beschrieben.

Der Kapitän zeigte nach unserer erwähnten Unterhaltung eine ausgezeichnete Laune. Allerdings erschien er nervös und ungeduldig; denn er wechselte häufig den Ort und seinen Sitz und bewegte seine Glieder in veitstanzähnlicher Weise, wie sie zuweilen charakteristisch für ihn ist. In einer Viertelstunde lief er siebenmal auf's Deck, kam aber immer nach wenigen eiligen Schritten gleich wieder herunter. Ich ging jedes Mal hinter ihm her; denn ich bemerkte einen Zug an ihm, der mich in meinem Entschluß, ihn nicht aus den Augen zu verlieren, nur noch bestärkte. Die Wirkung seines nervösen, unsteten Wesens schien ihm nicht entgangen zu sein; denn er bemühte sich, durch übermäßige Heiterkeit, indem er über den unbedeutendsten Scherz beständig lachte, meine Besorgnisse zu zerstreuen.

Nach dem Abendessen ging er wieder nach dem Hinterteil des Schisses, und ich folgte ihm wieder. Die Nacht war dunkel und sehr still; man hörte weiter nichts als das melancholische Ächzen der Sparren. Im Nordwesten stieg eine dichte Wolke auf, und ihre seltsam gestalteten Fühler, die sie vor sich ausstreckte, trieben über die Mondscheibe hin, so daß sie nur hin und wieder durch eine Spalte einige Lichtstrahlen auf unser Fahrzeug fallen ließ.

Der Kapitän schritt in raschem Tempo hin und her, und als er sah, daß ich ihm stets folgte, kam er nach einer Weile auf mich zu und gab mir zu verstehen, daß er es für besser hielte, wenn ich hinunterginge. Ich brauche wohl kaum zu bemerken, daß ich nun erst recht oben blieb.

Danach vergaß er, glaube ich, meine Anwesenheit vollständig. Stumm stand er an der Backbord-Railing und blickte hinaus auf die unendliche Schneewüste, von der ein Teil im Schatten lag, während der andere nebelhaft im Mondlicht glitzerte. Mehrmals konnte ich an seinen Bewegungen erkennen, daß er nach der Uhr sah, und einmal hörte ich ihn einen kurzen Satz murmeln, von dem ich jedoch nur das eine Wort „bereit“ verstehen konnte. Ich muß gestehen, es durchzog mich ein eigentümliches Gefühl, als ich die große dunkle Gestalt dieses Mannes so stehen sah und bemerkte, wie er sich genau so gebärdete wie jemand, der ein Stelldichein verabredet hat und wartet. Aber ein Stelldichein mit wem? Als ich so darüber nachdachte, stieg eine ganz vage Vorstellung in mir auf; aber trotzdem war ich auf das, was folgte, keineswegs gefaßt.

An der plötzlichen Spannung seiner ganzen Gestalt merkte ich, daß er etwas sehen mußte. Ich schlich mich näher an ihn heran. Er starrte mit forschendem Blick nach einem gewissen Etwas, das wie ein Nebelgewebe aussah und rasch in der Richtung des Schiffes einherschwebte. Es war ein undeutlicher, nebelhafter, gestaltloser Körper, manchmal mehr, manchmal weniger sichtbar, je nachdem das Mondlicht fiel. Im Augenblick war es durch einen ganz zarten Wolkenschleier getrübt.

„Ich komme, mein Lieb, ich komme!“ rief der Kapitän in einem Tone voll Zärtlichkeit und Mitleid, wie jemand, der eine Geliebte erblickt, nach der er lange sehnsüchtig Umschau gehalten hat, und glücklich ist, sich nun endlich mit ihr vereinigen zu können.

Was nun folgte, war das Werk eines Augenblicks, und ich hatte keine Zeit, es zu vereiteln. Ein Sprung, und er war oben auf den Railings, ein anderer, und er war unten auf dem Eis, fast zu den Füßen des trüben, nebelhaften Wesens. Er streckte die Hände aus, wie um es zu umfangen, und lief so hinaus in die dunkle Nacht mit ausgebreiteten Armen und liebenden Worten. Ich stand starr und regungslos da, das Auge auf seine entschwindende Gestalt gerichtet, bis sie verschwunden war in der Ferne und seine Stimme nicht mehr an mein Ohr drang. Schon glaubte ich, ihn nie wieder zu sehen, da trat die Mondscheibe auf eine wolkenlose Stelle und beleuchtete das Eisfeld in vollem Glanze, und ich erblickte schon weit weg die dunkle Gestalt, mit Windeseile über die unübersehbare Eisebene dahinrasend. Das war der letzte Anblick, den wir von ihm hatten – vielleicht der letzte, den wir von ihm haben werden. Es wurde sogleich eine Kolonne gebildet, um ihn zu suchen, und ich stellte mich an ihre Spitze; aber die Leute folgten nur widerwillig, so daß die Expedition ergebnislos verlief. In den nächsten Stunden soll eine neue unternommen werden. Während ich diese Zeilen schreibe, kommt es mir vor, als ob alles nur ein Traum gewesen, als ob ich nur unter einem häßlichen Alp gelitten hätte.

Sieben Uhr dreißig Minuten abends. Eben bin ich vollkommen niedergeschlagen und todmüde von der zweiten resultatlosen Expedition nach dem Kapitän zurückgekehrt. Die Eisbank ist riesig groß; denn obwohl wir wenigstens zwanzig Meilen weit darauf fortgelaufen sind, war noch kein Ende abzusehen. Der Frost ist in der letzten Zeit so stark gewesen, daß die Schneedecke steinhart ist, weshalb wir keine Fußspuren fanden, die uns sonst hätten leiten können. Die Mannschaft besteht darauf, daß wir weiterfahren, um unsere Bank herum nach Süden zu, weil das Eis während der Nacht aufgebrochen und am Horizont das offene Meer zu sehen ist. Sie sind der Ansicht, daß Kapitän Craigie doch sicher tot ist und wir alle nur nutzlos unser Leben riskieren, wenn wir jetzt hier liegenbleiben, da wir die Gelegenheit haben, loszukommen. Mr. Milne und ich haben die größte Mühe gehabt, sie zu überreden, noch bis morgen nacht zu warten, und wir haben ihnen das feste Versprechen geben müssen, unsere Abfahrt unter keinen Umständen noch länger hinauszuschieben. Wir wollen also ein paar Stunden schlafen und dann zum letztenmal auf die Suche gehen.

Am 20. September abends. Ich habe heute morgen unsere Eisbank mit einer Abteilung Matrosen in südlicher Richtung durchkreuzt, während Mr. Milne nach Norden aufbrach. Wir drangen zehn bis zwölf Meilen weit vor, ohne irgend eine Spur eines Lebewesens zu sehen, mit Ausnahme eines einzigen Vogels, der eine längere Strecke über unseren Köpfen herumflatterte und den ich, nach seinem Fluge zu urteilen, für einen Falken halten möchte. Der südlichste Teil des Eisfeldes lief in eine lange schmale Zunge aus und erstreckte sich weit ins Meer. Als wir an die Basis dieses Vorsprunges kamen, machte die Mannschaft Halt; aber ich bat sie, bis zur Spitze weiterzugehen, damit wir die Beruhigung hätten, auch nicht das Geringste außer Acht gelassen zu haben, um unseres verschwundenen Schiffsführers habhaft zu werden.

Kaum waren wir etwa hundert Meter weiter gekommen, als M'Donald von Peterhead auch schon rief, daß er vorne etwas sähe, und darauf loszulaufen begann. Gleich sahen wir's alle und beschleunigten ebenfalls unsere Schritte. Anfangs war es eine dunkle Erhöhung, die sich von der weißen Unterlage nur unbestimmt abhob; als wir aber näher kamen, nahm es allmählich die Form eines Mannes an und schließlich die des Mannes, welchen wir suchten. Er lag da, das Gesicht auf eine Schneebank gebeugt. Viele kleine Eiskristalle und Schneeflöckchen waren auf ihn niedergesunken und funkelten auf seinem dunklen Seemannsrock. Als wir an ihm vorüberkamen, wirbelte ein zufälliger Windstoß all die zarten Federchen in die Höhe; ein Teil derselben senkte sich wieder nieder, wurde abermals vom Luftzug erfaßt und trieb rasch hinweg nach dem Meere zu. Meinen Augen erschien es nur als ein leichtes

Schneewölkchen; aber viele meiner Begleiter behaupteten, es habe die Gestalt eines Weibes gehabt, das sich über den Leichnam gebeugt und ihn geküßt habe und dann hinweggeeilt sei über das Eisfeld. Ich habe gelernt, über keines Menschen Meinung mehr zu lächeln, so seltsam sie auch scheinen mag. So viel steht jedenfalls fest, daß Kapitän Nicholas Craigie kein schmerzliches Ende genommen hat; denn auf seinem blauen, zusammengefrorenen Gesicht lag ein heiteres Lächeln, und seine Hände waren noch ausgestreckt, als ob er den sonderbaren Besucher umfaßt hielte, der ihn hinweggelockt hatte in jene unbekannte Welt, die jenseits des Grabes liegt.

Wir bestatteten ihn noch am selben Nachmittag, in die Flagge seines Schiffes gewickelt und mit einem Zweiunddreißigpfünder zu seinen Füßen. Ich hielt die Leichenrede, und die rauhen Seeleute weinten wie Kinder; denn viele von ihnen verdankten seinem guten Herzen sehr viel und bewiesen nun die Liebe, welche sein eigenartiges Wesen zu seinen Lebzeiten von sich gestoßen hatte. Er ging mit einem schweren, dumpfen Fall über Bord, und als ich hinabschaute in die grüne Flut, sah ich ihn hinuntersinken tiefer und immer tiefer, bis er zuletzt nur noch ein kleines weißes Pünktchen war, das am Rande der ewigen Finsternis schwebte. Dann schwand auch dieses hinweg, und er war dahin. Dort wird er liegen bleiben mit seinem Geheimnis und seinem Gram und seinem Rätsel, begraben bis zu jenem großen Tage, da das Meer seine Toten wiedergeben soll; dann wird auch Nicholas Craigie unter dem Eis hervorkommen, mit einem Lächeln auf dem Gesicht und den steifen, zum Gruß ausgestreckten Armen. Ich wünsche ihm, daß sein Los in jenem Leben ein glücklicheres sein möge, als es in diesem gewesen ist. Ich will mein Tagebuch nun nicht mehr weiter führen. Unser Heimweg liegt offen und klar vor uns, und das große Eisfeld wird bald nur eine Erinnerung aus der Vergangenheit sein. Es wird eine Zeitlang dauern, ehe ich die Schrecknisse der jüngsten Ereignisse überwunden haben werde. Als ich diese Reisenotizen begann, ahnte ich nicht im geringsten, auf welche Weise ich sie zu beendigen gezwungen sein würde. Ich schreibe diese Schlußworte in der einsamen Kajüte, zuweilen noch aufhorchend, weil ich mir einbilde, den raschen, nervösen Tritt des Verstorbenen über mir auf Deck zu hören. Ich betrat die Kabine heute nacht, um meiner Pflicht gemäß eine Liste seiner Sachen aufzustellen, die dann in das offizielle Schiffsjournal eingetragen werden kann. Es befand sich noch altes in demselben Zustand wie bei meinem letzten Besuch; nur das Bild über dem Fußende seines Bettes war aus dem Rahmen herausgeschnitten und verschwunden. Mit diesem letzten Gliede einer eigenartigen Kette von Ereignissen schließe ich mein Tagebuch von der Reise des „Polarstern".

Anmerkung von Dr. John M'Alister Ray, senior

Ich habe die sonderbaren Umstände, unter denen das Ableben des Kapitäns des „Polarstern" erfolgte, wie sie mein Sohn in seinem Tagebuch erzählt, überlesen. Ich habe das vollste Zutrauen, ja sogar die festeste Überzeugung, daß alles genau so vor sich gegangen ist, wie er es schildert; denn ich kenne ihn als einen Mann mit starken Nerven, der nicht an Einbildungen leidet und außerdem durchaus wahrheitsliebend ist. Bei einer oberflächlichen Betrachtung ist die Geschichte jedoch so vage und unwahrscheinlich, daß ich ihrer Veröffentlichung lange Zeit im Wege gestanden habe. In den letzten Tagen habe ich aber einen unabhängigen Zeugen gefunden, der die Sache in einem neuen Licht erscheinen läßt. Bei der Ärzte-Versammlung in Edinburgh traf ich zufällig einen alten Studiengenossen, Dr. P., der jetzt in Saltash in Devonshire praktiziert. Als ich diesem von den Erfahrungen meines Sohnes Mitteilung machte, erklärte er, jenen Mann gut gekannt zu haben, und zu meiner nicht geringen Überraschung gab er mir eine Beschreibung von ihm, die mit der im Tagebuch sehr gut übereinstimmte; nur schilderte er ihn als einen noch jüngeren Mann. Seiner Erzählung nach war er mit einer jungen Dame von einzigartiger Schönheit verlobt gewesen und seine Braut war während seiner Abwesenheit auf See auf besonders schauderhafte Weise ums Leben gekommen.

John Barrington Cowles

Ich machte die Bekanntschaft John Barrington Cowles', als ich die Universität Edinburgh bezog, um Medizin zu studieren. Meine Wirtin in der Northumberland Street besaß ein großes Haus; sie war eine Witwe und verdiente ihren Unterhalt, indem sie einigen Studenten Wohnung und Kost gab. Zufällig lag Barrington Cowles' Zimmer in demselben Stockwerke wie das meinige; als wir besser miteinander bekannt wurden, mieteten wir noch ein kleines gemeinschaftliches Wohnzimmer, in dem wir unsere Mahlzeiten einnahmen. So bahnte sich ein Freundschaftsverhältnis zwischen uns an, das bis zu seinem Tode – von dem ich hier erzählen werde – nicht von dem leisesten Schatten getrübt wurde.

Cowles' Vater war Oberst in einem Sikhregiment gewesen und hatte als solcher viele Jahre in Indien zugebracht. Er versah seinen Sohn mit recht hübschen Wechseln, gab ihm aber selten ein anderes Zeichen seiner väterlichen Zuneigung, da er sehr unregelmäßig, und dann nur sehr kurze Briefe schrieb. Mein Freund, der selbst in Indien geboren war und ein heißes, tropisches Temperament besaß, litt nicht wenig unter dieser Vernachlässigung. Seine Mutter war gestorben, und er hatte keine anderen Verwandten, die ihren Platz hätten ausfüllen können. So kam es nach und nach dazu, daß er alle seine Zuneigung mir widmete und mich in einer Weise zu seinem Vertrauten machte, wie sie unter Männern nicht häufig zu finden ist. Selbst als ihn dann eine tiefere Leidenschaft ergriff, änderte dies nichts an unserem alten intimen Verhältnis.

Cowles war ein großer schlanker Bursche mit tiefgebräunter Gesichtsfarbe und dunkeln, zarten Augen. Selten habe ich einen Mann gesehen, der mehr geeignet gewesen wäre, die Aufmerksamkeit einer Frau zu fesseln. In der Regel hatte er einen träumerischen, ja fast schlaffen Gesichtsausdruck; aber wenn z. B. im Gespräch ein Gegenstand auftauchte, der ihn interessierte, war er mit einem Schlage die Lebhaftigkeit selbst. Bei solchen Gelegenheiten färbten sich seine Wangen dunkler, seine Augen schossen Blitze, und seine Rede nahm einen solchen Schwung, daß er seine Zuhörer förmlich mit sich riß. Trotz dieser natürlichen Vorzüge führte er ein Einsiedlerleben und verkehrte nicht in Frauengesellschaft; er war ein großer Bücherwurm, einer der besten Studenten in seinem Semester, und hatte mehrere Preise für seine Untersuchungen erhalten. – Wie gut kann ich mich an die äußeren Umstände erinnern, unter denen wir sie zum ersten Male trafen! Wie oft habe ich mir jenen Nachmittag ins Gedächtnis zurückgerufen und es versucht, mir klar zu werden, welchen Eindruck sie damals auf mich gemacht hat! Als wir dann näher mit ihr bekannt wurden, war mein Urteil befangen, so daß ich gerne wissen möchte, welcher Art meine Gefühle im ersten Augenblick gewesen sind. Es ist indes zu schwierig, sie von der Stimmung zu trennen, die später, durch Überlegung oder Vorurteile, in mir entstand und mich beherrschte. Es war bei der Eröffnung der Königlich Schottischen Akademie im Frühjahr 1879. Mein armer Freund schwärmte leidenschaftlich für Kunst in allen ihren Ausdrucksformen; ein hübsches musikalisches Thema oder eine gelungene Skizze konnten ihm auserlesene Genüsse bereiten. Wir waren zusammen in die Ausstellung gegangen und standen eben im großen mittleren Saale, da bemerkte ich eine Frau von außergewöhnlicher Schönheit ans der entgegengesetzten Seite des Raums. In meinem ganzen Leben hatte ich noch nie ein solch vollendet klassisches Gesicht gesehen. Es war der echte griechische Typus, mit breiter, sehr niedriger Stirne, weiß wie Marmor, umspielt von einigen gekräuselten Löckchen; gerader, fein geschnittener Nase, schmalen Lippen und einem wundervoll gerundeten Kinn, das trotzdem genügend entwickelt war, um auf eine ungewöhnliche Charakterstärke schließen zu lassen. Und erst die Augen, diese herrlichen Augen! Wenn ich nur einen schwachen Begriff vom Wechsel ihres Ausdrucks geben könnte, von ihrer eisernen Stärke, ihrer weiblichen Sanftheit, von ihrer Herrschermacht, ihrer durchdringenden Kraft, die plötzlich wieder in weibliche Schwäche zerfloß – aber ich spreche ja schon von späteren Eindrücken. Die Dame war von einem großgewachsenen jungen Herrn begleitet, in dem ich sofort einen oberflächlichen Bekannten, der Jura studierte, wiedererkannte.

Archibald Neeves – So hieß der junge Mann –war ein fröhlicher, kecker, hübscher Bursche und früher einer der Hauptanführer bei allen Studentenstreichen gewesen; in der letzten Zeit hatte man wenig mehr von ihm gehört, und es hieß, er habe sich verlobt. Seine Begleiterin war, wie ich annahm, seine Braut. Ich ließ mich auf das Samtpolster in der Mitte des Saales nieder und beobachtete die beiden hinter meinem Kataloge. Je mehr ich sie betrachtete, um so mehr machte die Schönheit des Weibes Eindruck auf mich. Sie war zwar von etwas kleiner Statur, aber besaß eine vollendete Gestalt und Haltung; nur durch einen zufälligen Vergleich konnte man bemerken, daß sie nicht ganz mittlere Große besaß. Plötzlich wurde Neeves aus irgendeinem Grunde hinausgerufen, und die Dame blieb allein zurück. Sie wandte den Gemälden den Rücken zu und ließ ihren Blick frei über die Anwesenden gleiten, ohne dem Umstand die geringste Beachtung zu schenken, daß wohl ein Dutzend Augenpaare, angezogen durch ihre Eleganz und Schönheit, neugierig auf sie gerichtet waren. Mit einer Hand spielte sie an dem roten, seidenen Strick, der zur Absperrung des Raumes vor den Gemälden diente; ihr Auge glitt nachlässig von Gesicht zu Gesicht mit einem so verlorenen Ausdruck, als betrachte sie die Figur auf der Leinwand hinter sich. Plötzlich bemerkte ich, daß sie auf etwas aufmerksam wurde, und ihr Blick sich gespannt in einer Richtung konzentrierte. Neugierig folgte ich ihm, da ich mich fragte, was sie wohl so auffallend interessierte. John Barrington Cowles stand vor einem Gemälde – ich glaube, es war von Noel Paton, – jedenfalls weiß ich, daß es ungewöhnlich gut war. Er wandte uns sein Profil zu, und ich muß gestehen, daß ich ihn nie in so vorteilhafter Stellung gesehen habe. Ich betonte schon, daß er ein auffallend hübscher Kerl war, aber in diesem Augenblick sah er wirklich bezaubernd aus. Augenscheinlich hatte er seine Umgebung ganz vergessen, so sehr war er in das Gemälde vertieft. Seine Augen blitzten, und sein braunes Gesicht war vor Erregung gerötet. Sie fuhr fort, ihn aufmerksam zu betrachten, bis er aus seiner Träumerei plötzlich erwachte und um sich sah, wobei ihre Blicke sich begegneten. Sie sah sofort weg, aber er schien von ihrer Schönheit ganz betroffen zu fein; einige Momente ruhte sein Auge auf ihr …

Wir begegneten ihr dann noch ein- oder zweimal auf unserem Rundgang durch die Ausstellung, und jedesmal beobachtete ich, daß mein Freund ihr nachblickte. Er machte indes keine Bemerkung, bis wir wieder im Freien waren und Arm in Arm die Princes Street hinaufschlenderten.

„Hast du das wundervolle Weib gesehen, in Schwarz, mit dem weißen Pelz?“ fragte er mich unvermittelt.

„Jawohl, ich habe sie bemerkt“, antwortete ich.

„Kennst du sie?“ fragte er. „Haft du eine Ahnung, wer sie ist?“

„Ich kenne sie nicht persönlich“, erwiderte ich. „Aber zweifellos kann ich alles auf sie bezügliche erfahren; ich glaube, sie ist mit Archibald Neeves verlobt, und wir beide haben eine Reihe gemeinsamer Bekannten.“

„Was, verlobt?“ fuhr es Cowles heraus.

„Hör’ mal, lieber Junge“, antwortete ich lachend, „du wirst doch nicht so empfindsam sein, daß es dich aufregt, wenn ein Mädchen verlobt ist, mit dem du in deinem Leben nie ein Wort gewechselt hast?“

„Na, es regt mich ja nicht gerade auf“, erwiderte er mit etwas gekünsteltem Lachen. „Aber ich sage dir offen, daß mich in meinem ganzen Leben noch nie ein Gesicht so gefesselt hat. Es war nicht die Schönheit allein, wenn diese auch vollendet genug ist, es war der Charakter, der geistige Ausdruck! Wenn sie tatsächlich verlobt ist, hoffe ich, daß der Mann ihrer würdig ist.“

„Du sprichst ja ganz gefühlvoll! Das ist ein klarer Fall von Liebe aus den ersten Blick. Immerhin will ich, sobald ich jemand treffe, der Näheres über sie weiß, die nötigen Erkundigungen einziehen, um dich zu beruhigen.“

Mein Freund dankte mir, und das Gespräch ging auf einen andern Gegenstand über. Einige Tage lang spielte keiner mehr auf das Erlebte an, obwohl mein Freund, wie mir schien, noch träumerischer und zerstreuter war als gewöhnlich. Der Zwischenfall war schon fast ganz aus meinen Gedanken entschwunden, als ich eines Tages meinen Vetter Brodie in der Universität traf, der alle Neuigkeiten wußte und mit seinem Wissen auch nicht kargte.

„Nicht wahr“, begann er, „du kennst Neeves?“

„Ja. Was weißt du Neues von ihm?“

„Seine Verlobung ist aufgehoben.“

„Aufgehoben?“ rief ich aus. „Ich hörte ja erst neulich, daß er sich überhaupt verlobt hatte!“

„Doch. Völlig aus! Sein Bruder hat mir's erzählt. Verteufelt unschlau von Neeves, wenn es von ihm ausgegangen ist. Es war ein ungewöhnlich schönes Mädchens.“

„Ich habe sie einmal gesehen“, bemerkte ich, „wie heißt sie denn?“

„Miss Northcott; sie lebt mit einer alten Tante am Abercrombie Place. Kein Mensch weiß etwas von ihr oder ihrer Familie. Immerhin ist sie das unglücklichste Mädchen von der Welt, das arme Ding!“

„Wieso unglücklich?“

„Nun, weißt du, es war schon ihre zweite Verlobung“, erklärte mir mein Vetter, der von jedermann alles wußte. „Sie war mit Prescott, William Prescott verlobt und der starb. Es war eine traurige Geschichte. Der Hochzeitstag war bereits festgesetzt, alles war fix und fertig, da kam das Unglück.“

„Was für ein Unglück?“ fragte ich, da ich nur noch eine dunkle Ahnung von den betreffenden Vorfällen hatte.

„Ich meine Prescotts Tod. Eines Abends besuchte er sie am Abercrombie Place und blieb bis spät in die Nacht dort. Kein Mensch weiß, wann er sich auf den Heimweg machte, aber um ein Uhr morgens etwa traf ihn ein Bekannter, als er in Richtung Queen's Park an ihm vorbeistürmte, ohne seinen Gruß zu erwidern. Er war der letzte, der ihn am Leben sah. Drei Tage später fand man Prescotts Leichnam im St. Margaret's Loch unterhalb der St. Anthony's Chapel. Kein Mensch hat je Licht in die Geschichte bringen können, aber natürlich lautete das Ergebnis der Untersuchung auf zeitweilige Geistesstörung.“

„Ja, es war eigentümlich“, bemerkte ich.

„Jawohl, und verdammt traurig für das arme Mädchen“, ergänzte Brodie. „Das neue Unglück wird sie ganz niederschmettern. Wie lieb sie ist und zart.!“

„Du Kennst sie also persönlich?“ fragte ich.

„Ja freilich. Ich habe sie mehrmals getroffen. Ich könnte dich leicht bei ihr einführen.“

„Das wäre famos! Ein guter Freund von mir interessiert sich für sie. Ich denke indes, sie wird sich nach diesen Vorfällen nicht so bald wieder blicken lassen. Wenn sie jedoch wieder in Gesellschaft geht, will ich von deinem Anerbieten gerne Gebrauch machen.“ Wir verabschiedeten uns, und geraume Zeit dachte ich nicht mehr an die Geschichte.

Das nächste Erlebnis, an das ich mich erinnere und das auf Miss Northcott bezug hat, ist ein peinliches. Doch muß ich es so ausführlich und genau wie möglich erzählen, da es vielleicht auf den weiteren Verlauf der Dinge ein Licht zu werfen geeignet ist.

Einige Monate nach der Unterhaltung mit meinem Vetter befand ich mich an einem kalten Abend in einer der verrufensten Gegenden der Stadt, auf dem Rückwege von einem Kranken, der nicht hatte ins Spital überführt werden können. Es war schon sehr spät, und ich drängte mich eben durch eine Rotte von schmutzigen Gesellen, die vor dem Eingang einer großen Branntweinschenke herumlungerten, als mir einer von ihnen auffiel, der mich trunkenen Blickes anstarrte. Das Gaslicht fiel voll aus sein Gesicht, und zu meinem maßlosen Erstaunen erkannte ich in dem verwilderten Menschen einen alten Bekannten, – Archibald Neeves, der früher als einer der elegantesten Studenten an der ganzen Universität gegolten hatte. Ich war für einen Augenblick so erstaunt, daß ich an meinen eigenen Sinnen zweifelte; aber ich konnte mich in diesen Gesichtszügen nicht täuschen, die trotz ihrer durch den Trunk bewirkten Entartung noch etwas von ihrem früheren Anstand bewahrt hatten. Ich war entschlossen, ihn für eine Nacht wenigstens der Gesellschaft zu entreißen, in die er geraten war.

„He, Neeves!“ rief ich ihn an. „Kommen Sie mit mir! Ich habe denselben Weg wie Sie!“

Er murmelte eine unzusammenhängende Entschuldigung für seinen Zustand und nahm meinen Arm an. Als ich ihn so nach seiner Wohnung führte, merkte ich bald, daß er nicht durch eine einmalige Schwelgerei so heruntergekommen war, sondern daß eine lange Kette von Ausschweifungen seine Nerven und seinen Verstand geschwächt hatte. Seine Hände waren trocken und fieberheiß; vor jedem Schatten auf dem Pflaster stutzte er; er redete so unklar und abgerissen, daß ich sofort darin eher ein Zeichen von Krankheit als von Trunkenheit erkannte. In seiner Wohnung kleidete ich ihn teilweise aus und legte ihn aus sein Bett. Er hatte einen sehr hohen Puls und augenscheinlich starkes Fieber. Als ich dachte, er sei eingeschlummert, und mich eben hinausstehlen wollte, um seine Hausfrau über seinen Zustand zu unterrichten, fuhr er auf und klammerte sich an meinen Rock.

„Geben Sie nicht fort!“ rief er aus. „Ich fühle mich besser, wenn Sie hier sind. Ich bin dann sicher vor ihr.“

„Vor ihr?“ erwiderte ich. „Vor wem?“

„Vor ihr! Vor ihr!“ antwortete er ängstlich. „Ach, Sie kennen sie nicht! Der Teufel in Menschengestalt! Schön – herrlich schön; aber der Teufel!

„Sie haben Fieber, Sie sind aufgeregt“, sagte ich zu ihm. „Versuchen Sie ein wenig zu schlafen. Wenn Sie erwachen, Werden Sie sich besser fühlen.“

„Schlafen!“ Stöhnte er. „Wie kann ich schlafen, wenn sie am Bett sitzt und mich mit ihren großen Augen anstarrt, stundenlang? Oh, alle Kraft, alle Mannheit saugt Sie noch aus mir heraus. Darum bin ich ein Trinker geworden. Gott, hilf mir! – ich bin halb betrunken!“

„Sie sind sehr krank“, erwiderte ich, indem ich seine Schläfen mit Essig befeuchtete. „Sie phantasieren. Sie wissen nicht, was Sie sagen.“

„Nein, nein, ich weiß es“, unterbrach er mich scharf, indem er mich anblickte. „Ich weiß wohl, was ich sage. Ich bin selbst schuld daran. Es war meine eigene Wahl. Aber ich konnte nicht, nein, beim Himmel, ich konnte das andere nicht annehmen. Ich konnte ihr mein Wort nicht halten. Es war mehr, als ein Mann vermag.“

Ich saß neben ihm auf dem Bettrand, hielt eine seiner brennendheißen Hände in der meinigen und dachte über seine eigentümlichen Worte nach. Er lag für einige Zeit still; dann sah er mich an und sagte mit trauriger, fast weinerlicher Stimme: „Warum hat sie mich nicht früher gewarnt? Warum tat sie es erst, nachdem ich sie so heiß geliebt?“ Mehrmals wiederholte er den Satz, indem er sein fieberheißes Haupt von einer Seite zur anderen wälzte; dann fiel er in einen unruhigen Schlaf. Ich schlich leise aus dem Zimmer und verließ das Haus, nachdem ich mich versichert hatte, daß für ihn gesorgt würde. Seine Worte indes klangen mir noch tagelang in den Ohren, und ihre Bedeutung wurde mir erst im Verlauf der weiteren Ereignisse klar.

Mein Freund Cowles war die Sommerferien über verreist gewesen, und mehrere Monate lang hatte ich nichts von ihm gehört. Als das Wintersemester begann, erhielt ich ein Telegramm von ihm, in dem er mich bat, ihm seine alten Zimmer in der Northumberland Street wieder zu mieten. Ich holte ihn zur angegebenen Zeit am Bahnhofe ab und fand zu meinem Vergnügen, daß er gesünder und fröhlicher war als je.

„Apropos“, sagte er an jenem Abend, als wir gemütlich am Kamin unsere Pfeifen rauchten und über die Verflossenen Ferien plauderten, „du hast mir ja noch gar nicht gratuliert!“

„Wozu, mein Junge?“ fragte ich.

„Wie? Haft du denn noch nicht erfahren, daß ich mich verlobt habe?“

„Verlobt? Nein!“ antwortete ich. „Freut mich aber, dies zu hören. Ich wünsche dir von Herzen Glück!“

„Es wundert mich, daß du es nicht gehört hast“, fuhr er fort. „Es war doch im höchsten Grade merkwürdig. Erinnerst du dich des Mädchens, das wir beide in der Akademie so bewundert haben?“

„Was? rief ich, indem etwas wie eine Vorahnung in meinem Herzen aufstieg. „Du willst doch nicht sagen, daß du mit ihr verlobt bist?“

„Ich dachte mir, es würde dich überraschen“, antwortete er lächelnd. „Als ich bei meiner alten Tante in Peterhead war, kamen die Northcotts zufällig auch in die Gegend; bei gemeinsamen Freunden machten wir bald ihre Bekanntschaft. Ich machte ausfindig, daß das Gerede von ihrer Verlobung nur Klatsch war und dann – nun du weißt, wie es geht, wenn du in einem Nest wie Peterhead in die Gesellschaft eines solchen Mädchens gerätst! Du mußt übrigens nicht glauben“, fügte er hinzu, „daß ich dumm oder unüberlegt gehandelt habe. Ich habe es noch keinen Augenblick bereut. Je näher ich Kate kennenlerne, desto mehr bewundere und liebe ich sie. Ich muß dich bei ihr einführen; dann kannst du dir ja eine eigene Meinung bilden.“

Ich erklärte mich gerne hierzu bereit und gab mir Mühe, den Gegenstand mit Cowles so heiter als möglich zu besprechen, doch konnte ich ein ängstliches, drückendes Gefühl nicht loswerden. Die Worte Neeves’ und das unglückliche Schicksal Prescotts fielen mir wieder ein, und obwohl ich meinem Verstande keine Rechenschaft darüber ablegen konnte, überkamen mich eine unbestimmte Furcht und ein unerklärliches Mißtrauen diesem Weib gegenüber. Möglicherweise war dies ein närrisches Vorurteil, ein Aberglaube meinerseits, möglicherweise habe ich, ohne es zu beabsichtigen, ihre späteren Reden und Handlungen so ausgelegt, daß sie in meine eigene unsichere, kühne Hypothese paßten, und bin mir nicht mehr so recht über meine damalige Stimmung klar. Das haben mir schon Verschiedene gesagt, denen ich den Fall erzählte. Ich lasse ihnen ihre Meinung, wenn sie mit den folgenden Ereignissen in Einklang zu bringen ist.

Einige Tage später machte ich mich mit meinem Freunde auf den Weg, um Miss Northcott meine Aufwartung zu machen. Ich erinnere mich, daß, als wir zum Abererombie Place kamen, unsere Aufmerksamkeit durch das Geheul eines Hundes in Anspruch genommen wurde, das aus dem Haus zu kommen schien, welches wir betreten wollten. Wir wurden in den ersten Stock geführt, wo ich der Tante Miss Northcotts, Mrs. Merton, sowie der Miss selbst vorgestellt wurde. Sie war so schön wie immer, und ich konnte mich über Cowles Wahl nicht wundern. Ihr Gesicht zeigte etwas mehr Farbe als gewöhnlich, und in der Hand hielt sie eine schwere Hundepeitsche, mit der sie eben einen kleinen schottischen Terrier durchgeprügelt hatte, dessen Geheul uns auf der Straße aufgefallen war. Das arme Tier lag kläglich winselnd und augenscheinlich gänzlich erschöpft in einer Ecke.

„So, Kate", begann mein Freund als wir uns gesetzt hatten, „du hast wieder mit Carlo Streit gehabt?"

„Nur ein ganz klein wenig dieses Mal", erwiderte sie mit reizendem Lächeln; „es ist ein guter, alter Kerl, aber hie und da hat er Prügel nötig." Hierauf wandte sie sich an mich mit der Frage: „Das haben wir doch alle von Zeit zu Zeit nötig, nicht wahr? Was für eine gute Einrichtung wäre das, wenn wir wie die Hunde jedesmal, so oft wir etwas Böses tun, bestraft würden, statt am Ende des Lebens unsere Strafe gesammelt auf einmal zu erhalten? Das wurde uns aufpassen lehren, nicht wahr?" Ich nickte. „Angenommen, daß jedesmal, wenn sich ein Mensch schlecht ausführte, eine Riesenhand ihn packen und eine zweite ihn mit einer Peitsche durchprügeln würde, bis er ohnmächtig wäre" – bei diesen Worten schnalzte sie mit den Fingern und ließ die Peitsche durch die Luft pfeifen – „das würde ihn zu einem besseren Menschen erziehen, als jede beliebige Anzahl von hochgesinnten Morallehren."

„Liebe Kate", bemerkte mein Freund, „du bist ja heute ganz wild aufgelegt."

„Nein, mein Junge", lachte sie. „Ich lege nur deinem Freund eine Theorie zum Nachdenken vor."

Die beiden begannen nun über irgendeine Erinnerung aus der Sommerfrische zu plaudern, so daß ich genügend Zeit hatte, der Tante, Mrs. Merton, meine Aufmerksamkeit zuzuwenden, die bis jetzt noch kein Wort gesprochen hatte. Sie sah recht eigentümlich ans, diese alte Dame. Was an ihr am allermeisten auffiel, war der vollständige Mangel an lebhafteren Farben in ihrer ganzen Erscheinung. Schneeweiße Haare umrahmten ihr blasses Gesicht; ihre Lippen unterschieden sich kaum durch einen etwas dunkleren Ton von ihren Wangen, und selbst das lichte Blau ihrer Augen war so schwach, so furchtsam angedeutet, als wage es nicht, mit der herrschenden Grundfarbe zu kontrastieren. Ein enges Kleid von grauer Seide harmonierte trefflich mit der ganzen Erscheinung, besonders aber mit ihrem eigentümlichen Gesichtsausdruck, den ich nicht zu enträtseln vermochte. Sie war mit einer Handarbeit beschäftigt, wie sie vor Zeiten Mode gewesen, und wenn sie ihre Arme bewegte, raschelte ihr Kleid so trocken und melancholisch, wie die dürren Blätter im Herbste. All dies machte einen deprimierenden und traurigen Eindruck. Ich setzte mich in ihre Nähe und fragte sie, wie ihr Edinburgh gefalle, und ob sie schon lange hier wohne. Als ich sie ansprach, fuhr sie zusammen und blickte mich mit scheuen Augen an. Mit einem Male erfaßte ich, was der seltsame Ausdruck auf ihrem Gesicht bedeutete, den ich nicht hatte begreifen können: es war Furcht, gewaltige, übermächtige Furcht. Sie war so ausgesprochen, daß ich mein Leben gewettet hätte, die Frau vor mir habe einmal eine schreckliche Erfahrung gemacht oder ein grauenhaftes Unglück erfahren.

„Oh ja, es gefällt mir gut", sagte sie in sanftem, ängstlichem Tone, „wir sind seit langem hier – das heißt, nicht sehr lange. Wir reisen viel." Sie sagte dies zögernd, als befürchte sie, sich zu verraten.

„Sie sind eine Schottin, wie ich vermute?" fragte ich.

„Nein – das heißt, nicht ganz. Wir sind eigentlich von nirgends her. Wir sind eher Kosmopoliten, verstehen. Sie! Sie warf einen raschen Blick auf Miss Northcott. Die beiden plauderten immer noch in der Nähe des Fensters. Dann neigte sie sich plötzlich zu mir und sagte, mit dem Ausdrucke tiefsten Ernstes auf dem Gesicht, in leisem Tone: „Reden Sie nicht weiter mit mir, ich bitte Sie. Sie hat es nicht gerne, und ich müßte es nachher büßen. Ich bitte Sie, reden Sie nicht weiter."

Ich wollte sie eben um den Grund zu dieser eigentümlichen Bitte befragen, aber als sie dies bemerkte, stand sie auf und verließ mit langsamen Schritten das Zimmer. Nunmehr sah ich, daß die beiden ihr Gespräch beendet hatten, und daß mich Miss Northcott mit ihren scharfen, grauen Augen fixierte.

„Sie müssen meine Tante entschuldigen", wandte sie sich zu mir, „sie hat ihre Eigenheiten und wird leicht ermüdet. Kommen Sie, ich will Ihnen mein Album zeigen." Wir betrachteten die Photographien der Reihe nach. Miss Northcotts Vater und Mutter waren offenbar ganz gewöhnliche Sterbliche, denen man keinen der Charakterzüge ansah, die auf dem Gesicht ihrer Tochter ausgeprägt waren. Doch bemerkte ich eine alte Daguerreotypie, die meine Aufmerksamkeit auf sich zog: sie stellte einen etwa vierzigjährigen, auffallend hübschen Mann dar. Auf seinem glattrasierten Gesicht, besonders dem vorstehenden starken Unterkinn und der Mundpartie, war außergewöhnliche Festigkeit zu lesen. Er hatte indes tiefliegende Augen und eine rückstehende Stirne, die mich, ich weiß nicht warum, an eine Schlange erinnerte und die den Gesamteindruck beeinträchtigte. Ganz unwillkürlich zeigte ich auf das Bild und rief aus:

„Das ist Ihr Prototyp in Ihrer Familie Miss Northcott!"

„Glauben Sie?" erwiderte Sie. „Es tut mir leid, daß Sie mir ein so schlechtes Kompliment machen. Onkel Anton galt immer als der verlorene Sohn in der Familie."

„Dann war allerdings meine Bemerkung unglücklich gewählt", fügte ich hinzu.

„Oh, das tut nichts", erwiderte sie, „ich war immer überzeugt, daß er allein so viel wert war als alle anderen zusammen. Er war Offizier im 41. Regiment und fiel im persischen Krieg; So war wenigstens sein Ende rühmlich."

„So möchte ich auch einmal sterben", bemerkte Cowles mit blitzenden Augen, „wie oft wünschte ich, meines Vaters Beruf ergriffen zu haben, statt dieser ärmlichen Pillenverschreiberei."

„Nun, mein Junge, zunächst wirst du überhaupt noch nicht sterben", beruhigte sie ihn und nahm zärtlich seine Hand in die ihrige.

Ich konnte nicht klug aus ihr werden. Sie legte eine solche Mischung von männlicher Entschlossenheit und weiblichem Zartgefühl an den Tag, zugleich zeigte sie ein so unverkennbares Selbstbewußtsein, daß sie mich völlig verwirrte. Ich wußte daher kaum, wie ich Cowles antworten sollte, als wir zusammen den Heimweg antraten, und er die leichtbegreifliche Frage an mich stellte: „Nun, was hältst du von ihr?"

„Ich denke, Sie ist ausnehmend schön", antwortete ich vorsichtig.

„Das natürlich", erwiderte er etwas gereizt. „Das wußtest du schon, bevor du sie näher kanntest."

„Ich glaube, sie ist auch sehr gescheit", fuhr ich fort.

Cowles ging schweigend einige Zeit neben mir her und wandte sich dann plötzlich mit der Frage an mich: „Glaubst du, daß sie grausam ist? Glaubst du, daß sie zu der Art von Mädchen gehört, denen es Freude bereitet, weh zu tun?"

„Ich habe zu wenig mit ihr gesprochen, um mir eine Ansicht darüber bilden zu können", erwiderte ich.

Wieder verfolgten wir schweigend unseren Weg. „Sie ist eine alte Närrin", brummte schließlich Cowles. „Sie ist verrückt."

„Wer denn" fragte ich.

„Nun, dieses alte Weib – Kates Tante – diese Mrs. Merton, oder wie sie heißt." So erfuhr ich, daß meine arme, bleiche, alte Freundin mit Cowles gesprochen hatte; aber nie hat er etwas in Beziehung auf die Art ihrer Mitteilung erwähnt.

Mein Freund ging diesen Abend früh zu Bett; ich saß noch lange am Feuer und dachte über das Gehörte und Gesehene nach. Ich hatte das Gefühl, daß irgendein Geheimnis mit dem Mädchen verknüpft sei, irgendein dunkles Geschick, das jedoch so fremdartig war, daß man es nicht wagen konnte, Vermutungen darüber anzustellen. Ich dachte an Prescotts Zusammenkunft mit ihr vor ihrer geplanten Hochzeit und an dessen trauriges Ende. Ich verknüpfte dies mit des armen betrunkenen Neeves kläglichem Ausruf: „Warum hat sie mich nicht früher gewarnt?" und den anderen Worten, die er damals gesprochen. Dann erinnerte ich mich an Mrs. Mertons Bitte an mich, an Cowles Andeutung, ja selbst an die Episode mit der Peitsche und dem heulenden Hund. Mein ganzer Gedankengang brachte mich in eine höchst ungemütliche Stimmung, und doch konnte ich nicht eine haltbare Anklage gegen das Mädchen beibringen. Es wäre mehr als nutzlos, dachte ich, meinen Freund zu warnen, bevor ich mir klar darüber wäre, wovor ich ihn eigentlich warnen wollte. Zornig würde er jeden Verdacht zurückweisen. Was konnte ich tun? Wie konnte ich irgendeinen haltbaren Schluß aus ihrem Charakter oder ihrer Familie ziehen? Kein Mensch in Edinburgh kannte sie näher, als es gewöhnlich mit oberflächlichen Bekannten der Fall ist. Sie war eine Waise, und so viel ich wußte, hatte sie nie ihren früheren Aufenthaltsort erwähnt. Plötzlich kam mir eine Idee. Unter den Freunden meines Vaters befand sich ein gewisser Oberst Joyce, der lange Jahre in Indien als Stabsoffizier gedient hatte. Er mußte sicherlich die Mehrzahl der Offiziere kennen, die seit dem Aufstand dort gewesen waren. Ich setzte mich sofort hin und schrieb dem Oberst einen Brief, in dem ich ihm mitteilte, ich wäre ihm sehr dankbar, wenn er mir Näheres über einen gewissen Hauptmann Northcott berichten könnte, der im einundvierzigsten Infanterieregiment gedient hatte und im persischen Krieg gefallen war. Ich beschrieb den Mann, so gut ich es nach der Daguerreotypie konnte. In derselben Nacht noch gab ich den Brief zur Post, worauf ich zu Bett ging. Aber trotz des Gefühles, daß ich getan hatte, was ich konnte, war ich doch zu aufgeregt, um Schlaf finden zu können.

Nach zwei Tagen erhielt ich Antwort aus Leicester, wo der Oberst wohnte. Ich gebe sie hier wörtlich wieder:

> Mein lieber Junge!
> Ich erinnere mich sehr wohl an den Mann. Wir dienten zusammen in Kalkutta und hierauf in Heiderabad. Er war zwar ein Sonderling, aber ein guter Soldat; er zeichnete sich besonders in Sobraon aus, wo er, wenn ich mich recht erinnere, verwundet wurde. Er war bei seinen Kameraden nicht beliebt; es hieß, er sei ein erbarmungsloser, kaltherziger, verschlossener und finsterer Bursche. Auch sagte man, er habe sich dem Teufel verschrieben oder etwas Ähnliches, und habe den bösen Blick, was natürlich Unsinn ist. Er hatte, wie ich mich erinnere, einige eigene Anschauungen über die Macht des menschlichen Willens und die Wirkungen des Geistes auf die Materie.
>
> Wie geht es Dir in Deinem medizinischen Studium? Vergiß nie, mein Junge, daß Deines Vaters Sohn mich in jeder Weise in Anspruch nehmen darf, und daß ich Dir stets zur Verfü-

gung stehen werde, wenn ich Dir irgendwie behilflich sein kann.

Dein aufrichtiger
Eduard Joyce

P.S. Nebenbei: Northcott fiel nicht in der Schlacht. Nach Friedensschluß wurde er getötet, als er sich von dem ewigen Feuer vom Tempel der Sonnenanbeter herunterholen wollte. Die näheren Umstände sind nie aufgeklärt worden.

Ich las diesen Brief mehrmals durch, erst mit einem Gefühle der Befriedigung, das sich jedoch nach und nach in Enttäuschung verwandelte. Ich hatte manches Merkwürdige erfahren, und doch war es nicht das, was ich wünschte. Er war ein Sonderling, dem Teufel versprochen, mit dem bösen Blick ausgestattet: ich konnte mir vorstellen, daß Miss Northcotts Augen, wenn Sie jene kalten grauen Blitze schossen, wie ich es ein- oder zweimal beobachtet, jeder schlechten Handlung fähig seien, die überhaupt menschliche Augen zu begehen vermögen; ein derartiger Aberglaube jedoch hatte ja keine praktische Bedeutung. War der folgende Satz nicht wichtiger: „Er hatte eigene Anschauungen über die Macht des menschlichen Willens und die Wirkungen des Geistes auf die Materie?“ Ich erinnerte mich, einst ein Buch gelesen zu haben – das ich damals für bloße Flunkerei gehalten – über die Macht gewisser Menschen selbst auf große Entfernungen. Besaß Miss Northcott irgendeine derartige, nur ausnahmsweise vorhandene Macht? Die Idee nahm mich immer mehr in Beschlag, und kurz darauf hatte ich auch Gelegenheit, mich von der Richtigkeit meiner Annahme zu überzeugen.

Ich fand zu jener Zeit zufällig eine Notiz in der Zeitung, daß Doktor Messinger, der berühmte Mesmerist, unsere Stadt besuchen sollte. Messingers Vorstellungen waren von den verschiedensten Autoritäten immer und immer wieder als glaubwürdig beurteilt worden; er stand hoch über jeder Art Von Taschen-Spielern und galt als die bedeutendste Autorität auf dem seltsamen Gebiete des tierischen Magnetismus und der

Elektrobiologie. Ich beschloß daher, mir gleich für die erste Vorstellung ein Billett zu sichern, um zu sehen, was ein starker menschlicher Wille selbst trotz aller störenden Rampenlichter und des zum Teil gegnerischen Publikums vermöchte. Einige befreundete Studenten begleiteten mich. Wir hatten uns eine Loge auf der Seite reserviert und kamen erst, als die Vorstellung schon begonnen hatte. Kaum hatte ich mich gesetzt, als ich Cowles mit seiner Braut und Mrs. Merton in der dritten oder vierten Reihe des Parketts erblickte. Beinahe zu gleicher Zeit sahen sie zufällig auf, und so begrüßten wir uns. Nach einigen Experimenten, die über das gewöhnliche Maß nicht hinausgingen, und wie ich sie schon bei anderen Gelegenheiten gesehen hatte, ging Messinger zum zweiten Teile des Programms über; er wollte nunmehr den Einfluß seines Willens auf einen Unbekannten im Publikum demonstrieren. „Ein starker Wille kann", sagte er im Verlauf seines erläuternden Vortrags, „einfach durch seine eigene Kraft, einen schwächeren selbst auf eine gewisse Entfernung in Beschlag nehmen und so die Handlungen seines Besitzers leiten und bestimmen."

Er schloß mit den Worten: „Ich werde jetzt eine Person aus dem Publikum auswählen und sie durch die bloße Macht meines Willens derart beeinflussen, daß sie hier auf das Podium kommen und tun und sagen wird, was ich wünsche. Ich versichere Sie zuvor noch, daß keinerlei Einverständnis besteht, daß es der betreffenden Person vollständig frei fleht, zu tun, was ihr beliebt, ja, daß ich sie bitte, sich gegen meine Befehle, wenn sie vermag, zu wehren."

Hierbei trat der Vortragende an die Rampe und warf einen Blick auf die ersten Reihen des Parketts. Man brauchte kein großer Menschenkenner zu sein, um in Cowles' feingeschnittenem Gesichtsausdruck mit der dunklen Hautfarbe und den hellen Augen zu lesen, daß er ein sehr nervöses Temperament besaß. Der Mesmerist erkannte dies auch auf den ersten Blick und richtete seine Augen auf ihn. Ich sah, wie mein Freund erst erstaunt war, sich aber dann in seinen Sessel zurücklehnte, wie um seinen Entschluß kundzutun, daß er keineswegs geneigt sei, sich dem Einflusses des Experimentators zu unterwerfen. In Messingers Zügen lag nichts, das auf eine außergewöhnliche

Willenskraft hätte schließen lassen, aber sein Blick war eigentümlich fest und durchdringend. Unter seinem Einflusse machte Cowles eine oder zwei unwillkürliche Handbewegungen, als wolle er sich an die Lehnen seines Sessels anklammern, stand dann halb auf, aber sank sofort – allerdings offenbar mit ziemlicher Anstrengung – wieder zurück. Ich beobachtete den Vorgang mit großem Interesse; da warf ich zufällig einen Blick auf Miss Northcott. Sie hatte ihre Augen fest auf den Mesmeristen gerichtet und starrte ihn unverwandt an, mit einem derartigen Ausdruck gesteigerter Willens-Stärke, wie ich ihn niemals auf einem menschlichen Gesicht beobachtet hatte. Sie hatte die Zähne aufeinandergebissen, die Lippen zusammengepreßt, und ihre Züge waren so hart, als seien sie aus dem weißesten Marmor ausgehauen. Unter ihren heruntergezogenen Augenbrauen schienen die grauen Augen zu funkeln und glimmen wie ein kaltes Licht.

Ich beobachtete wieder Cowles und erwartete jeden Augenblick, daß er aufstehen und dem Willen des Mesmeristen gehorchen würde, da hörte ich auf dem Podium einen kurzen, abgerissenen Aufschrei, wie von einem Menschen, der, am Ende seiner Kräfte, nach langem Kampfe unterliegt. Messinger lehnte am Tische und hielt die Hand gegen die weiße Stirne, von der der Schweiß niederperlte. „Es gelingt nicht", rief er aus, indem er sich an das Publikum wandte. „Es ist hier ein stärkerer Wille vorhanden als der meinige, der gegen mich handelt. Entschuldigen Sie mich für heute abend." Der Mann fühlte sich augenscheinlich unwohl und unfähig, die Vorstellung weiterzuführen. Der Vorhang fiel, und die Zuhörer zerstreuten sich, nicht ohne Vermutungen über das plötzliche Unwohlsein des Vortragenden zu äußern.

Ich wartete außen auf meinen Freund und die Damen. Cowles lachte über das Experiment. „Es ist ihm nicht gelungen bei mir", rief er mir triumphierend zu, als er mich erblickte. „Er ist an den Unrechten geraten diesesmal."

„Ja", bemerkte Miss Northcott, „mir scheint, mein Bräutigam sollte sehr stolz auf seine Geistesstärke sein, nicht wahr?"

„Und trotzdem spürte ich fortwährend seinen Einfluß", fügte mein Freund in ernstem Tone hinzu. „Du kannst dir nicht vorstellen, welch sonderbares Gefühl mich ein- oder zweimal überkam. Es schien mir, als habe ich alle Kraft verloren – insbesondere gerade, bevor er zusammenbrach."

Ich schloß mich Cowles an, um die Damen nach Hause zu begleiten. Er ging mit Mrs. Merton voraus, während ich mit dem Mädchen folgte. Eine Minute lang machte ich keine Bemerkung, dann aber entfuhren mir die vielleicht etwas unvermittelten Worte: „Das haben Sie getan, Miss Northcott!"

„Was getan?" erwiderte sie scharf.

„Den Mesmeristen mesmerisiert! – Ich denke, das ist die beste Beschreibung des Vorgangs."

„Welch eigentümlicher Gedanke!" lachte sie. „Sie glauben also, daß ich einen sehr starken Willen besitze?"

„Ja", erwiderte ich, „sogar einen ganz gefährlich starken."

„Wieso gefährlich?" fragte sie erstaunt.

„Nach meiner Ansicht", erwiderte ich, „ist jeder Wille, der eine solche Macht ausüben kann, gefährlich, denn es gibt immer Gelegenheiten, wo er in schlechtem Sinne gebraucht werden kann."

„Sie stempeln mich ja zu einer ganz schrecklichen Person, mein Herr", bemerkte sie; dann sah sie mir voll ins Gesicht und sagte: „Sie haben mich nie leiden können, Sie haben mich im Verdacht, Sie trauen mir nicht, obwohl ich Ihnen niemals Ursache dazu gegeben habe." Die Anklage kam so unerwartet und war so treffend, daß ich unfähig war, eine Erwiderung darauf zu finden. Sie schwieg einen Augenblick und fügte dann in hartem, kaltem Tone hinzu: „Lassen Sie sich durch Ihre Vorurteile nicht verleiten, mir zu schaden, oder Ihrem Freunde, Herrn Cowles, etwas zu sagen, das zu Uneinigkeiten zwischen uns führen konnte. Sie würden sehen, daß dies eine sehr ungeschickte Politik wäre!" In ihrer Art zu sprechen lag etwas, das diesen wenigen Worten die Bedeutung einer unbeschreiblichen Drohung gab.

„Es steht nicht in meiner Macht", erwiderte ich, „Ihre Zukunftspläne zu durchkreuzen. Trotzdem hege ich – ich kann mir nicht helfen – nach dem, was ich gesehen und gehört, für meinen Freund schwere Befürchtungen."

„Befürchtungen!“ wiederholte sie zornig. „Bitte, was haben Sie gesehen und gehört? Etwas von Herrn Neeves vielleicht? Ich glaube, er ist auch Ihr Freund?“

„Er hat mir gegenüber Ihren Namen nie erwähnt“, antwortete ich wahrheitsgemäß. „Es wird Ihnen übrigens leid tun, wenn Sie erfahren, daß er im Sterben liegt.“ Bei diesen Worten fiel zufällig aus einem beleuchteten Zimmer ein Lichtschein auf sie, so daß ich die Wirkung meiner Worte beobachten konnte. Sie lachte – das unterlag keinem Zweifel; sie lachte ruhig vor sich hin, und jeder ihrer Züge erzählte von Lustigkeit. Von diesem Augenblicke an empfand ich noch mehr Furcht und Mißtrauen gegenüber diesem Weibe als je zuvor.

Wir sprachen wenig mehr an diesem Abend. Als wir uns verabschiedeten, warf sie mir einen scharfen, warnenden Blick zu, als wollte sie mich an die Drohung erinnern. Dies wäre mir zwar gleichgültig gewesen, wenn ich gesehen hätte, wie ich Cowles irgendwie hätte durch eine Warnung nützen können. Aber was konnte ich sagen? Daß ihre früheren Liebhaber unglücklich gewesen waren? Daß ich das Mädchen für kaltherzig, für grausam hielt? Daß sie nach meiner Meinung wunderbare, fast übernatürliche Kräfte besaß? Welchen Eindruck würden solche Anklagen auf einen begeisterten Liebhaber, einen Menschen mit dem enthusiastischen Temperament meines Freundes machen? Ich fühlte, daß es nutzlos wäre, sie auszusprechen, und so schwieg ich.

Bis hierher hat sich in meine Erzählung manches Unsichere eingeschlichen, Vermutungen, Schlußfolgerungen, ja Klatsch. Das Folgende aber habe ich alles selbst miterlebt, und ich werde es so objektiv und genau, als es mir möglich ist, erzählen; Vielleicht kann es ein Licht auf den rätselhaften Ausgang der Geschichte werfen.

Gegen Ende des Winters ließ Cowles mir gegenüber die Bemerkung fallen, daß er bald, voraussichtlich im Frühjahre, heiraten würde. Er lebte, wie ich schon erwähnte, in guten Verhältnissen, und auch seine Braut besaß einige Mittel, so daß die Vermögenslage kein Grund war, die Hochzeit lange hinauszuschieben. „Wir werden in Corstorphine ein kleines

Häuschen mieten“, bemerkte mein Freund. „Hoffentlich werden wir dich, so oft es dir möglich ist, an unserem Tische sehen.“ Ich dankte ihm und versuchte, meine trüben Ahnungen mit dem Gedanken zu verscheuchen, daß jetzt alles gutgehen würde.

Etwa drei Wochen vor seiner Hochzeit bemerkte eines Tages Cowles, daß er abends wohl etwas spät nach Hause kommen würde. „Kate hat mir ein Billett gesandt“, sagte er, „ich solle etwa um elf Uhr zu ihr kommen; das ist ziemlich spät, aber vielleicht möchte sie in aller Ruhe etwas mit mir besprechen, wenn sich Mrs. Merton zurückgezogen hat.“

Erst als mein Freund schon weg war, fiel mir jene. merkwürdige Zusammenkunft ein, die vor dem Selbstmorde Prescotts stattgefunden haben sollte. Dann erinnerte ich mich an die wirren Reden des armen Neeves, die mir einen noch traurigeren Eindruck machten, weil ich gerade an jenem Tage erfahren hatte, daß er gestorben war. Was war der tiefere Sinn all dieser Tatsachen? Hatte dieses Weib irgend ein schwerwiegendes Geheimnis, das vor ihrer Heirat aufgedeckt werden mußte? Konnte sie vielleicht aus irgend einem Grunde nicht heiraten? Oder waren Gründe vorhanden, welche anderen eine Heirat mit ihr unmöglich machte? Ich wurde nach und nach so unruhig, daß ich Cowles nachgeeilt wäre, selbst auf das Risiko, ihn zu beleidigen, um ihn an der Einhaltung der Zusammenkunft zu verhindern: aber ein Blick auf die Uhr belehrte mich, daß es zu spät war.

Ich war entschlossen, ihn zu erwarten, und so legte ich einige Holzscheite in den Kamin und nahm mir eine Erzählung vom Bücherständer herab. Bald aber wurden meine Gedanken interessanter als das Buch; daher warf ich es beiseite. Ein unbeschreibliches Gefühl von Angst und Niedergeschlagenheit lastete auf mir. Es schlug zwölf Uhr, dann halb ein Uhr, und noch war mein Freund nicht zurückgekehrt. Der Zeiger ging schon auf ein Uhr, als ich auf der Straße Schritte vernahm; gleich daraus ertönte der Klopfer an der Türe. Ich war überrascht, da ich wußte, daß mein Freund immer den Hausschlüssel bei sich trug; ich eilte indes hinunter und schloß die Türe auf. Mit einem Blicke übersah ich, daß mich meine schlimmen Vorahnungen nicht getäuscht hatten. Cowles lehnte am Türpfosten, das Haupt war ihm auf die Brust gesunken, und seine ganze Haltung war die eines gebrochenen Mannes. Als er eintrat, taumelte er, und hätte ich ihn nicht gestützt, so wäre er umgesunken. Ich führte ihn, so, gut es ging, hinauf in unser kleines Wohnzimmer. Wortlos sank er auf das Sofa. Jetzt, in der besseren Beleuchtung, konnte ich sein Gesicht deutlicher erkennen, und ich war entsetzt über die Veränderung seiner Züge: seine Gesichtsfarbe war die eines Toten, und selbst aus den Lippen schien alles Blut gewichen zu sein. Er hatte das Aussehen eines Mannes, der eine fürchterliche Prüfung durchgemacht und dessen Nerven dabei zerrüttet worden sind.

Endlich brach ich das Schweigen, indem ich Cowles fragte: „Lieber Junge, was ist denn passiert? Kein Unheil, wie ich hoffe? Bist du krank?“

„Kognak!“ flüsterte er. „Gib mir Kognak!“

Ich nahm die Flasche heraus und wollte ihm einschenken, da riß er mir sie zitternd aus der Hand und tat einen langen Schluck. Sonst trank er ihn nie unvermischt. Das Getränk tat ihm offenbar gut; sein Gesicht begann sich wieder ein wenig zu färben, und er stützte sich auf den Ellenbogen.

„Meine Verlobung ist aufgehoben“, begann er, indem er sich Mühe gab, ruhig zu sprechen, aber doch ein Zittern nicht unterdrücken konnte. „Alles ist vorbei!“

„Beruhige Dich!“ antwortete ich. „Fasse Mut! Wie war es denn? Was war denn los?

„Was los war? stöhnte er und verbarg sein Antlitz in den Händen. „Wenn ich dir’s erzählen wollte, würdest du es mir nicht glauben. Es war zu schrecklich – zu fürchterlich – unsagbar schauderhaft und unglaublich! O Kate, Kate“, rief er erschüttert aus, „ich hielt dich für einen Engel und du bist eine –“

„Eine was?“ fragte ich, als er eine Pause machte.

Er sah mich wie geistesabwesend, starren Blickes an und brach dann plötzlich in den Ruf aus: „Eine Teufelin! Eine Unholdin! Ein Vampir in Engelsgestalt. Gott, vergib mir!“ setzte er in leiserem Tone hinzu, indem er sein Gesicht der

Wand zuwendete. „Ich habe mehr gesagt, als ich sollte. Ich habe sie zu sehr geliebt, als daß ich von ihr reden könnte, wie sie es verdient. Ich liebe sie noch jetzt zu sehr."

Er blieb einige Zeit ruhig liegen. Schon hoffte ich, daß der Kognak ihn eingeschläfert habe, da fuhr er auf und wandte mir sein Gesicht zu: „Hast du schon von Werwölfen gehört?" fragte er. Ich antwortete bejahend. „ In einem von Marryats Büchern", sagte er nachdenklich, „findet sich eine Geschichte von einem wundervollen Weib, das in einer Nacht sich in einen Wolf verwandelt und seine eigenen Kinder verschlungen hat. Ich mochte wissen, wie Marryat auf diese Idee kam?"

Einige Minuten lang lag er wieder still und starrte vor sich hin, dann wollte er noch mehr von dem Kognak haben. Ich goß ihm, ohne daß er es bemerkte, einige Tropfen Laudanum, von dem zufällig ein Fläschchen auf dem Tisch stand, unter das Getränk. Er stürzte es hinunter und vergrub sein Antlitz wieder in die Kissen. „Alles wäre besser, als das", stöhnte er. „Der Tod wäre besser, als das. Verbrechen und Grausamkeit; Grausamkeit und Verbrechen. Alles andere ist noch besser, als das!" Und so ging es fort, bis die letzten Worte undeutlich wurden, seine Augenlider zufielen, und er in tiefen Schlummer versank. Ich schleppte ihn, ohne ihn zu wecken, in sein Schlafzimmer; die ganze Nacht blieb ich auf einem rasch aus einigen Stühlen improvisierten Lager neben ihm.

Am anderen Morgen hatte Cowles hochgradiges Fieber. Wochenlang schwebte er zwischen Leben und Tod. Die berühmtesten Ärzte Edinburghs bemühten sich um ihn. Endlich trug seine kräftige Konstitution, wenn auch langsam, den Sieg davon. Ich wachte während seiner ganzen Krankheit bei ihm; aber trotz seiner wilden Delirien ließ er sich nie ein Wort entschlüpfen, das geeignet gewesen wäre, das Geheimnis aufzudecken, das mit Miss Northcott verknüpft war. Zeitweise sprach er in den zärtlichsten Ausdrücken von ihr. Dann wieder klagte er laut, sie sei eine Teufelin, und streckte abwehrend seine Arme aus, als wolle er sie sich vom Leibe halten. Mehrere Male rief er, er wolle seine Seele nicht für ein schönes Gesicht verkaufen, aber dann jammerte er wieder im kläglichsten Tone: „Aber ich liebe Sie, ich liebe sie trotz allem und allem; ich werde sie ewig lieben!“ Als er wieder zu sich kam, war er ganz verändert. Zwar hatten seine dunklen Augen ihr Feuer nicht verloren, aber die Krankheit hatte seine Kräfte aufgezehrt. Seine Stimmungen waren launisch und eigenartig, bald gereizt, bald auffallend ruhig, aber nie natürlich. Er sah mit scheuen, argwöhnischen Blicken um sich, wie einer, der sich vor etwas fürchtet, ohne recht zu wissen, was es ist. Er sprach niemals von Miss Northcott, bis zu jenem Abend, von dem ich nun reden muß.

Da ich bestrebt war, seinen Gedanken durch häufigen Szeneriewechsel eine andere Richtung zu geben, bereiste ich mit ihm das schottische Hochland und dann die Ostküste. Auf einer solchen Reise besuchten wir die Insel May, nicht weit vom Firth of Forth, welche, abgesehen von der Touristensaison, ungewöhnlich verlassen und einsam ist. Außer dem Leuchtturmwärter wohnen dort nur wenige arme Fischerfamilien, welche durch Fisch- und Entenfang ein kärgliches Auskommen finden. Diese verlassene Insel schien auf Cowles einen so tiefen Eindruck zu machen, daß ich beschloß, in einer Fischerhütte ein Zimmer für uns zu mieten, um eine oder zwei Wochen hier zuzubringen. Ich fand es zwar sehr einförmig, aber die Einsamkeit schien einen guten Einfluß auf die Stimmung meines Freundes zu haben. Er verlor nach und nach seinen Argwohn und wurde mehr und mehr der Alte. Den ganzen Tag konnte er auf der Insel herumschlendern und von den hohen Felsen auf die langen grünen Wellen hinabschauen, wie sie, sich bäumend, gegen die Felsen rollen, um an ihnen in Schaum und Gischt zu verspritzen.

Eines Abends – es war am dritten oder vierten Tage – gingen wir vor unserer Hütte spazieren, um noch vor dem Zubettegehen ein wenig frische Luft zu genießen, da unser Zimmer sehr klein war und die primitive Lampe mit ihrem unangenehmen Qualm die Luft verdarb. An jede Kleinigkeit erinnere ich mich noch, die irgendwie mit dem in Verbindung steht, was sich in jener Nacht ereignete. Es schien ein Sturm bevorzustehen: Wolkenmassen türmten sich im Nordwesten auf und jagten über das bleiche Gesicht des Mondes; abwechselnd fielen sein silbernes Licht und schwarze Schatten auf die rauhe

Oberfläche der Insel und die aufgeregte See, die an den Felsen unten nagte.

Wir plauderten nahe bei der Hütte; ich dachte eben daran, daß mein Freund aufgeräumter war als je seit seiner Krankheit, da stieß er plötzlich einen scharfen, kurzen Schrei aus, und das Mondlicht zeigte mir auf seinen Zügen den Ausdruck fürchterlichsten Entsetzens. Seine Augen starrten wie verglast in die Ferne, als sehe er etwas näher und näher kommen; Sein langer Zeigefinger deutete zitternd darauf. „Siehst du!" rief er. „Sie ist's. Da kommt sie, dort, siehst du!" Seine Finger krallten sich krampfhaft in meinen Arm. „Da ist sie; sie kommt auf uns zu."

„Wer?" rief ich und suchte die Dunkelheit zu durchdringen.

„Sie – Kate – Kate Northcott!" kreischte er. „Sie kommt, mich zu holen. Halt mich fest, alter Freund! Laß mich nicht los!"

„Keine Torheiten, Junge", rief ich und schlug ihn auf die Schulter. „Nimm dich zusammen; du träumst; hier gibts nichts zu befürchten!"

„Jetzt ist sie weg!" rief er, offenbar erleichtert. „Nein, beim Himmel, da ist Sie wieder, da kommt sie immer näher! Immer näher!. Sie sagte mir ja, sie würde mich holen; sie hält ihr Wort; jetzt kommt sie!"

„Komm' ins Zimmer!" schlug ich vor. Seine Hand war eiskalt, als ich sie anfaßte.

„Ah, ich wußte es!" begann er wieder zu schreien. „Da ist sie und winkt mit der Hand. Sie ruft mich! Das ist das Zeichen! Ich muß gehen! Ich komme, Kate, ich komme!"

Ich schlang meine Arme um ihn, aber er riß sich mit übermenschlicher Kraft los und verschwand im Dunkel der Nacht. Ich folgte ihm, rief ihm nach, er solle halten, aber er rannte immer schneller davon. Als der Mond wieder hinter den Wolken hervorkam, erblickte ich seine dunkle Gestalt, die in einer geraden Linie, wie auf ein bestimmtes Ziel, davonstürmte. Es war vielleicht das Spiel einer aufgeregten Phantasie, aber es schien mir, als könnte ich in dem unsicheren Licht ein unbestimmtes Etwas unterscheiden, eine Gestalt, nach der er griff und die sich seinen Händen geschickt entzog. Ich sah noch den Umriß seiner Figur sich scharf am Himmel abzeichnen, als er einen kleinen Hügel hinaufrannte ; dann verschwand er.

Kein Mensch hat mehr etwas von ihm gesehen.

Die ganze Nacht hindurch suchte ich gemeinsam mit den Fischern bei Laternenlicht die Insel ab; jeden Winkel durchstöberten wir, ohne auch nur eine Spur von meinem armen verschwundenen Freund zu entdecken. Die Richtung, in welcher er davongerannt war, führte auf eine Reihe von Felsen, die dort ins Meer überhängen. An einer Stelle war der Boden etwas zertreten, und auf einem Graspolster sah man eine Spur, wie vom Eindruck eines menschlichen Fußes. Wir legten uns nieder und spähten in die fast hundert Meter tiefer liegende brausende Meeresbucht hinab. Als wir so dalagen, erhob sich plötzlich aus dem Abgrund ein eigentümlicher wilder Schrei, der das Toben der Wellen und das Heulen des Windes noch übertönte. Die Fischer, von Natur aus schon abergläubische Leute, versicherten, daß es wie das Gelächter eines Weibes geklungen habe. Es gelang mir nur mit der größten Mühe, sie zu überreden, noch weiterhin mit mir zu suchen. Ich für meine Person glaube, daß es der Schrei irgendeines Seevogels gewesen ist, der durch den Schein unserer Laterne von seinem Neste aufgescheucht wurde. Sei dem, wie ihm wolle, ich möchte einen solchen Schrei nie wieder hören.

Das ist alles, was ich von der Geschichte weiß. Jede Einzelheit habe ich wiedergegeben. Ich verstehe auch, daß viele Leute, nach gründlicher Überlegung aller Tatsachen, mir das Recht abstreiten werden, eine Anklage gegen Miss Northcott zu erheben. Sie werden sagen, daß man noch lange kein Recht habe, unbestimmte Beschuldigungen auf eine Dame zu häufen, wenn ein von Natur aus nervöser und aufgeregter Mensch wilde Dinge erzählt und Handlungen vollführt, ja selbst nach einer unerwarteten und schweren Enttäuschung Selbstmord begeht. Es steht ja jedem frei, sich eine eigene Ansicht darüber zu bilden. Ich aber schreibe den Tod William Prescotts, Archibald Neeves' und John Barrington Cowles' mit einer ebenso großen Bestimmtheit diesem Weibe zu, als wenn ich sie einen Dolch in ihr Herz hätte graben sehen.

Zweifellos wird man mich fragen, auf welche Art nach meiner eigenen Meinung all diese merkwürdigen Tatsachen zu erklären seien. Ich muß gestehen, daß ich mir keine bestimmte Anschauung bilden konnte. Daß Miss Northcott außergewöhnliche Macht über den Geist anderer und dadurch auf deren Person besaß, davon bin ich ebenso überzeugt, als daß ihre Veranlagung sie dazu trieb, diese Macht für niedrige und verwerfliche Zwecke auszunutzen. Daß irgendein teuflischer und schrecklicher Charakterzug noch dazukam, den sie vor ihrer Heirat aus irgendeinem Gründe aufdecken mußte, muß man aus den Erfahrungen ihrer drei Verlobten schließen; die ganze Schrecklichkeit des Geheimnisses kann nur aus der Tatsache geschlossen werden, daß die Offenbarung desselben ihre leidenschaftlichen Liebhaber abstieß. Das unglückliche Ende war nach meiner Ansicht dadurch veranlaßt, daß die jungen Leute sie verlassen hatten; daß sie ihnen mit ihrer Rache gedroht hatte, geht aus den Worten Neeves' und Cowles' hervor. Mehr als das kann ich selbst nicht sagen. Ich lege die nüchternen Tatsachen, wie ich sie erfuhr oder erlebte, meinen Lesern zur Beurteilung vor.

Miss Northcott habe ich seither nicht mehr gesehen; auch hoffe ich, daß ich sie nie mehr sehen werde.

Eine erfüllte Stunde

Es geschah auf der Eastbourne-Tunbridge-Straße unweit des Örtchens Cross-in-Hand auf einem einsamen Straßenstück, das beidseits von Heide gesäumt war. Es geschah in einer spätsommerlichen Sonntagsnacht um halb Zwölf. Ein Wagen fuhr langsam die Straße hinab.

Es war ein langer, schlanker Rolls-Royce, der mit sanftem Schnurren des Motors ruhig dahinfuhr. Durch die hellen Lichtkreise der elektrischen Scheinwerfer zogen die wogenden Grasränder und Heidebüsche wie in einem goldenen Kinematographen, wodurch die Dunkelheit dahinter und darum umso schwärzer wirkte. Ein rubinroter Lichtstrahl leuchtete auf die Straße, aber in dem schwachen, rötlichen Lichtkreis der Heckleuchte war kein Nummernschild zu erkennen. Der Wagen war eine offene Reiselimousine, doch selbst in dem schwachen Licht dieser mondlosen Nacht hätte ein Beobachter nicht umhin gekonnt, die eigentümliche Unbestimmtheit seiner Formen wahrzunehmen. Als der Wagen durch den breiten Lichtstreifen fuhr, der aus einer offenen Landhaustür fiel, konnte man den Grund dafür erkennen. Die Karosserie war mit einem ungewöhnlichen Arrangement aus ungebleichter Leinwand verhangen. Selbst die lange schwarze Motorhaube war mit einem festgebundenen Überwurf verdeckt.

Der Fahrer dieses eigentümlichen Wagens war breit und stämmig. Er saß, die Krempe seines Jägerhutes tief in die Stirn gezogen, über das Lenkrad gebeugt. Das rote Ende einer Zigarette glomm in dem schwarzen Schatten der Kopfbedeckung. Der Kragen eines dunklen Ulstermantels aus einem groben Wollstoff war hochgeschlagen, so daß er die Ohren bedeckte. Der Mann hatte seinen Kopf über den gebeugten Schultern nach vorn geschoben und schien jetzt, da der Wagen mit gelöster Kupplung und freilaufendem Motor geräuschlos die lange, abfallende Straße entlangglitt, nach vorn in die Dunkelheit zu spähen, auf der Suche nach einem mit Spannung erwarteten Objekt.

Von irgendwoher weit im Süden von ihm, war schwach eine Fahrzeughupe zu hören. In so einer Nacht, an so einem Ort führt der gesamte Verkehr unabwendbar von Süden nach Norden, wenn der Strom der Londoner Wochenendurlauber von den Badeorten zurück in die Hauptstadt – vom Vergnügen zurück zur Pflicht – rauscht. Der Mann saß kerzengerade da und lauschte gespannt. Ja, da war es wieder, und mit Sicherheit im Süden von ihm. Mit über das Lenkrad gebeugtem Kopf stierte er in die Dunkelheit hinaus. Dann plötzlich spuckte er die Zigarette weg und sog scharf die Luft ein. In der Ferne waren unten auf der Straße zwei kleine gelbe Punkte um die Kurve gebogen. Sie verschwanden in einer Senke, schossen wieder hoch und verschwanden erneut. Der untätige Mann in dem verhangenen Wagen erwachte plötzlich und wurde sehr lebhaft. Aus seiner Tasche zog er eine Maske aus dunklem Stoff, die er sich fest umband und so zurechtrückte, daß seine Sicht nicht behindert wurde. Einen kurzen Moment lang nahm er die Abdeckung von einer Acetylen-Handlaterne, und nachdem er eilig seine Vorbereitungen überblickt hatte, legte er die Laterne zu einer Mauserpistole auf den Sitz neben sich. Dann trat er, seinen Hut noch tiefer ins Gesicht ziehend, auf die Kupplung und schob den Schalthebel nach unten. Mit einem Glucksen und einem Rucken sprang das lange schwarze Fahrzeug nach vorn und schoß mit einem leichten Seufzer seines kräftigen Motors das schräge Gefälle hinab. Der Fahrer beugte sich hinunter und schaltete die elektrischen Scheinwerfer aus. Nur ein schwacher grauer Streifen, der sich durch die schwarze Heide zog, zeigte ihm, wo sich die Straße befand. Von vorn kam jetzt ein wirres Puffen, Rasseln und Klirren, als das entgegenkommende Fahrzeug sich mühsam den Anstieg emporkämpfte. Es hustete und stotterte in einem niedrigen Gang, während sein alter Motor wie ein ermüdetes Herz pochte. Die blendenden gelben Lichter versanken ein letztes Mal in einer Serpentinenkurve. Als sie über dem Kamm wieder auftauchten, waren die beiden Wagen dreißig Yards voneinander entfernt. Der dunkle sauste über die Straße und versperrte dem anderen die Weiterfahrt, wobei eine warnende Acetylenlaterne in der Luft geschwenkt wurde. Mit einem Aufkreischen der Bremsen wurde der geräuschvolle Neuankömmling zum Stillstand gebracht.

„Also wirklich", rief eine betrübte Stimme, „bei meiner Seele, wissen Sie, wir hätten fast einen Unfall gehabt. Wieso, zum Teufel, haben Sie Ihre Scheinwerfer nicht an? Ich hab Sie erst gesehen, als ich mit dem Kühler schon fast gegen Sie gestoßen bin!"

Im Licht der vorgehaltenen Acetylenlaterne war ein sehr verärgerter junger Mann mit blauen Augen, gelbem Schnurrbart und gerötetem Gesicht zu erkennen, der am Lenkrad eines altmodischen, 12 PS starken Wolseley saß. Plötzlich wich der -aufgebrachte Ausdruck in seinem Gesicht dem völliger Bestürzung. Der Fahrer des dunklen Wagens war von seinem Sitz gesprungen, eine schwarze, gefährlich aussehende Pistole mit langem Lauf wurde dem Reisenden ins Gesicht gehalten, und dahinter tauchte eine schwarze Stoffmaske auf, aus deren Schlitzen zwei tödliche Augen blitzten.

„Hände hoch!" sagte eine ernste Stimme. „Hände hoch! Oder, bei Gott ..."

Der junge Mann war so mutig wie jeder andere, aber seine Hände flogen dennoch hoch.

„Aussteigen!" befahl sein Angreifer schroff.

Der junge Mann schritt vorwärts auf die Straße, knapp gefolgt von der abgedeckten Laterne und der Pistole. Einmal schien es, als wolle er seine Hände herunter nehmen, aber ein kurzes, strenges Wort ließ sie wieder nach oben schnellen.

„Also wirklich, sowas aber auch, das ist doch etwas unmodern, oder?" meinte der Reisende. „Ich nehme an, Sie belieben zu scherzen?"

„Ihre Uhr", befahl der Mann hinter der Mauserpistole.

„Das meinen Sie doch nicht ernst!"

„Ihre Uhr, sage ich!"

„Nun bitte, wenn es denn sein muß. Sie ist sowieso nur vergoldet. Sie haben sich zwei Jahrhunderte in der Zeit geirrt oder einige tausend Meilen im Längengrad. Der Busch ist das richtige für Sie, oder Amerika. Sie passen irgendwie nicht recht ins Bild auf einer Straße in Sussex."

„Geldbörse", sagte der Mann. In seiner Stimme und seinem Vorgehen lag etwas sehr überzeugendes. Die Geldbörse wurde übergeben.

„Ringe?"

„Trage keine."

„Bleiben Sie dort stehen! Bewegen Sie sich nicht!"

Der Straßenräuber ging an seinem Opfer vorbei und klappte die Motorhaube des Wolseley hoch. Er versenkte seine Hand mit einer Seitenschneider tief im Motorraum. Man hörte, wie ein Kabel duchschnitten wurde.

„Zum Henker mit Ihnen, lassen Sie meinen Wagen heil!" schrie der Reisende auf.

Er drehte sich um, aber schnell wie der Blitz war die Pistole wieder an seinem Kopf. Aber dieser kurze Moment, in dem der Räuber von der zerstörten Leitung herumwirbelte, hatte genügt, daß dem jungen Mann etwas ins Auge gefallen war, das ihm vor Schreck den Atem verschlug. Er öffnete den Mund, als wolle er etwas rufen. Dann hielt er sich jedoch mit deutlicher Anstrengung zurück.

„Steigen Sie ein", befahl der Straßenräuber.

Der Reisende kletterte wieder auf seinen Sitz.

„Wie heißen Sie?"

„Ronald Barker. Und Sie?"

Der Maskierte ignorierte die Unverschämtheit.

„Wo wohnen Sie?" fragte er.

„Meine Karten sind in meiner Geldbörse. Nehmen Sie sich eine."

Der Straßenräuber sprang in seinen Wagen, dessen Motor das Gespräch mit leichtem Zischen und Flüstern begleitet hatte. Krachend warf er die Seitenbremse zurück, schleuderte den Gang rein, wirbelte das Lenkrad hart herum und fuhr an dem bewegungslosen Wolseley vorbei. Eine Minute später glitt er, alle Scheinwerfer eingeschaltet, etwa eine halbe Meile südlicher schnell die Straße entlang, während Mr. Ronald Barker mit einer Seitenlampe in der Hand wütend in dem Gerümpel in seinem Werkzeugkasten herumwühlte, um ein Stück Kabel zu finden, mit dem er seine Elektrik wieder in Gang setzen und weiterfahren konnte.

Nachdem er einen sicheren Abstand zwischen sich und sein Opfer gebracht hatte, hielt der Abenteurer an, nahm seine Beute aus der Tasche, steckte die Uhr zurück, öffnete die Geldbörse und zählte das Geld. Die klägliche Ausbeute bestand aus sieben Schilling. Das dürftige Ergebnis seiner Bemühungen schien ihn jedoch mehr zur amüsieren als zu ärgern, denn er lachte vor sich hin, als er die beiden Halbkronenstücke und das Zweischillingstück im grellen Schein seiner Laterne betrachtete. Dann, plötzlich, änderte sich sein Verhalten. Er stopfte die dünne Börse wieder in seine Tasche, löste die Bremse und schoß nach vorn mit derselben gespannten Haltung, mit der er sein Abenteuer begonnen hatte. Die Lichter eines weiteren Wagens kamen die Straße hinab.

Diesmal ging der Straßenräuber weniger verstohlen vor. Die Erfahrung hatte ihm offensichtlich Vertrauen eingeflößt. Mit noch eingeschalteten Scheinwerfern fuhr er den Neuankömmlingen entgegen und forderte sie auf anzuhalten, indem er die Mitte der Straße blockierte. Aus Sicht der überraschten Reisenden war das Ergebnis hinreichend beeindruckend. Im Lichte ihrer Scheinwerfer konnten sie zwei leuchtende Scheiben auf beiden Seiten der langen, schwarzen Schnauze eines Hochleistungsautomobils erkennen und darüber das maskierte Gesicht und die bedrohliche Gestalt des Fahrers. In dem goldenen Lichtkreis, den der Vagabund erzeugte, stand ein eleganter, 20 PS starker Humber ohne Verdeck, aus dem ein zu klein geratener und sehr erstaunter Chauffeur unter seiner Schirmmütze hervorlugte. Hinter der Windschutzscheibe schauten die verschleierten Hüte und verwunderten Gesichter zweier sehr hübscher junger Damen hervor, eines auf jeder Seite, und ein leichtes Crescendo verängstigter Piepser zeugte von der heftigen Erregung der einen. Die andere war kaltblütiger und beherrschter.

„Verplapper dich nicht, Hilde“, flüsterte sie. „Bleib still und sei nicht so ein Dummchen. Es ist Bertie oder einer von den Jungs, die sich einen Scherz mit uns erlauben.“

„Nein, nein! Das hier ist echt, Flossie. Das ist ein Räuber. Mit Sicherheit. Du meine Güte, was sollen wir tun?"

„Was für eine Schlagzeile!" rief die andere. „Oh, was für eine großartige Schlagzeile! Zu spät für die Morgenausgabe, aber es wird in jeder Abendzeitung stehen. Bestimmt."

„Was wird uns das kosten?" stöhnte die andere. „Oh, Flossie, Flossie, ich werde sicher ohnmächtig! Denkst du nicht, wir könnten etwas erreichen, wenn wir beide zusammen schrien? Ist er nicht grauenvoll mit diesem schwarzen Ding im Gesicht? Ach, herrje, herrje! Er bringt den armen kleinen Alf noch um!"

Das Vorgehen des Räubers war tatsächlich einigermaßen beängstigend. Er war aus seinem Wagen gesprungen, hatte den Chauffeur beim Kragen gepackt und von seinem Sitz heruntergezogen. Der Anblick der Mauser hatte alle Proteste zum Verstummen gebracht. Unter ihrem Zwang hatte der kleine Mann die Motorhaube geöffnet und die Zündkerzen herausgezogen. Nachdem er auf diese Weise die Unbeweglichkeit seines Fangs sichergestellt hatte, ging der Maskierte mit der Laterne in der Hand vor zur Seite des Wagens. Er hatte die schroffe Strenge, mit der er Mr. Ronald Barker begegnet war, abgelegt und seine Stimme und sein Benehmen waren jetzt freundlich, wenn auch bestimmt. Er lüpfte sogar seinen Hut als Einleitung zu seiner Anrede.

„Es tut mir leid, Ihnen Unannehmlichkeiten zu bereiten, meine Damen", sagte er und seine Stimme war jetzt, verglichen mit dem vorhergehenden Gespräch, um einige Töne höher. „Darf ich fragen, wer Sie sind?"

Miss Hilda war nicht mehr zu verständlicher Rede fähig, aber Miss Flossie war von härterer Natur.

„Das ist ja eine schöne Angelegenheit", meinte sie. „Welches Recht haben Sie, uns auf einer öffentlichen Straße anzuhalten, möchte ich gern wissen?"

„Ich habe nicht viel Zeit", sagte der Räuber in ernsterem Ton. „Ich muß Sie bitten, meine Frage zu beantworten."

„Sag es ihm, Flossie! Um Himmels Willen, sei nett zu ihm!" jammerte Hilda.

„Nun, wenn Sie es denn unbedingt wissen wollen, wir sind vom Gaiety Theatre in London", sagte die junge Dame. „Vielleicht haben Sie von Miss Flossie Thornton und Miss Hilda Mannering gehört? Wir haben eine Woche lang im Royal in Eastbourne gespielt und uns den Sonntag freigenommen. So, jetzt wissen Sie's!"

„Ich muß Sie um Ihre Geldbörsen und Ihren Schmuck bitten."

Beide Damen begannen heftig zu protestieren, aber ebenso wie Mr. Ronald Barker stellten sie fest, daß im Verhalten dieses Mannes etwas lag, dem man sich nicht entziehen konnte. In wenigen Minuten hatten sie ihre Geldbörsen übergeben und ein Haufen glitzernder Ringe, Armreife, Broschen und Ketten lag auf dem Vordersitz des Wagens. Die Diamanten strahlten und schimmerten wie kleine elektrische Punkte im Licht der Laterne. Er nahm das glitzernde Wirrwarr auf und wog es in der Hand.

„Etwas, das Ihnen besonders wert ist?" fragte er die Damen, doch Miss Flossie war nicht in der Stimmung für Zugeständnisse

„Tun Sie hier nicht so wie der galante Claude Duval", sagte sie. „Nehmen Sie alles oder lassen Sie's. Wir möchten nicht, daß uns Teile unseres eigenen Eigentums zurückgegeben werden.

„Außer nur Billys Halskette!" rief Hilda und griff nach einer kleinen Perlenschnur. Der Räuber verneigte sich und ließ sie los.

„Noch etwas?"

Die tapfere Flossie fing mit einem Mal zu weinen an. Hilda tat es ihr gleich. Die Wirkung auf den Räuber war erstaunlich. Er warf den ganzen Haufen Schmuck in den nächsten Schoß.

„Hier! Hier! Nehmen Sie es!" sagte er. „Es ist sowieso nur Plunder. Für Sie ist es etwas wert und für mich nichts."

Im Handumdrehen wandelten sich Tränen zu Lächeln.

„Die Börsen können Sie gerne behalten. Die Schlagzeile ist das Zehnfache des Geldes wert. Aber was für eine komische Art, sich heutzutage seinen Lebensunterhalt zu verdienen! Haben Sie denn keine Angst, daß man Sie erwischt? Das ist alles so grandios hinreißend, wie eine Szene aus einer Komödie."

„Es kann noch eine Tragödie werden", sagte der Räuber.

„Oh, das hoffe ich nicht. Das hoffe ich wirklich nicht!" riefen die beiden Damen von der Bühne.

Aber der Räuber war nicht in der Stimmung für weitere Konversation. Weit unten auf der Straße waren winzige Lichtpunkte aufgetaucht. Neue Geschäfte kamen auf ihn zu, und er durfte seine Fälle nicht durcheinanderbringen. Er löste die Bremse seines Wagens, lüpfte seinen Hut und stahl sich davon, um diesen Neuankömmling zu treffen, während sich Miss Flossie und Miss Hilda mit noch von ihrem Abenteuer klopfenden Herzen aus ihrem reparaturbedürftigen Wagen lehnten und dem roten Schein der Rücklichter hinterhersahen, bis diese mit der Dunkelheit verschmolzen.

Dieses Mal deutete alles auf reiche Beute hin. Hinter den vier eindrucksvollen Scheinwerfern im breiten Rahmen einer glitzernden Messingverkleidung erklomm ein herrlicher 60 PS starker Daimler die Steigung mit dem leisen, sonoren und gleichmäßigen Brummen, das von der gewaltigen verborgenen Stärke dieses Fahrzeuges kündete. Wie eine reich beladene, hochgebaute spanische Galeone hielt sie ihren Kurs, bis das vor ihr dümpelnde Fahrzeug vor ihren Bug schwenkte und sie plötzlich zum Halten brachte. Ein verärgertes, rot geflecktes und böse blickendes Gesicht kam aus dem geöffneten Fenster der geschlossenen Limousine geschossen. Der Räuber bemerkte eine hohe, kahle Stirn, dicke, herabhängende Wangen und zwei kleine, verschlagene Augen, die zwischen Fettfalten hervorschimmerten.

„Aus dem Weg, Sir! Aus dem Weg! Sofort!" rief eine krächzende Stimme. „Fahren Sie über ihn hinweg, Hearn! Steigen Sie aus und ziehen Sie ihn von seinem Sitz. Der Kerl ist besoffen. Besoffen sage ich!"

Bis zu diesem Zeitpunkt hätte das Verhalten des modernen Straßenräubers als rücksichtsvoll durchgehen können. Jetzt ging es augenblicklich in Brutalität über. Der Chauffeur, ein stämmiger,-tüchtiger Mensch, sprang, von der rauen Stimme hinter ihm aufgestachelt, aus dem Wagen und ergriff den näherkommenden Räuber an der Kehle. Dieser schlug mit dem Kolben seiner Pistole zu und der Mann fiel stöhnend auf die Straße. Der Abenteurer trat über den am Boden liegenden Körper hinweg, zog die Wagentür auf, griff den korpulenten Insassen brutal am Ohr und zog ihn brüllend auf die Fernstraße. Dann schlug er ihm sehr gezielt zweimal mit der offenen Hand ins Gesicht. Die Schläge hallten wie Pistolenschüsse durch die Stille der Nacht. Der fette Reisende nahm eine gräßliche Farbe an und fiel halb besinnungslos gegen die Seite der Limousine. Der Räuber zerrte seinen Mantel auf, riß die schwere goldene Uhrenkette mit allem, was daranhing, ab, zupfte die große Diamantnadel, die auf der schwarzen Seidenkrawatte funkelte, heraus, zog vier Ringe ab, von denen jeder mindestens eine dreistellige Summe gekostet haben mußte, und schließlich riß er aus der Innentasche ein dickes Notizbuch aus Leder. All diese Wertgegenstände steckte er in die Taschen seines eigenen schwarzen Mantels, fügte noch die Perlenmanschettenknöpfe des Mannes hinzu und selbst noch den goldenen Knopf, der seinen Kragen zusammenhielt. Nachdem er sich überzeugt hatte, daß es nichts weiter zu nehmen gab, leuchtete der Räuber mit seiner Laterne auf den am Boden liegenden Chauffeur und vergewisserte sich, daß er betäubt und nicht tot war. Dann ging er wieder zu dem Herrn und begann ganz geflissentlich und mit einer grimmigen Energie, die sein Opfer in unmittelbarer Erwartung eines Mordes winseln und sich winden ließ, ihm alle Kleider vom Leibe zu reißen.

Was auch immer die Absichten seines Peinigers gewesen sein mögen, sie wurden wirksam zunichte gemacht. Ein Geräusch ließ ihn den Kopf wenden und dort, in nicht allzu großer Entfernung, waren die Lichter eines Wagens auszumachen, der sich aus nördlicher Richtung schnell näherte. Dieser Wagen mußte bereits an den Wracks vorbeigekommen sein, die dieser Pirat hinter sich gelassen hatte. Er folgte zielstrebig seiner Spur und war vielleicht mit jedem County Constabler des Districts vollgestopft.

Der Abenteurer hatte keine Zeit zu verlieren. Er stürzte von seinem zerfledderten Opfer weg, sprang auf seinen Sitz, und schoß, mit dem Fuß auf dem Gaspedal, rasch davon, die Straße hinab. Ein Stück weiter unten gab es eine schmale Seitengasse. In diese fuhr der Flüchtende hinein, beschleunigte auf Höchstgeschwindigkeit und brachte gute fünf Meilen zwischen sich und etwaige Verfolger, bevor er es wagte anzuhalten. In einer ruhigen Ecke zählte er dann die Beute des Abends, den armseligen Plunder von Mr. Ronald Barker, die etwas besser bestückten Geldbörsen der Schauspielerinnen, die zusammen vier Pfund enthielten, und schließlich den prächtigen Schmuck und die gut gefüllte Brieftasche des Plutokraten aus dem Daimler. Fünf Scheine zu fünfzig Pfund, vier zu zehn, fünfzehn Sovereigns und einige wertvolle Papiere machte diese höchst noble Beute aus. Das war eindeutig genug für die Arbeit einer Nacht. Der Abenteurer steckte all seinen unrechtmäßig erworbenen Gewinn wieder in die Tasche, zündete sich eine Zigarette an und machte sich auf den Weg mit der Haltung eines Mannes, den keine Sorgen weiter plagen.

Es war am Montag Morgen nach diesem ereignisreichen Abend, als Sir Henry Hailworthy von Walcot Old Place nach einem gemütlichen Frühstück hinunter in sein Arbeitszimmer schlenderte, wo er einige Briefe zu schreiben gedachte, bevor er aufbrechen wollte, um seinen Platz im Countygericht einzunehmen. Sir Henry war ein Deputy-Lieutenant der Grafschaft; er war ein Baronet von altem Blute; er war seit zehn Jahren Richter; und vor allem war er als Züchter vieler guter Pferde und als der verwegenste Reiter im gesamten Weald Country bekannt. Er war ein großer, aufrechter Mann mit einem kräftigen, glattrasierten Gesicht, dichten schwarzen Augenbrauen und einem kantigen, entschlossenen Kiefer – er war jemand, den man lieber zum Freunde denn zum Feinde hatte.

Obwohl er bereits fast 50 Jahre zählte, zeigte er keine Anzeichen davon, daß er seine Jugend hinter sich gebracht hätte, mit der Ausnahme, daß ihm die Natur in einer ihrer launischen Anwandlungen mit einem kleinen Büschel weißer Haare über seinem rechten Ohr ausgestattet hatte, wodurch der Rest seiner dicken schwarzen Locken umso dunkler wirkte. Diesen Morgen war er in einer nachdenklichen Stimmung. Nachdem er seine Pfeife angezündet hatte, saß er an seinem Schreibtisch mit dem leeren Briefpapier vor sich und war tief in Gedanken versunken.

Plötzlich wurden seine Gedanken wieder in die Gegenwart geholt. Hinter den Lorbeerbüschen der gewundenen Einfahrt kam ein dumpfes, rasselndes Geräusch hervor, das zum Klappern und Klingeln eines uralten Wagens anschwoll. Dann bog ein altmodischer Wolseley um die Ecke, hinter dessen Lenkrad ein junger Mann mit frischer Gesichtsfarbe und gelbem Schnurrbart saß. Bei diesem Anblick sprang Sir Henry auf, und setzte sich dann wieder hin. Er stand erneut auf, als der Diener eine Minute später Mr. Ronald Barker ankündigte. Das war ein zeitiger Besuch, doch Barker war ein enger Freund von Sir Henry. Da beide gute Schützen, Reiter und Billardspieler waren, hatten sie viel gemein und der jüngere (und ärmere) hatte es sich zur Angewohnheit gemacht, mindestens zwei Abende in der Woche in Walcot Old Place zu verbringen. Daher ging Sir Henry mit freundlich ausgestreckter Hand auf ihn zu, um ihn willkommen zu heißen.

„Sie sind aber ein Frühaufsteher heute Morgen“, sagte er. „Was gibt’s? Wenn Sie auf dem Weg nach Lewes sind, könnten wir zusammen fahren.“

Doch das Auftreten des jüngeren Mannes war eigentümlich und unfreundlich. Er ignorierte die Hand, die ihm entgegengehalten wurde, stand da, zupfte sich den langen Schnurrbart und blickte den Bezirksrichter aufgewühlt und fragend an.

„Nun, was ist los?“ fragte dieser.

Noch immer sagte der junge Mann nichts. Er wollte ganz offensichtlich ein Gespräch beginnen, zu dem ihm der Einstieg sehr schwer fiel. Sein Gastgeber wurde ungeduldig.

„Sie scheinen heute Morgen etwas neben sich zu stehen. Was in aller Welt ist denn los? Hat sie etwas durcheinandergebracht?“

„Ja“, sagte Ronald Barker mit Nachdruck.

„Was denn?“

„Sie.“

Sir Henry lächelte. „Setzen Sie sich, lieber Freund. Wenn Sie einen Groll gegen mich hegen, teilen Sie ihn mir mit.“

Barker setzte sich. Er schien sich für einen Vorwurf zu sammeln. Als dieser schließlich kam, kam er wie eine Kugel aus einem Gewehr geschossen.

„Wieso haben Sie mich letzte Nacht ausgeraubt?“

Der Richter war ein Mann mit eisernen Nerven. Er zeigte weder Überraschung noch Ärger. Kein Muskel zuckte in seinem ruhigen, beherrschten Gesicht.

„Wieso sagen Sie, ich hätte Sie letzte Nacht ausgeraubt?“

„Ein großer, kräftiger Mann in einem Automobil hat mich auf der Mayfield Road angehalten. Er hielt mir eine Pistole vors Gesicht und nahm mir meine Geldbörse und meine Uhr. Sir Henry, dieser Mann waren Sie.“

Der Richter lächelte.

„Bin ich der einzige große, kräftige Mann im Bezirk? Bin ich der einzige Mann mit einem Automobil?“

„Denken Sie, ich erkenne einen Rolls-Royce nicht, wenn ich ihn sehe? Ich, der ich mein halbes Leben in einem Automobil verbracht habe und die andere Hälfte darunter? Wer außer Ihnen hat in dieser Gegend einen Rolls-Royce?“

„Mein lieber Barker, denken Sie nicht, daß so ein moderner Straßenräuber, wie Sie ihn beschreiben, eher außerhalb seines eigenen Bezirks tätig werden würde? Wie viele hundert Rolls-Royce gibt es in Südengland?“

„Nein, so wird das nichts, Sir Henry, so wird das nichts! Selbst Ihre Stimme kam mir bekannt vor, auch wenn Sie sie um einige Töne gesenkt haben. Aber zum Henker, Mann! Wozu haben Sie es getan? Das ist es, was ich nicht verstehe. Daß Sie mich überfallen, einen Ihrer engsten Freunde, einen Mann, der sich bis auf die Knochen geschunden hat, als Sie für den Bezirk kandidierten. Und das Ganze wegen einer Ramschuhr und ein paar Schillingen, das ist einfach unglaublich.“

„Einfach unglaublich“, wiederholte der Richter lächelnd.

„Und dann diese Schauspielerinnen, arme kleine Schlucker, die all ihre Einkünfte schwer verdienen müssen. Wissen Sie, ich bin Ihnen die Straße hinab gefolgt. Das war eine Gemeinheit, wie man sie selten hört. Das mit dem Cityhai ist eine andere Geschichte. Wenn ein Kerl schon zum Räuber werden muß, dann ist diese Art Zeitgenosse gute Beute. Aber Ihr Freund und dann auch noch die Mädchen, nun, ich kann es nur noch einmal sagen, ich hätte es nicht glauben können.“

„Wieso glauben Sie es dann?“

„Weil es so ist.“

„Nun, Sie scheinen sich das ja selbst eingeredet zu haben. Sie scheinen allerdings nicht viele Beweise zu haben, die Sie anderen vorlegen könnten.“

„Ich könnte es vor einem Polizeigericht beschwören. Was der ganzen Sache die Krone aufsetzte war, als Sie meine Kabel durchschnitten – und da haben Sie sich wirklich eine gräßliche Freiheit herausgenommen –, da sah ich Ihr weißes Haarbüschel unter Ihrer Maske hervorschauen.“

Jetzt hätte ein aufmerksamer Beobachter das erste Mal ein leichtes Anzeichen einer Gemütsregung auf dem Gesicht des Baronets erkennen können.

„Sie scheinen eine ziemlich lebhafte Vorstellungskraft zu haben“, sagte er.

Der Besucher errötete vor Verärgerung.

„Sehen Sie her, Hailworthy“, sagte er, öffnete seine Hand und zeigte ein kleines, gezacktes Dreieck aus schwarzem Stoff. „Sehen Sie das? Es lag in der Nähe des Wagens der jungen Damen auf dem Boden. Sie müssen es sich herausgerissen haben, als Sie vom Sitz gesprungen sind. Nun lassen Sie Ihren schweren, schwarzen Reisemantel bringen. Wenn Sie nicht selbst läuten, werde ich es tun, und dann werden wir ihn herbringen lassen. Ich werde diese Sache zu Ende bringen. Dessen können Sie sich gewiß sein.“

Die Antwort des Baronets fiel überraschend aus. Er stand auf, ging an Barkers Stuhl vorbei zur Tür, schloß diese ab und steckte den Schlüssel in die Tasche.

„Sie werden sie zu Ende bringen“, sagte er. „Ich werde Sie einsperren, bis Sie damit fertig sind. Jetzt müssen wir uns offen unterhalten, Barker, von Mann zu Mann, und ob das ganze in einer Tragödie endet, hängt von Ihnen ab.“

Er hatte eines der Schubfächer seines Schreibtisches halb herausgezogen, während er sprach. Sein Besucher runzelte verärgert die Stirn.

„Sie machen es nicht besser, indem Sie mich bedrohen, Hailworthy. Ich werde meiner Pflicht nachkommen und Sie werden sich nicht herausmogeln.“

„Ich beabsichtige nicht, mich herauszumogeln. Als ich von einer Tragödie sprach, meinte ich nicht für Sie. Was ich meinte, war, daß diese Angelegenheit noch einige Wendungen nehmen könnte, die ich nicht zulassen kann. Ich habe keine Familie oder Verwandte, aber es gibt die Familienehre, und manche Sachen kann ich nicht zulassen."

„Es ist ein bißchen spät für solche Erkenntnisse."

„Ja, vielleicht ist es das; aber noch nicht zu spät. Und jetzt habe ich Ihnen ziemlich viel zu sagen. Als erstes: Sie haben natürlich recht, ich war es, der Sie letzte Nacht auf der Mayfield Road überfallen hat."

„Aber warum in aller Welt ...?"

„Also gut. Ich werde es Ihnen auf meine eigene Weise erzählen. Als erstes möchte ich, daß Sie sich das hier ansehen." Er schloß ein Schubfach auf und nahm zwei kleine Pakete daraus hervor. „Diese sollten diese Nacht in London aufgegeben werden. Dieses hier ist an Sie gerichtet, ich kann es Ihnen genausogut sofort übergeben. Es enthält Ihre Uhr und Ihre Geldbörse. Sie sehen also, daß Sie, abgesehen von dem zerschnittenen Kabel, keinen Schaden durch das Abenteuer davongetragen hätten. Dieses andere Paket ist an die jungen Damen vom Gaiety Theatre in London gerichtet und enthält ihr Eigentum. Ich hoffe daher, daß Sie nun überzeugt sind, daß ich, bereits bevor Sie hier auftauchten, um mich zu beschuldigen, um eine vollständige Wiedergutmachung bemüht war."

„Und?" fragte Barker.

„Nun wollen wir uns Sir George Wilde zuwenden, der, wie Sie vielleicht nicht wissen, der Seniorpartner von Wilde und Guggendorf ist, den Gründern der berüchtigten Ludgate-Bank. Sein Chauffeur ist eine andere Angelegenheit. Sie können es mir bei meinem Ehrenworte glauben, daß ich auch für ihn Pläne hatte. Aber ich möchte von dem Herrn sprechen. Sie wissen, daß ich selbst nicht reich bin. Ich nehme an, daß die ganze Grafschaft dies weiß. Als Black Tulip im Derby verlor, war ich davon schwer getroffen. Und von anderen Sachen ebenso. Ich verfügte damals über ein Erbe von Tausend. Diese teuflische Bank zahlte sieben Prozent auf Einzahlungen. Ich kannte Wilde. Ich traf ihn. Ich fragte ihn, ob das sicher sei. Er sagte, es sei sicher. Ich zahlte ein und innerhalb von achtundvierzig Stunden ging alles entzwei. Vor dem Konkursverwalter stellte sich heraus, daß Wilde seit drei Monaten gewußt hatte, daß ihn nichts retten konnte. Und trotzdem nahm er meine ganze Fracht mit an Bord seines sinkenden Schiffes. Ihm ging es gut – zum Teufel mit ihm! Er hatte genug auf der hohen Kante. Aber ich hatte mein gesamtes Geld verloren und kein Gesetz konnte mir helfen. Und doch hatte er mich beraubt, wie man jemanden nur berauben kann. Ich traf ihn und er lachte mich aus; sagte mir, daß ich bei staatlichen Rentenanleihen bleiben solle und daß diese Lehre zu dem Preis noch billig gewesen sei. Also habe ich einfach geschworen, daß ich unter allen Umständen für einen Ausgleich mit ihm sorgen würde. Ich kannte seine Gewohnheiten, denn ich hatte es mir zur Aufgabe gemacht, diese kennenzulernen. Ich wußte, daß er jeden Sonntagabend von Eastbourne zurückkehrte. Ich wußte, daß er in seiner Brieftasche eine gute Summe mit sich führte. Nun, das ist jetzt meine Brieftasche. Wollen Sie mir erzählen, daß ich moralisch nicht berechtigt war, das zu tun, was ich getan habe? Bei Gott, ich hätte diesen Teufel so nackt dastehen lassen, wie er viele Witwen und Waisen zurückgelassen hat, wenn ich die Zeit gehabt hätte!“

„Das ist alles schön und gut. Aber was ist mit mir? Was ist mit den Mädchen?“

„Zeigen Sie etwas gesunden Menschenverstand, Barker. Können Sie sich vorstellen, daß ich daherkomme, diesen einen persönlichen Feind von mir überfalle und einer Entdeckung entgehe? Das war unmöglich. Ich mußte mich selbst für einen gewöhnlichen Räuber ausgeben, der ihn nur durch Zufall getroffen hatte. Also tummelte ich mich auf der Landstraße und ließ es darauf ankommen. Wie es der Teufel wollte, waren Sie der erste, den ich traf. Ich war dumm genug, diesen alten Klapperkasten von Ihnen nicht an dem Krach zu erkennen, den er an dem Anstieg von sich gab. Als ich Sie sah, konnte ich vor Lachen kaum reden. Aber ich mußte es durchziehen. Mit den Schauspielerinnen war es dasselbe. Ich befürchte, ich habe mich verraten, weil ich ihr bißchen Flitterkram nicht annehmen konnte, aber ich mußte den Schein wahren. Dann kam der Mann selbst. Und da war kein Bluff dabei. Ich hatte mir vorgenommen, ihn zu rupfen, und das tat ich. Nun, Barker, was halten Sie von all dem? Ich habe letzte Nacht eine Pistole an Ihren Kopf gehalten, und wirklich, ob Sie's glauben oder nicht, Sie halten diesen Morgen eine an meinen!"

Der junge Mann stand langsam auf und drückte dem Richter mit einem breiten Lächeln die Hand.

„Machen Sie das nie wieder. Es ist zu gefährlich", sagte er. „Der Schweinehund würde schwer gewinnen, wenn Sie ergriffen würden."

„Sie sind ein guter Kerl, Barker", sagte der Richter. „Nein, ich werde das nicht noch einmal tun. Wer war das doch gleich, der von ‚einer erfüllten Stunde ruhmreichen Lebens'[2] sprach? Mann! Es ist wirklich zu faszinierend. So aufregend wie eine Fuchsjagd! Nein, ich rühr' nie wieder daran, denn es könnte sich meiner bemächtigen."

Das Telefon auf dem Tisch schrillte laut und der Baronet führte den Hörer zum Ohr. Während er zuhörte, lächelte er hinüber zu seinem Kameraden.

„Ich bin recht spät dran heute Morgen", sagte er, „und sie warten auf mich, damit ich einige einfache Diebstähle am Countygericht verhandle."

---

2 Eine erfüllte Stunde ruhmreichen Lebens
Ist ein Alter ohne Namen wert.
Sir Walter Scott, Old Mortality

Ein Mann von Ehre

Es war ein amerikanischer Journalist, der über England berichtete, gut oder schlecht, wie es ihm seine Stimmung gerade eingab. Manchmal tadelte er, und manchmal lobte er. Aber das abgehärtete alte Land ging seinen Weg kümmerte sich in der Tat all die Zeit über ziemlich wenig um seine Zustimmung oder sein Mißfallen, da es ohnehin ständig – infolge einer eigenartigen Geistesverwirrung – bereit ist, über sich selbst mehr Häme und Ungerechtigkeit auszugießen, als jeder denkbare Kritiker es überhaupt riskieren könnte. Nachdem er ungezählte Spalten in der „New York Clarion" verfaßt hatte, ohne sonderliche Wirkung zu hinterlassen, gelang es unserem Journalisten schließlich doch noch, der Öffentlichkeit unter die Haut zu gehen, und das auf eine Weise, von der hier berichtet werden soll.

Es war ein hinreichend freundlicher Artikel über das englische Landhaus-Leben, in dem er einen Wochendend-Aufenthalt bei Sir Henry Trustall beschrieb. Darin gab es nur eine einzige kritische Passage, die er formuliert hatte, um sowohl journalistische wie demokratische Interessen zu befriedigen. In ihr hatte er die vornehme Unterwürfigkeit des Dieners skizziert, der für seine Bedürfnisse zu sorgen hatte. „Er scheint eine blasierte Zufriedenheit an seiner eigenen Degradierung zu haben", schrieb er. „Sicher muss der letzte Funken der Männlichkeit einen Mann verlassen haben, der so völlig seine Individualität verloren hat. Er ist die verkörperte Bescheidenheit. Er ist nichts weiter als ein dienendes Instrument."

Einige Monate waren verstrichen und unser amerikanischer Zeitungsmann hatte Impressionen zwischen St. Petersburg und Madrid aufgezeichnet. Er war auf seiner Heimreise, als er sich nochmals zu Gast bei Sir Henry befand. Soeben war er von einer Nachmittags-Jagd zurückgekehrt und hatte sich bereits umgekleidet, als es an der Tür klopfte und der Diener hereinkam. Er war ein großer, stattlich gebauter Mann, typisch für jenen Berufsstand, den man mit weit stärkerer Berücksichtigung der physischen Konstitution auswählt, als es für ein Eliteregiment der Fall sein würde. Der Amerikaner nahm an, der Mann sei eingetreten, um irgend eine niedere Dienstleistung zu erbringen, aber zu seiner Überraschung schloß er sanft die Tür hinter sich.

„Dürfte ich Sie wohl kurz sprechen, Sir, wenn Sie so freundlich wären, mir einen Augenblick zu gewähren?" sagte er mit jener samtartigen Stimme, die den den republikanischen Nerven des Besuchers schon immer auf die Nerven gefallen war.

„Nun, worum geht es?" fragte der Journalist scharf.

„Hierum, Sir." Der Diener zog eine Ausgabe der „Clarion" aus seiner Brusttasche. „Ein Freund aus Übersee sah dies zufällig, Sir, und er dachte, es könnte von Interesse für mich sein. Und er sandte es mir."

„Und?"

„Sie haben das hier geschrieben, Sir, darf ich annehmen."

„Und was, wenn ich es tat?"

„Und dieser ‚Lakai' ist das Bild, das Sie sich von mir gemacht haben?"

Der Amerikaner überflog die Passage und erkannte seine eigenen Wendungen.

„Ja, das sind Sie", stimmte er zu.

Der Diener faltete hierauf sein Dokument wieder zusammen und steckte es zurück in seine Tasche.

„Ich würde gern ein oder zwei Worte darüber mit Ihnen wechseln, Sir", sagte er mit der gleichen höflichen und unerschütterlichen Stimme. „Ich glaube nicht, Sir, daß Sie die Sache wirklich von unserem Standpunkt aus sehen. Ich möchte Ihnen gern darlegen, wie ich selbst es sehe. Möglicherweise würde Sie das anderen Sinnes werden lassen."

Des Amerikaners Interesse war geweckt. Das roch nach einem guten Stoff.

„Setzen Sie sich", sagte er.

„Nein, Sir, mit Ihrer Erlaubnis, Sir, ich würde viel lieber stehenbleiben."

„Nun, wie Sie wollen. Wenn Sie etwas zu sagen haben, nur heraus damit."

„Sehen Sie, Sir, es ist so: Es gibt eine Tradition, oder sie könnten es einen Kodex nennen, unter den besten Bediensteten, und er wird von einem zum anderen weitergereicht. Als ich eintrat, war ich der Dritte, und mein Chef und der Butler waren beide alte Männer, die bestens ausgebildet worden waren. Ich eiferte ihnen nach, so wie sie jenen nacheiferten, die vor ihnen da waren. Es geht weiter zurück, als Sie sich vorstellen können."

„Ich kann das verstehen."

„Aber, was Sie möglicherweise nicht so gut verstehen, Sir, ist die Geisteshaltung, die dahinter steht. Da gibt es die persönliche, private Selbstachtung eines Mannes, auf die Sie in Ihrem Artikel anspielen, Sir. Sie gehört nur ihm. Aber er kann sie, wie ich es verstehe, nicht zur Schau tragen, solange er einen guten Dienst abliefern will für das gute Geld, das er bekommt."

„Nun, er kann es tun, ohne zu kriechen."

Das rosige Gesicht des Dieners erblaßte ein wenig bei diesem Wort. Anscheinend war er nicht ganz der seelenlose Automat, als der er erschien.

„Mit Ihrer Erlaubnis, Sir, kommen wir später darauf zurück", sagte er. „Aber ich wünschte, Sie würden verstehen, was wir zu tun versuchen, selbst wenn Sie unsere Weise des Handelns nicht gutheißen. Wir versuchen, das Leben für unseren Dienstherrn reibungslos und angenehm zu gestalten, auch für die Gäste unser Herrschaft. Wir tun dies auf die Art, die uns als die beste Weise übermittelt worden ist. Wenn unser Dienstherr irgendeine bessere Art vorschlagen könnte, dann würde es an uns sein, den Dienst zu verlassen, wenn wir es missbilligten, oder andererseits zu versuchen, es so zu tun, wie er es wünscht. Es würde die Selbstachtung jedes guten Bediensteten verletzen, das Geld eines Mannes zu nehmen und dann nicht das beste dafür zu geben."

„Nun", sagte den Amerikaner, „das ist nicht unbedingt so, wie wir es in Amerika sehen."

„Das ist richtig, Sir. Ich war dort letztes Jahr mit Sir Henry in New York, Sir, und ich machte einige Erfahrungen mit der dortigen Dienerschaft und ihrer Art und Weise. Sie wurden für ihre Dienste bezahlt, Sir, und sie erbrachten nicht, wofür sie bezahlt wurden. Sie sprechen über Selbstachtung in diesem Artikel, Sir. Nun gut, meine Selbstachtung würde mich einen Dienstherrn nicht so behandeln lassen, wie ich es dort drüben gesehen habe."

„Wir mögen nicht einmal das Wort ‚Dienstherr'", sagte den Amerikaner.

„Nun, das ist hier wohl ebenso wie drüben, Sir, wenn ich dies sagen darf. Wenn Sie einem Gentleman dienen, so ist er während dieser Zeit ihr Dienstherr, und wie Sie ihn auch immer nennen wollen, daran ändert sich nichts. Aber Sie können Ihren Kuchen nicht essen und ihn gleichzeitig aufheben wollen, Sir. Und ebensowenig können Sie Ihre Unabhängigkeit verkaufen und sie gleichzeitig bewahren wollen."

„Vielleicht nicht", sagte den Amerikaner. „Aber egal, die Tatsache bleibt, daß dies Ihrer Männlichkeit abträglich ist."

„Hierin kann ich Ihnen nicht beipflichten, Sir."

„Wenn es nicht so wäre, würden Sie nicht dort stehen und so ruhig argumentieren. Sie würden mit mir in einem anderen Ton sprechen, schätze ich."

„Wären Sie so freundlich, in Betracht zu ziehen, Sir, daß Sie Gast meines Dienstherren sind und ich bezahlt werde, um Ihnen zu dienen und Ihren Besuch angenehm zu gestalten. Solange Sie hier sind, Sir, habe ich dies zu berücksichtigen. In London allerdings …"

„Nun, was wäre in London?"

„Nun, wenn Sie die Güte haben würden, mich in London ein Wort an Sie richten lassen zu dürfen, könnte ich Ihnen ein wenig deutlicher zu verstehen geben, was ich versuche, Ihnen zu erklären. Harding ist mein Name, Sir. Wenn Sie eine Nachricht von Henry Harding erhalten, so werden Sie wissen, daß ich Ihnen ein Wort zu sagen habe."

Und so geschah es ungefähr drei Tage später, daß unser amerikanischer Journalist in seinem Londoner Hotel eine Karte erhielt, ein Mr. Henry Harding wünsche ihn zu sprechen. Der in dezentes Tweed gekleidete Mann wartete in der Halle. Er hatte sein Verhalten mit seiner Livree abgelegt und war sehr bestimmt in allem, was er sagte und tat. Seine professionelle Sanftheit war verschwunden, und an seinem Verhalten hätte der eingefleischteste Demokrat nichts auszusetzen gehabt.

„Es ist sehr zuvorkommend, mich zu empfangen, Sir", sagte er. „Da ist noch die Sache mit dem Artikel zwischen uns zu klären, und ich würde Ihnen gern ein oder zwei Worte dazu sagen."

„Gut, zehn Minuten habe ich für Sie übrig", sagte der amerikanische Journalist.

„Ich weiß, daß Sie ein beschäftigter Mann sind, Sir, also mache ich es so kurz, wie ich kann. Es gibt einen öffentlichen Park gegenüber – wenn Sie so freundlich wären, das Gespräch im Freien zu führen."

Der Zeitungsmann nahm seinen Hut und begleitete den Diener. Sie gingen gemeinsam den gewundenen, mit Kies bestreuten Weg an den Rhododendronbüschen entlang.

„Er ist so, Sir", sagte der Diener und hielt inne, als sie zu einem ruhigen Winkel gekommen waren. „Ich hoffte, daß Sie es in unserem Licht sehen und mich verstehen würden, als ich Ihnen sagte, daß der Diener, der versuchte, seinem Dienstherren einen ehrlichen Service für sein Geld zu liefern, und der Mann, der frei geboren ist, und ebensogut wie sein Nachbar ist, zwei verschiedene Leute sind. Es gibt den Dienstmann, und es gibt den freien Mann, und sie sind verschiedene Männer. Zu sagen daß ich kein eigenes Leben habe oder eine eigene Selbstachtung, weil es Tage gibt, an denen ich mich in den Dienst eines anderen begebe, ist nicht fair. Ich hatte gehofft, Sir, daß Sie es, nachdem ich Ihnen das erklärte hatte, zurücknehmen würden."

„Nun, Sie haben mich nicht überzeugt", sagte der Amerikaner. „Ein Mann ist ein Mann, und er ist verantwortlich für alles, was er tut."

„Dann nehmen Sie nicht zurück, was Sie von mir sagten – die Degradierung und den Rest?"

„Nein, ich sehe nicht, warum ich das tun sollte."

Das anmutige Gesicht des Mannes verdunkelte sich. „Sie werden es zurücknehmen“, bemerkte er. „Oder ich werde Ihnen Ihren verdammten Schädel einschlagen.“

Der Amerikaner gewahrte plötzlich, daß er sich in einer sehr hässlichen Lage befand. Der Mann war groß, stark, und offenbar energisch und entschlossen. Seine Augenbrauen waren zusammengezogen, seine Augen blitzten, und seine Hände waren zu Fäusten geballt. Auf neutralem Boden war er dem Journalisten weit überlegen und eine völlig andere Person, als der devote und sanfte Lakai von Trustall Old Manor. Der Amerikaner verfügte über ausreichend Courage, sowohl über die Tapferkeit seiner Nation, als auch über den notwendigen Mut seines Berufsstandes, aber plötzlich wurde ihm bewußt, daß er sehr im Unrecht war. Und er war Manns genug, das zuzugeben.

„Nun, Sir, ausnahmsweise“, sagte der Diener, als sie sich die Hände gaben. „Ich billige das Vermengen der Klassen nicht, keiner der besseren Bediensteten tut das. Aber ich bin allein heute, also lassen wir es durchgehen. Aber ich wünschte, Sie würden das bei ihrem Volk wieder geradebiegen, Sir. Ich wünschte, Sie würden ihnen erklären, daß ein englischer Bediensteter guten und korrekten Service liefern kann, und daß er ungeachtet dessen immer noch ein menschliches Wesen ist.“

Die Bloßstellung des Lord Barrymore

Es gibt nur wenige Historiker jener Tage, die nicht über den langen und heftigen Kampf zwischen den beiden berühmten Dandys Sir Charles Tregellis und Lord Barrymore um die Vorherrschaft im Königreich von St. James berichtet hätten, einen Kampf, der das gesamte vornehme London in zwei gegnerische Lager spaltete. Ebenso wurde aufgezeichnet, wie sich der Adelige plötzlich zurückzog und der Bürgerliche seine große Karriere konkurrenzlos fortsetzte. Nur hier kann man jedoch den wahren und bemerkenswerten Grund für dieses plötzliche Verlöschen eines Sterns nachlesen.

Es geschah eines Morgens in den Tagen dieses berühmten Kampfes, als Sir Charles Tregellis gerade wieder sehr kompliziert Toilette machte und Ambrose, sein Kammerdiener, ihm dabei half, jenen Grad der Vollkommenheit zu erreichen, der ihm den Ruf eingebracht hatte, der bestgekleidete Mann der Stadt zu sein.

Plötzlich hielt Sir Charles, seine Frisur halb fertiggestellt und die volle Schönheit seines Halstuches zur Hälfte herausgeputzt, inne und horchte auf, während ihm die Überraschung und Empörung in seinem breiten, attraktiven, jungen Gesicht anzusehen war. Unten wurde das dumpfe Brummen der Jermyn Street von dem scharfen, abgehackten, metallischen Anschlagen des Türklopfers unterbrochen.

„Ich komme langsam zu der Ansicht, daß dieser Aufruhr von unserer Tür ausgehen muß“, sage Sir Charles wie jemand, der laut nachdenkt. „Seit fünf Minuten geht das nun schon so; aber Perkins hat seine Befehle.“

Auf eine Geste seines Herrn hin, trat Ambrose auf den Balkon hinaus und streckte seinen Kopf vorsichtig über die Brüstung hinaus. Von der Straße konnte man eine Stimme zwar gedehnt aber klar sprechen hören.

„Ich wäre Ihnen sehr zu Dank verpflichtet, Kamerad, wenn Sie mir den Gefallen tun könnten, diese Tür zu öffnen“, hörte man die Stimme sagen.

„Wer ist es? Worum geht es?“, fragte der schockierte Sir Charles, der seinen Ellbogen immer noch hoch hielt.

Ambrose war zurückgekehrt und sein dunkles Gesicht drückte soviel Erstaunen aus, wie der Anstand seiner Position zu zeigen erlaubte.

„Es ist ein junger Gentleman, Sir Charles.“

„Ein junger Gentleman? Es gibt niemanden in London, der sich nicht dessen bewußt wäre, daß ich nicht vor Mittag ausgehe. Kennen Sie die Person, haben Sie sie schon einmal gesehen?“

„Ich habe ihn noch nicht gesehen, Sir, aber er ähnelt stark jemanden, den ich benennen könnte.“

„Wem ähnelt er? Wem?“

„Mit allem Respekt, Sir Charles, als ich hinunterblickte, hätte ich einen Moment glauben können, daß Sie es seien. Ein kleinerer Mann, Sir, und jünger; aber die Stimme, das Gesicht, das Gebaren …“

„Es muß dieser junge Bub Vereker sein, dieser Herumtreiber von meinem Bruder“, murmelte Sir Charles und setzte seine Toilette fort. „Ich habe gehört, daß er mir in bestimmten Punkten ähnelt. Er schrieb mir aus Oxford, daß er vorbeikommen würde, und ich habe ihm geantwortet, daß ich ihn nicht empfinge. Dennoch wagt er es, darauf zu bestehen. Der Kerl hat eine Lektion nötig! Ambrose, läuten Sie nach Perkins.“

Ein großer Diener trat mit einem entrüsteten Ausdruck auf dem Gesicht ein.

„Ich kann diesen Aufruhr an der Tür nicht zulassen, Perkins!“

„Wenn Sie gestatten, Sir, der junge Gentleman will nicht gehen.“

„Will nicht gehen? Es ist Ihre Pflicht, dafür zu sorgen, daß er geht. Haben Sie nicht Ihre Befehle? Haben Sie ihm nicht gesagt, daß ich vor Mittag nicht empfange?“

„Ich habe es gesagt, Sir. Er hätte sich seinen Weg freigestoßen, trotz allem, was ich sagte. Also habe ich ihm die Tür vor der Nase zugeschlagen.“

„Nun gut, Perkins."

„Aber jetzt macht er so einen Lärm, daß die gesamte Nachbarschaft an den Fenstern steht, Sir. Es bildet sich eine Menschenmenge in der Straße, Sir."

Von unten hörte man das Klack-Klack-Klack des Klopfers, das immer mehr an Dringlichkeit gewann, sowie einen Chor von Gelächter und ermutigenden Zurufen von den Zuschauern. Sir Charles errötete vor Zorn. Es gab eine Grenze für solche Frechheit.

„Mein Bernsteinstock seht in der Ecke", sagte er. „Nehmen Sie ihn mit, Perkins. Ich gebe Ihnen freie Hand. Ein oder zwei Hiebe werden den jungen Halunken vielleicht zur Vernunft bringen."

Der große Perkins lächelte und ging davon. Man hörte, wie die Tür unten geöffnet wurde und der Klopfer zur Ruhe kam. Kurz darauf war ein langgezogenes Brüllen und ein Geräusch wie beim Teppichklopfen zu vernehmen. Sir Charles lauschte mit einem Lächeln auf dem Gesicht, das langsam von seinem gutmütigen Gesicht verschwand.

„Der Kerl darf es nicht übertreiben", murmelte er. „Ich würde den Burschen nicht zu Schaden kommen lassen, was auch immer er sich vielleicht zu Schulden hat kommen lassen. Ambrose, eilen Sie raus auf den Balkon und rufen Sie ihn zurück. Das ist schon viel zu weit gegangen."

Aber bevor der Kammerdiener reagieren konnte, hörte man das schnelle Trappeln flotter Füße auf der Treppe und ein gutaussehender, nach der neuesten Mode gekleideter, junger Mann stand in der offenen Tür. Die Haltung, das Gesicht und vor allem das neugierige, schelmische Blitzen in seinen großen blauen Augen zeugten von dem berühmten Tregellis-Blut. Genau so war Sir Charles aufgetreten, als er zwanzig Jahre zuvor dank seines Elans und seiner Unverfrorenheit innerhalb einer kurzen Saison seinen Platz in London eingenommen hatte, von dem ihn danach selbst der Dandy Brummell höchstpersönlich vergeblich zu vertreiben suchte. Der Bursche blickte in das zornige Gesicht seines Onkels mit einer Miene ausgelassener Belustigung und hielt ihm auf den ausgestreckten Händen die zerbrochenen Überbleibsel eines Bernsteinstockes hin.

„Ich befürchte“, sagte er, „daß ich bei der Bestrafung Ihres Mannes das Unglück hatte, etwas zu beschädigen, das zweifellos Ihr Eigentum war. Ich bin sehr betrübt, daß dies geschehen konnte.“

Sir Charles starrte diese unverschämte Erscheinung mit intoleranten Augen an. Der andere erwiderte den Blick in einer lächerlichen Parodie der Haltung des älteren Mannes. Wie Ambrose nach seiner Besichtigung vom Balkon festgestellt hatte, waren sich die beiden sehr ähnlich, mit der Ausnahme, daß der jüngere kleiner und feiner gezeichnet und der nervösere und lebhaftere der beiden war.

„Sie sind mein Neffe Vereker Tregellis?“ fragte Sir Charles.

„Zu Diensten, Sir.“

„Ich höre schlechte Berichte über Sie aus Oxford.“

„Ja, Sir, ich verstehe, daß die Berichte schlecht sind.“

„Nichts könnte schlimmer sein.“

„Das wurde mir berichtet.“

„Wieso sind Sie hier, Sir?“

„Um meinen berühmten Onkel zu sehen.“

„Und dafür haben Sie ein Getöse in seiner Straße veranstaltet, sich durch seine Tür gedrängt und seinen Diener verprügelt?“

„Ja, Sir.“

„Sie haben meinen Brief erhalten?“

„Ja, Sir.“

„Ihnen wurde ausgerichtet, daß ich keine Besucher empfange?“

„Ja, Sir.“

„Solch eine zur Schau gestellte Unverschämtheit ist mir noch nicht untergekommen.“

Der junge Mann lächelte und rieb sich zufrieden die Hände.

„Es gibt eine Unverschämtheit, die durch Geist wettgemacht wird“, sagte Sir Charles streng. „Es gibt eine andere, die nicht mehr als das ungehobelte Benehmen eines Bauerntölpels ist. Wenn Sie älter und weiser werden, werden Sie vielleicht den Unterschied erkennen lernen.“

„Sie haben ganz Recht, Sir“, sagte der junge Mann herzlich. „Die kleineren Nuancen der Unverschämtheit sind unendlich fein und nur Erfahrung und die Gesellschaft einer Person, die ein anerkannter Meister darin ist“, – hier verbeugte er sich vor seinem Onkel – „erlaubt es einem, sich darin zu hervorzutun.“

Sir Charles war in der ersten Stunde nach seiner Morgenschokolade notorisch reizbar. Er erlaubte es sich, dies zu zeigen.

„Ich kann meinem Bruder nicht zu seinem Sohn gratulieren“, sagte er. „Ich hatte auf etwas gehofft, das sich unserer Traditionen würdiger erweist.“

„Vielleicht, Sir, nach längerer Bekanntschaft …“

„Die Wahrscheinlichkeit ist zu gering, als daß sie diese sehr verdrießliche Erfahrung rechtfertigen würde. Ich muß Sie bitten, Sir, diesen Besuch, der nie hätte stattfinden sollen, zu Ende zu bringen.“

Der junge Mann lächelte leutselig, machte jedoch keine Anstalten zu gehen.

„Darf ich Sie fragen, Sir“, sagte er in gesprächigem Ton, „ob Sie sich an Rektor Munro von meinem College erinnern?“

„Nein, Sir, das tue ich nicht“, antwortete sein Onkel heftig.

„Natürlich belasten Sie Ihre Erinnerung nicht damit, aber er erinnert sich immer noch an Sie. Gestern erwies er mir in einer Unterhaltung die Ehre zu bemerken, daß ich die Erinnerung an Sie in ihm dadurch wiedererwecke, was er freundlicherweise als die vermischte Leichtfertigkeit und Hartnäckigkeit meines Charakters bezeichnete. Die Leichtigkeit scheint Sie schon beeindruckt zu haben. Nun bleibt mir nichts anderes übrig, als Ihnen die Hartnäckigkeit zu zeigen.“ Er setzte sich auf einen Stuhl neben der Tür und verschränkte die Arme, dabei lächelte er seinen Onkel weiterhin vergnügt an.

„Oh, Sie werden nicht gehen?“ fragte Sir Charles grimmig.

„Nein, Sir, ich werde bleiben.“

„Ambrose, gehen Sie hinunter und rufen Sie einige Träger.

„Das würde ich nicht empfehlen, Sir. Sie werden verletzt werden.“

„Ich werde Sie mit meinen eigenen Händen zur Ruhe bringen.“

„Das können Sie natürlich immer tun, Sir. Da Sie mein Onkel sind, kann ich mich Ihnen kaum widersetzen. Aber außer dadurch, daß Sie mich die Treppe hinunterstoßen, weiß ich nicht, wie Sie es vermeiden können, mir eine halbe Stunde lang ihre Aufmerksamkeit zu schenken."

Sir Charles lächelte. Er konnte nichts dagegen tun; das Betragen dieses jungen Burschen hatte viel, was ihn an seine eigene arrogante und erlebnisreiche Jugend erinnerte. Auch war er von der Verachtung gegenüber Untergebenen und dem schnellen Gehorsam ihm selbst gegenüber beschwichtigt. Er wand sich zum Spiegel und bedeutete Ambrose mit seinen Pflichten fortzufahren.

„Ich muß Sie bitten, den Abschluß meiner Toilette abzuwarten", sagte er. „Danach werden wir sehen, inwieweit Sie ein solches Eindringen rechtfertigen können."

Als der Kammerdiener schließlich den Raum verlassen hatte, wand Sir Charles seine Aufmerksamkeit erneut diesem Taugenichts von einem Neffen zu, der die Einzelheiten der Toilette dieses berühmten Dandys mit dem Ausdruck eines Jüngers, der einer Geheimkunst beiwohnen darf, verfolgt hatte.

„Nun, Sir", sagte der ältere Mann, „sprechen Sie und kommen Sie zur Sache, denn ich kann Ihnen versichern, daß ich weit wichtigere Angelegenheiten habe, die meine Aufmerksamkeit fordern. In diesem Moment wartet der Prinz auf mich im Carlton House. Fassen Sie sich so kurz, wie sie können. Was wollen Sie?"

„Eintausend Pfund."

„Tatsächlich? Nicht mehr?" Sir Charles reagierte wieder bissig.

„Doch, Sir, eine Vorstellung bei Mr. Brinsley Sheridan, von dem ich weiß, daß er mit Ihnen befreundet ist."

„Und wieso bei ihm?"

„Weil ich erfahren habe, daß er das Drury Lane Theatre leitet, und ich stelle mir vor, Schauspieler zu werden. Meine Freunde versichern mir, daß ich einiges Talent in dieser Richtung hätte."

„Ich kann Sie ganz deutlich sehen, Sir, als Charles Surface, oder einer beliebigen anderen Rolle, in der geckenhafte

Unverschämtheit eine Bedingung ist. Je weniger Sie schauspielerten, um so besser wären Sie. Aber es ist absurd, anzunehmen, daß ich Ihnen zu einer solchen Karriere verhelfen könnte. Ich könnte es Ihrem Vater gegenüber nicht vertreten. Kehren Sie umgehend nach Oxford zurück und nehmen Sie Ihre Studien wieder auf."

„Unmöglich!"

„Und was, bitte, hindert Sie daran, Sir?"

„Ich denke, ich habe erwähnt, daß ich gestern eine Unterredung beim Rektor hatte. Er beendete Sie mit der Bemerkung, daß die Universitätsleitung mich nicht länger dulden kann."

„Rausgeworfen?"

„Ja, Sir."

„Und das ist zweifellos das Ergebnis einer langen Reihe von Schurkereien."

„So etwas in der Art, Sir. Das gebe ich zu."

Unwillkürlich ließ Sir Charles erneut ein wenig in seiner Strenge gegenüber diesem hübschen jungen Taugenichts nach. Seine völlige Offenheit entwaffnete jegliche Kritik. Der ältere Mann setzte das Gespräch wohlwollender fort.

„Wozu wünschen Sie so eine große Summe Geldes?" fragte er.

„Um meine Collegeschulden zu begleichen, bevor ich gehe, Sir."

„Ihr Vater ist kein reicher Mann."

„Nein, Sir. Ich könnte mich aus diesem Grunde nicht an ihn wenden."

„Also kommen Sie zu mir, einem Fremden!"

„Nein, Sir, nein! Sie sind mein Onkel, und, wenn ich mir die Bemerkung erlauben darf, mein Ideal und Vorbild."

„Sie schmeicheln mir, mein lieber Vereker. Aber wenn Sie denken, Sie könnten mir so schmeicheln, daß ich Ihnen eintausend Pfund überlasse, dann haben Sie sich in mir geirrt. Ich werde Ihnen kein Geld geben."

„Natürlich, Sir, wenn Sie nicht können …"

„Ich habe nicht gesagt, daß ich nicht kann. Ich sage, ich werde nicht."

„Wenn Sie können, Sir, dann denke ich, daß Sie es auch tun werden."

„Ich finde Sie äußerst unterhaltsam", sagte er. „Fahren Sie bitte mir Ihrer Unterhaltung fort. Wieso denken Sie, daß ich Ihnen so eine große Summe Geldes geben werde?"

„Der Grund, warum ich das denke", fuhr der junge Mann fort, „ist, daß ich Ihnen einen Dienst erweisen kann, der Ihnen eintausend Pfund wert sein wird."

Sir Charles runzelte vor Überraschung die Stirn.

„Ist das eine Erpressung?" fragte er nach.

Vereker Tregellis errötete.

„Sir", sagte er mit angenehmer Strenge, „Sie überraschen mich. Sie sollten das Blut, von dem ich abstamme, zu gut kennen, um annehmen zu können, daß ich so etwas versuchen würde."

„Ich bin froh zu hören, daß es Grenzen gibt für das, was Sie als vertretbar ansehen. Ich muß zugeben, daß ich in Ihrem Benehmen bisher noch keine erkennen konnte. Aber Sie sagen, daß Sie mir einen Dienst erweisen können, der mir eintausend Pfund wert sein wird?"

„Ja, Sir."

„Und, Sir, was mag dieser Dienst bitte sein."

„Lord Barrymore zum Gegenstand des Gelächters der ganzen Stadt zu machen."

Unwillkürlich verlor Sir Charles einen Moment lang die vollständige Gelassenheit seiner Selbstbeherrschung. Er zuckte zusammen und seinem Gesicht sah man die Überraschung an. Mit welchem teuflischen Instinkt hatte dieser grüne Jungspund den einen Riß in seinem Panzer gefunden? Tief in seinem Herzen, und das hatte er noch niemandem eingestanden, bestand der Wille, demjenigen viele Tausend Pfund zu zahlen, der es schaffte, seinen gefährlichsten Gegner, der seine Vorherrschaft im vornehmen London herausforderte, zum Gespött zu machen.

„Sind Sie mit diesem wertvollen Projekt aus Oxford angereist?" fragte er nach einer kurzen Pause. „Nein Sir. Ich habe den Mann selbst gestern Abend rein zufällig gesehen, habe eine Abneigung gegen ihn gefaßt, und würde ihm schaden wollen."

„Wo haben Sie ihn gesehen?“

„Ich habe den Abend in den Vauxhall Gardens verbracht, Sir.“

„Zweifellos haben Sie das“, schob sein Onkel ein.

„Nun, Lord Barrymore war also dort. Er wurde von jemandem begleitet, der als Geistlicher gekleidet war, der aber, wie mir mitgeteilt wurde, niemand anderes als Hooper, der Zinnmann, war, der als sein Schläger tätig ist und alle verprügelt, die ihm in die Quere kommen. Zusammen gingen sie die Hauptallee entlang, beschimpften Frauen und tyrannisierten Männer. Mich haben sie tatsächlich angerempelt. Ich fühlte mich beleidigt, Sir, und zwar so stark, daß ich die Angelegenheit fast gleich dort in die Hand genommen hätte.“

„Nun, gut, daß Sie es nicht taten. Der Berufsboxer hätte sie geschlagen.“

„Vielleicht Sir … aber vielleicht auch nicht.“

„Ah, also fügen Sie die Boxkunst zu Ihren eleganten Talenten noch hinzu?“

Der junge Mann lachte vergnügt.

„William Ball ist der einzige Dozent meiner Alma Mater, der je die Gelegenheit hatte, mir Komplimente zu machen, Sir. Er ist besser bekannt als das Tier von Oxford. Ich denke, mit aller Bescheidenheit, daß ich mich einige Runden gegen ihn behaupten könnte. Aber gestern Nacht habe ich die Belästigung ohne Widerspruch ertragen, denn da man hört, daß derselbe Auftritt jeden Abend aufgeführt wird, gibt es immer noch genügend Zeit zum Handeln.“

„Und wie würden Sie handeln, darf ich fragen?“

„Das würde ich lieber für mich behalten, Sir. Aber mein Ziel ist, wie gesagt, Lord Barrymore zum Gespött ganz Londons zu machen.“

Sir Charles dachte einen Moment lang nach.

„Bitte, Sir“, sagte er dann, „wie sind Sie darauf gekommen, daß eine Demütigung Lord Baryymores mich freuen würde?“

„Selbst auf dem Lande wissen wir etwas darüber, was in den vornehmen Kreisen geschieht. Ihre Feindschaft mit diesem Mann findet in jeder Zeitungsspalte mit dem aktuellen

Klatsch ihre Erwähnung. Es ist unmöglich, daß ihnen eine öffentliche Kränkung dieses Mannes nicht gefallen könnte."

Sir Charles lächelte.

„Sie sind ein gescheiter, logischer Geist", sagte er. „Wollen wir einmal annehmen, daß Sie recht hätten. Können Sie mir keinen Hinweis geben, welche Mittel Sie nutzen wollen, um dieses sehr wünschenswerte Ziel zu erreichen?"

„Ich möchte nur bemerken, Sir, daß dieser Kerl vielen Frauen Schaden zugefügt hat. Das ist allgemein bekannt. Wenn eine dieser Weibspersonen ihm in der Öffentlichkeit solche Vorwürfe machte, daß das Mitgefühl der Umstehenden mit ihr wäre, und wenn sie hinlänglich hartnäckig wäre, dann kann ich mir vorstellen, daß es nicht sehr erstrebenswert wäre, in des Lordschafts Haut zu stecken."

„Und Sie kennen eine solche Frau?"

„Ich denke ja, Sir."

„Nun mein lieber Vereker, wenn Ihnen ein solcher Anschlag vorschwebt, dann sehe ich keinen Grund, warum ich zwischen Lord Barrymore und der zornigen Schönheit stehen sollte. Inwieweit das Ergebnis eintausend Pfund wert ist, kann ich kein Versprechen abgeben."

„Sie selbst werden der Richter sein, Sir."

„Ich werde ein sehr anspruchsvoller Richter sein, Junge."

„Sehr gut, Sir. Ich wünsche nichts anderes. Wenn die Sache läuft, wie ich das hoffe, dann wird seine Lordschaft sein Gesicht für mindestens ein Jahr nicht in der St. James's Street zeigen. Ich werde Ihnen jetzt, wenn Sie gestatten, Ihre Anweisungen geben."

„Meine Anweisungen! Was meinen Sie? Ich habe nichts zu tun mit der Angelegenheit."

„Sie sind der Richter, Sir, und müssen daher anwesend sein."

„Ich darf nicht daran beteiligt sein."

„Nein, Sir. Ich möchte Sie nicht bitten, mehr als nur Zeuge zu sein."

„Nun, was sind also meine Anweisungen, wie Sie es so schön nennen?"

„Sie werden heute Punkt neun Uhr in die Gärten kommen, Onkel. Sie werden den Mittelweg entlanggehen und sich auf einen der einfachen Sitze neben der Statue der Aphrodite setzen. Dort werden Sie warten und beobachten."

„Nun gut, das werde ich tun. Ich beginne festzustellen, mein Junge, daß der Stamm der Tregellis noch nicht die Eigenschaften verloren hat, die ihn berühmt gemacht haben."

Schlag neun Uhr warf Sir Charles an diesem Abend dem Knecht die Leinen hin und stieg von seinem hohen gelben Phaeton, der sich dann in die lange Reihe modischer Kutschen einreihte, die auf ihre Eigentümer warteten. Als er durch das Tor zu den Gärten schritt, dem damaligen Mittelpunkt aller Ausschweifungen und Festlichkeiten, klappte er den Kragen seines Fahrmantels hoch und zog seinen Hut tief ins Gesicht, denn er wünschte nicht, persönlich mit etwas in Verbindung gebracht zu werden, daß sich gut und gerne als öffentlicher Skandal entpuppen könnte. Trotz seines Verkleidungsversuchs gab es jedoch etwas an seinem Gang und seiner Haltung, das viele sich beim Vorbeigehen nach ihm umdrehen und die Hand zum Gruße heben ließ. Sir Charles ging weiter und setzte sich auf die einfache Bank vor der berühmten Statue, die genau in der Mitte der berühmten Gärten stand, und wartete in vergnügter Spannung auf den nächsten Akt in dieser Komödie.

Von dem Pavillon, von dem die Wege sternförmig ausgingen, waren die Klänge der Kapelle der Foot Guards zu hören und im Lichte der vielfarbigen Lampen, die in den Bäumen glitzerten, konnte Sir Charles das undeutliche Wirbeln der Tanzenden erkennen. Plötzlich hörte die Musik auf. Die Quadrillen waren zu Ende.

Einen Moment darauf drängten sich die Feiernden auf dem Mittelweg, an dem er saß. In einer bunten Menschenmasse flanierten die Schöngeister der Stadt mit Kragen und Krawatten und all dem Putz in Sämisch und Pflaumenblau mit ihren hochtaillierten und behüteten Damen in gerade geschnittenen Röcken am Arm hin und her.

Es war keine sehr schickliche Versammlung. Viele der geröteten und lautstarken Männer kamen direkt von ihrer Zecherei. Auch die Damen waren laut und aggressiv. Von Zeit zu Zeit brachen sich einige heißblütige, lärmende junge Männer vorwärtstürmend und herumwirbelnd unter lautem Gekreische der Mädchen und gut gelauntem Gelächter ihrer Begleiter ihren Weg durch die dahinziehende Masse. Das war nicht der Ort für steife und sittsame Personen, und es gab einen „Geist der Gutmütigkeit und Heiterkeit" in der Menge, der die tollsten Dreistigkeiten verzieh.

Und dennoch gab es Grenzen dafür, was selbst so eine Bohèmegesellschaft tolerieren konnte. Ein verärgertes Murren folgte im Gefolge zweier Störenfriede, die sich ihren Weg durch die Massen bahnten. Es wäre vielleicht gerechter, nur von einem Störenfried zu sprechen, denn von den beiden war es nur der erste, der so eine Überheblichkeit zur Schau trug, wobei allerdings der zweite sicherstellte, daß er damit ungestraft davonkam.

Der Anführer war ein sehr großer Mann mit scharfgeschnittenem Gesicht, der nach der neuesten Mode gekleidet war und dessen böse, schön aussehenden Gesichtszüge von Wein und Arroganz gerötet waren. Er bahnte sich seinen Weg grob durch die Menge, sah den Damen mit widerwärtigem Grinsen ins Gesicht, streckte seine Hand aus, um die Wange oder den Nacken eines vorbeigehenden Mädchens zu streicheln, und lachte laut, wenn sie vor seiner Berührung zurückzuckte.

Dicht auf den Fersen folgte ihm jener gedungene Begleiter, den er aus einer unverschämten Laune heraus und mit dem Wunsch, seine Verachtung für die Überzeugungen anderer zu zeigen, als gemeinen Landgeistlichen gekleidet hatte. Dieser Zeitgenosse latschte daher mit bedrohlich gerunzelter Stirn und mürrischen, herausfordernden Augen wie eine treue, scheußliche menschliche Bulldogge. Er hielt seine aus seiner schäbigen Soutane herausragenden Hände verschränkt und mahlte mit seinem großen vorstehendem Kiefer von rechts nach links, während er die Menge mit seinem unheimlichen Blick bedrohte. Bereits jetzt hätte ein genauer Beobachter in seinem Gesicht vielleicht die Schwerfälligkeit und Schlaffheit der Züge erkennen können, die ersten Zeichen dieses physischen Zerfalls, der ihn nur wenige Jahre später als hilfloses

Wrack, zu schwach, seinen eigenen Namen über die Lippen zu bekommen, auf den Straßen Londons niederstrecken würde. Gegenwärtig war er jedoch noch ein ungeschlagener Mann, der Schrecken des Rings, und sobald man sein unglückseliges Gesicht hinter seinem berüchtigten Herrn erkannte, wurden viele schon halb erhobene Stöcke wieder gesenkt und viele heftige Worte wieder heruntergeschluckt und die geflüsterte Warnung „Hooper! Vorsicht vor dem Schläger Hooper!“ wurde an all diejenigen gerichtet, die verärgert darüber waren, daß es wohl besser war, ihre Kränkungen hinzunehmen, ehe ihnen noch Schlimmeres widerfuhr. Viele verstümmelte und entstellte Männer hatten schon von Vauxhall die Handschrift des Zinnmanns und seines Herrn nach Hause getragen.

Der Schläger und sein Herr bewegten sich mit unverschämter Langsamkeit durch die Massen, bis sie gerade gegenüber der Bank ankamen, auf der Sir Charles Tregellis saß. An dieser Stelle öffnete sich der Weg auf einen runden Platz, der glänzend hell erleuchtet war und von einfachen Sitzgelegenheiten umsäumt wurde. Von einer davon erhob sich plötzlich eine ältere, beringte und tief verschleierte Frau, die sich den beiden schwadronierenden Edelmänner in den Weg stellte. Ihre Stimme war klar und durchdringend über dem Stimmengewirr der Massen zu vernehmen, die plötzlich verstummten, um mitzubekommen, was geschah.

„Heiraten Sie sie, mein Herr! Ich flehe Sie an, sie zu heiraten! Oh, Sie werden doch gewiß meine arme Amelia heiraten!“ hörte man die Stimme sagen.

Lord Barrymore stand entgeistert da. Von allen Seiten kamen Leute näher und sahen neugierig über Schultern hinweg.

Er versuchte sich weiterzuschieben, aber die Dame stellte sich ihm in den Weg und drückte mit zwei Händen gegen seine rüschenverzierte Brust.

„Bestimmt, bestimmt werden Sie sie nicht verlassen! Folgen Sie dem Rat des guten, liebenswürdigen Geistlichen neben Ihnen!“ jammerte die Stimme. „Oh, seien Sie ein Ehrenmann und heiraten Sie sie!“

Die ältliche Frau griff zur Seite und zog eine plump aussehende, junge Frau vor, die schluchzte und sich die Augen mit ihrem Taschentuch abwischte.

„Die Pest möge euch holen!“ donnerte seine Lordschaft wütend. „Wer ist das Weib? Ich schwöre, daß ich keine von euch beiden je zuvor gesehen habe!“

„Es ist meine Nichte Amelia“, rief die Dame, „Eure eigene liebende Amelia! Oh, mein Herr, wie können Sie vorgeben, die arme, vertrauensselige Amelia aus Woodbine Cottage in Lichfield vergessen zu haben?“

„Ich war in meinem Leben nicht in Lichfield!“ rief der Adlige. „Ihr seid zwei Betrüger, denen man eine Tracht Prügel verabreichen sollte.“

„Oh, wie gemein! Oh, Amelia“, schrie die Dame mit einer Stimme, die durch die Gärten schallte. „Oh, mein Liebling, versuch sein hartes Herz zu erweichen; fleh ihn an, daß er aus dir endlich eine ehrbare Frau macht.“

Torkelnd fiel die stämmige junge Frau nach vorn und umarmte Lord Barrymore wie ein Bär. Er hätte seinen Stock erhoben, aber seine Arme waren ihm gegen die Seiten gedrückt.

„Hooper! Hooper!“ brüllte der wütende Adlige, der entsetzt den Kopf nach oben streckte, denn das Mädchen schien ihn küssen zu wollen.

Aber der Schläger, der hinzurannte, fand sich von der alten Dame in Beschlag genommen.

„Aus dem Weg, du Hexe“, rief er. „Aus dem Weg sage ich!“ und stieß sie brutal zur Seite.

„Oh, Sie! Sie unverschämter, unverschämter Mann!“ schrie sie und sprang wieder vor ihn. „Er hat mich gestoßen, gute Leute. Ihr habt gesehen, wie er mich gestoßen hat! Ein Geistlicher, aber kein Gentleman! Was? So behandeln Sie eine Lady? ...und noch einmal? Oh, ich könnte Sie schlagen, schlagen, schlagen!“

Und mit jeder Wiederholung des Wortes fiel ihre offene Hand mit unglaublicher Schnelligkeit auf die Wange des Preisboxers nieder.

Die Menge brummte vor Erstaunen und Entzücken.

„Hooper! Hooper!“ rief Lord Barrymore erneut, denn er kämpfte immer noch mit der immer engeren Umarmung der sperrigen und verliebten Amelia.

Der Schläger schob sicher erneut vor, um seinem Herrn beizustehen, doch wieder stellte sich ihm die ältere Dame in dem Weg, mit nach hinten gelegtem Kopf und ausgestrecktem linken Arm war ihre ganze Haltung zu seiner Verblüffung die eines Profiboxers.

Der brutale Instinkt des Preisboxers war geweckt. Frau oder nicht Frau, er würde der tuschelnden Menge schon zeigen, was es bedeutete, dem Zinnmann in die Quere zu kommen. Sie hatte ihn geschlagen. Sie mußte die Konsequenzen auf sich nehmen. Niemand sollte sich ihm straflos entgegenstellen. Er schwang fluchend seine Rechte. Die Haube duckte sich augenblicklich unter seinem Arm und eine Reihe rasiermesserscharfer Knöchel hinterließ einen offenen Schnitt unter seinem Auge.

Unter wilden Begeisterungsrufen und Aufmunterungen aus dem dichten Kreis der Zuschauer tanzte die Dame um den falschen Geistlichen herum, wich seinen schwerfälligen Schlägen aus, huschte unter seinem Arm durch und drosch sehr erfolgreich von hinten auf ihn ein. Einmal stolperte sie und fiel über ihren eigenen Rock, aber im Nu war sie wieder auf und ging wieder auf ihn los.

„Sie gemeiner Kerl!“ schrie sie. „Sie schlagen hilflose Frauen? Nimm das! Oh, du grober und schlecht erzogener Mann!“

Der Schläger Hooper wurde das erste Mal in seinem Leben von dem ungewöhnlichen Ding, gegen das er kämpfte, eingeschüchtert. Die Gestalt war so schwer faßbar wie ein Schatten und dennoch tropfte ihm von den Auswirkungen der Schläge Blut vom Kinn. Er schreckte mit verblüfftem Gesicht vor diesem so unheimlichen Gegner zurück. Und in diesem Moment wurde sein Zauberbann für immer gebrochen, denn nur Erfolg konnte ihn halten. Eine Niederlage war tödlich. In der ganzen Menge war kaum einer, der nicht irgend einen Groll gegen den Herrn oder den Knecht hegte und auf den Moment der Schwäche wartete, in dem er sich rächen konnte.

Mit wütendem Knurren zog sich der Kreis zu. Es bildete sich ein Strudel aus wütenden, kämpfenden Männern, in dessen Mitte das dünne, gerötete Gesicht Lord Barrymores und der massige Kiefer Hoopers untergingen. Kurz nachdem beide zu Boden gegangen waren, prasselten die Stockschläge auf sie nieder

„Laßt mich hoch! Ihr bringt mich um! Um Gottes willen, laßt mich hoch!“ rief eine kratzige Stimme.

Hooper kämpfte stumm, eben wie eine Bulldogge, bis er bewußtlos geschlagen wurde.

Mit blauen Flecken, getreten und durchgeprügelt: selbst ihr am schlimmsten mißhandeltes Opfer war nie so zerschunden aus den Gärten gewankt wie der Schläger und sein Herr in dieser Nacht. Aber schlimmer als die schmerzenden Wunden war für Lord Barrymore die Seelenqual, als er daran dachte, wie man in jedem Club und Salon in London die nächste Woche lang über die Geschichte von seiner Amelia und ihrer Tante lachen würde.

Sir Charles hatte die Szene auf der Bank stehend und sich vor Gelächter schüttelnd beobachtet. Als er schließlich durch die Menge hindurch zurück zu seinem gelben Phaeton gegangen war, war er nicht völlig überrascht, als er feststellte, daß der Rücksitz bereits von zwei kichernden Weibspersonen besetzt war, die mit den umstehenden Knecht höchst undamenhafte Schlagfertigkeiten austauschten.

„Ihr jungen Gauner!“ meinte er über die Schulter hinweg, als er die Leinen aufnahm.

Die beiden Frauen kicherten laut.

„Onkel Charles!“ rief die ältere, „darf ich Ihnen Mr. Jack Jarvis vom Brasenose College vorstellen? Ich denke, Onkel, Ihr solltet uns irgendwohin zum Abendessen ausführen, denn es war eine äußerst anstrengende Vorstellung. Morgen werde ich mir, wenn es Ihnen paßt, die Ehre erweisen, Ihnen einen Besuch abzustatten und es dabei wagen, eine Quittung über eintausend Pfund mitzubringen.“

Mit fremden Federn

„Es ist unmöglich. Es ist wirklich nicht zu ertragen. Ich weiß es, denn ich habe es versucht.“
– Auszug aus einem unveröffentlichten Artikel über George Borrow[3] und seine Schriften.

Ja, ich habe es versucht, und meine Erfahrung mag für andere vielleicht von Interesse sein. Sie müssen sich also vorstellen, daß ich tief in George Borrow eingedrungen bin, besonders in seinen „Lavengro“ und seinen „Romany Rye“, und daß ich sowohl meine Gedankenwelten, als auch meinen Ausdruck und meinen Stil sehr sorgfältig nach dem Vorbild des Meisters modelliert habe, und daß ich schließlich und endlich einen Sommertag dazu bestimmte, ein ebensolches Leben zu führen, von dem ich bisher nur gelesen hatte. Erblicket mich nunmehr auf der Landstraße, die vom Bahnhof zu dem Sussex-Dorf Swinehurst führt.

Während ich ging, unterhielt ich mich durch Erinnerungen an die Gründer von Sussex, an Cerdic, den mächtigen Vagabunden des Meeres, und an Ella, seinen Sohn, von dem der Sänger berichtet, er überrage selbst die größten seiner Gefährten noch um eine Speerspitze. Ich erwähnte die Angelegenheit zweimal gegenüber Landarbeitern, die ich auf der Straße traf. Einer, ein ziemlich großer Mann mit einem sommersprossigen Gesicht, drückte sich an mir vorbei und lief schnell in Richtung der Bahnstation. Der andere, ein kleinerer und älterer Mann, stand hingerissen da, während ich ihm jene Stelle aus der sächsischen Chronik vortrug, die mit den Worten beginnt: „Dann kam Leija mit Langschiffen deren vierundvierzig, und die Fyrd zog gegen ihn.“ Ich hub an ihm zu erklären, daß die

3 George Henry Borrow, 1803 – 1881

Chronik teils durch die Mönche von Saint Albans und danach durch die von Peterborough geschrieben worden war, aber der Bursche sprang plötzlich über ein Gatter und verschwand.

Das Dorf von Swinehurst wird durch eine zerstreute Linie von Fachwerkhäusern des frühen englischen Musters gebildet. Eins dieser Häuser war, wie ich beobachtete, ein wenig größer als der Rest, und allem Anschein nach und auch ersichtlich durch das Schild, das vor ihm hing, war es die Herberge des Dorfes. Ich näherte mich ihr, denn in der Tat, ich hatte in meiner Eile nicht innegehalten, seit ich London verlassen hatte. Ein korpulenter Mann, wohl an die fünf Fuß acht groß, mit schwarzem Mantel und grauer Hose, stand draußen, und ich sprach zu ihm in der Art und Weise des Meisters.

„Warum eine Rose und warum eine Krone?“ fragte ich und zeigte nach oben.

Er betrachtete mich auf eine merkwürdige Weise. Die gesamte Erscheinung des Mannes war seltsam. „Warum nicht?“ antwortete er und wich ein wenig zurück.

„Das Zeichen eines Königs“, sagte ich.

„Sicher“, sagte er. „Was soll eine Krone sonst bedeuten?“

„Und welcher König?“ fragte ich.

„Sie müssen mich entschuldigen“, sagte er und wollte fort.

„Welcher König?“ wiederholte ich.

„Wie soll ich das wissen?“ fragte er.

„Die Rose sollte es Ihnen sagen“, sagte ich. „Sie ist das Symbol der Tudor-AP-Tudor, die aus den Bergen von Wales kamen und ihre Nachkommen auf den englischen Thron setzten. Tudor“, fuhr ich fort und schob mich zwischen den Fremden und die Tür des Gasthauses, durch welche er, wie es schien, nur zu gern entschwunden wäre, „ist vom gleichen Blut wie Owen Glendower, der berühmte Stammesführer, der auf keinen Fall mit Owen Gwynedd, dem Vater von Madoc of the Sea, verwechselt werden sollte, über den der Barde die berühmten Verse schuf, die im Walisischen wie folgt lauten: –“

Ich war im Begriff, die berühmte Stanza von Dafyd-ap-Gwilyn wiederzugeben, als der Mann, der mich, während ich sprach, mit seltsamem Blick fixiert hatte, sich an mir vorbeidrückte und im Gasthaus verschwand. „Wahrlich“, sagte ich laut, „es ist gewißlich Swinehurst, in das ich gekommen bin, denn es bedeutet Waldung der Schweine.“ Mit diesen Worten folgte ich dem Kerl in die Gaststube, wo ich ihn in einer Ecke sitzen sah, in der Deckung eines großen Stuhles. Vier Angehörige verschiedener Ränge tranken Bier an einem Tisch in der Mitte, derweilen ein kleiner Mann von tüchtiger Statur, in einem schwarzen abgewetzten Rock, der, wie es schien, schon viel mitgemacht hatte, vor dem leeren Kamin stand. Ich nahm an, er sei Wirt, und ich fragte ihn, was ich zum Dinner habe könne.

Er lächelte und meinte, das könne er nicht sagen.

„Aber gewiß, mein Freund“, sagte ich, „werdet Ihr mir Kunde geben können, was die Küche herzugeben vermag.“

„Nicht einmal dies kann ich“, antwortete er; „aber ich zweifele nicht daran, daß der Wirt es uns sagen kann.“ Er läutete eine Glocke, und ein Kerl kam flugs herbei und antwortete, nachdem ich ihm die gleiche Frage vorgelegt hatte.

„Was wollen Sie haben?“ fragte er.

Ich dachte an den Meister und mich bestellte kaltes Eisbein und Bier mit Tee gemischt. um es hinunterzuspülen.

„Sagten Sie: Tee mit Bier gemischt?“ fragte den Wirt.

„Ja.“

„Ich bin seit fünfundzwanzig Jahren im Geschäft“, meinte der Wirt, „aber noch nie wollte einer Tee mit Bier haben.“

„Der Gentleman macht nur einen Scherz“, sagte der Mann mit dem schwarzen abgewetzten Rock.

„Oder –“ meinte der ältere Mann in der Ecke.

„Oder was, Sir?“ fragte ich.

„Nichts“, sagte er, „nichts.“ Es war etwas sehr Seltsames an diesem Mann in der Ecke – zu dem ich von Dafydd-ap-Gilyn gesprochen hatte.

„Dann scherzen Sie also“, sagte den Hauswirt.

Ich fragte ihn, ob er die Arbeiten meines Meisters George Borrow gelesen habe. Er sagte, daß er das nicht hatte. Ich erklärte ihm, daß er in jenen fünf Bänden keine Spur irgendeines Scherzes finden würde. Er würde auch herausfinden, daß mein Meister Tee mit Bier zusammen trank. Allerdings habe ich weder in den Sagen noch in den bardischen Gesängen etwas über Tee gelesen. Während der Wirt gegangen war, um meine Mahlzeit zu bereiten, trug ich den Anwesenden jene isländischen Strophen vor, die das Bier von Gunnar, dem langhaarigen Sohn von Harold dem Bären, preisen. Besorgt, einigen der Anwesenden möchte diese Sprache unbekannt sein, trug ich meine eigene Übersetzung vor und endete mit der Zeile:

> Habet Ihr des Bieres wenig,
> so wählet einen großen Becher.

Sodann fragte ich die Gesellschaft, ob sie in die Kirche oder in die Kapelle der Dissenters gingen. Die Frage überraschte sie, besonders den merkwürdigen Mann in der Ecke, auf den ich jetzt meine Aufmerksamkeit richtete. Ich hatte sein Geheimnis entdeckt, und als ich ihn beobachtete, versuchte er, sich hinter dem Uhrenkasten zu verbergen.

„Kirche oder Kapelle?“ fragte ich ihn.

„Die Kirche“, keuchte er.

„Welche Kirche?“ fragte ich.

Er verkroch sich weiter hinter der Uhr. „Ich bin noch nie so ausgefragt worden“, rief er.

Ich zeigte ihm, daß ich sein Geheimnis kannte. „Rom wurde auch nicht an einem Tag erbaut“, sagte ich.

„Er! Er!“ schrie er. Während ich mich von ihm abwandte, steckte er seinen Kopf hinter dem Uhrenkasten hervor und klopfte mit seinem Zeigefinger gegen seine Stirn. Ein solches tat auch der Mann in dem abgewetzten Rock, der vor dem leeren Kamin stand.

Nachdem ich das kalte Eisbein gegessen – was gibt es besseres, außer vielleicht gekochtes Hammelfleisch mit Kapern? – und den Tee mit dem Biere getrunken hatte, erklärte ich der Gesellschaft, dass der Meister solch eine Mahlzeit vor seinem Kampf mit Harry zu sich genommen habe. Mit dieser Informationen und einer Strophe oder zwei von Lopez de Vega verließ ich das „Inn of the Rose and Crown“, nachdem ich zuvor meine Rechnung beglichen hatte.

An der Tür bat der Hauswirt mich um meinen Namen und mein Adresse.

„Und warum?“ fragte ich.

„Falls jemand nach Ihnen fragen sollte“, sagte den Wirt.

„Aber warum sollte sich jemand nach mir erkundigen?“

„Ah, wer weiß?“ meinte der Wirt nachdenklich. Und so ließ ich ihn an der Tür des „Inn of the Rose and Crown“ zurück, von wannen ich kam. Drinnen erhob sich ein großes Gelächter. „Gewiß“, dachte ich, „Rom wurde nicht an einem Tag erbaut.“

Nachdem ich die Hauptstraße von Swinehurst hinuntergegangen war, die, wie ich bereits beobachtet hatte, von altmodischen Fachwerkhäusern gesäumt war, kam ich an der Landstraße heraus, und fuhr fort, nach jenen Abenteuern am Wegesrand zu suchen, die, wie der Meister sagt, so dick wie Brombeeren sind, für diejenigen, die sie an einer englischen Chaussee suchen. Bevor ich London verließ, hatte ich bereits einige Box-Lektionen empfangen, also schien es mir, ich sollte es wagen, wenn ich irgendeinen Reisenden träfe, dessen Größe und Alter das Abenteuer zu rechtfertigen schienen, ihn zu bitten, seinen Mantel abzulegen, um alle mögliche Differenzen, die wir nur finden könnten, auf die gute alte englische Art und Weise zu begleichen. Ich wartete also an einem Zaunübertritt auf jemanden, der es wagen wollte, darüber zu steigen. Und während ich dort stand, überkam mich die nackte panische Angst, wie sie sogar den Meister in der Waldesschlucht[4] überkommen hatte. Ich griff die Querlatte des Zaunübertritts, die von guter britischer Eiche war. Oh, wer kann die Schrecken der nackten panischen Angst beschreiben! Das war, was ich dachte, während ich nach dem eichenen Stab des Zauntritts griff. War es das Bier – oder war es der Tee? Oder hatte gar der Wirt recht und jener andere Mann, der mit dem schwarzen abgewetzten Rock, jener, der das Zeichen des merkwürdigen Mannes in der Ecke beantwortet hatte? Aber der Meister trank Tee mit Bier. Ja, aber der Meister empfand

4 William Blake spricht in „Larengo“ von „the screaming horror“, einer wohl psychisch bedingten und nicht näher erklärten Angst-Attacke ohne äußere Ursachen.

auch die nackte panische Angst. An all das dachte ich, als ich den Stab aus britischer Eiche ergriff, der den Zauntritt oben abschloß. Eine halbe Stunde beherrschte mich die nackte panische Angst. Dann ging sie vorüber, und ich fühlte mich sehr schwach und umklammerte immer noch die Eichenlatte.

Ich hatte mich von dem Zaunübertritt nicht wegbewegt, an dem ich von der nackten panischen Angst gepackt worden war, als ich Schritte hinter mir hörte. Indem ich mich umdrehte, gewahrte ich, daß auf der anderen Seite des Zaunübertritts ein Fußweg quer über das Feld führte. Entlang des Weges kam eine Frau auf mich zu, und es war klar ersichtlich für mich, daß sie eine jener Zigeunerinnen war, von denen der Meister soviel gesprochen hatte. Hinter ihr konnte ich den Rauch eines Feuers in einer kleinen Waldesschlucht erkennen, der zeigte, wo ihre Sippe kampierte. Die Frau selbst war mittelgroß, weder groß noch klein, mit einem Gesicht, das stark gebräunt und sommersprossig war. Ich muss bekennen, daß sie nicht schön war, aber ich denke nicht, daß irgend jemand, mit Ausnahme des Meisters, sehr schöne Frauen gefunden hat, die über die Landstraßen von England gingen. Ich mußte sie eben nehmen, wie sie war, immerhin wußte ich wohl, wie ich sie anzusprechen hatte denn viele Male hatte ich jene Mischung aus Höflichkeit und Dreistigkeit bewundert, die in solch einem Fall benutzt werden soll. Folglich reichte ich der Frau, als sie zum Zaunübertritt gekommen war, meine Hand und half ihr herüber.

„Wie sagt der spanische Dichter Calderon?“ sagte ich. „Ich zweifele nicht, daß Sie die Verse gelesen haben, die, ins Englische übertragen, lauten:

O Maid, darf bescheiden ich drum beten
Daß ich helfen könnt auf Ihren Wegen.“

Die Frau errötete, sagte aber nichts.

„Wo“, fragte ich, „sind die Kinder der Roma?“

Sie drehte ihren Kopf weg und blieb still.

„Obwohl ich ein Gadje bin“, sagte ich, „kenne ich doch ein wenig Eure Sprache“, und zum Beweis zitierte ich den Vers:

Coliko, coliko saulo wer
Apopli to the farming ker
Will wel and mang him mullo,
Will wel and mang his truppo.“[5]

Das Mädchen lachte, sagte aber nichts. Ihrem Aussehen nach schien sie eine von denen zu sein, die davon leben, den Leuten wahrzusagen oder die Karten zu schlagen, wie der Meister es nannte.

„Lesen Sie aus der Hand?“ fragte ich.

Sie gab mir einen leichten Schlag auf den Arm. „Na, Sie sind aber ganz schön daneben!“ sagte sie.

Ich freute mich über den Klaps, denn er ließ mich ihre unvergleichliche Schönheit gewahr werden. „Sie können Long Melford anwenden“, sagte ich, eine Redenasart, die bei dem Meister auf einen Kampf abzielte.

„Machen Sie, daß Sie mit Ihren Frechheiten weiterkommen“, sagte sie und schlug mich wieder.

„Sie sind eine sehr feine junge Frau“, sagte ich, „und Sie erinnern mich an Grunelda, die Tochter von Hjalmar, der die goldene Schale des Königs der Inseln stahl.“

Das schien sie zu verärgern. „Bleiben Sie anständig, junger Mann“, sagte sie.

„Ich wollte Sie nicht belästigen, meine Schöne. Ich hatte sie nur mit jemandem verglichen, von der die Sage berichtet, ihre Augen waren wie der Widerschein der Sonne auf einem Eisberg.“

Dies schien ihr zu gefallen, denn sie lächelte. „Mein Name ist nicht Schöne“, sagte sie schließlich.

„Wie heißen Sie?“

„Henrietta.“

---

5 Aus „The Romany Rye“ von George Borrow

Früh am nächsten morgen
kommen wir ins Bauernhaus zurück
und bitten um das tote Schwein,
um den Körper des toten Schweins.

„Der Name einer Königin“, sagte ich mit Nachdruck.

„Ja?“ sagte das Mädchen.

„Die Königin des Charles“, sagte ich, „von dem Waller der Dichter (denn sogar die Engländer haben ihre Dichter, wenn sie auch in jeder Hinsicht denen der Basken weit unterlegen sind) – von dem, sage ich, Waller der Dichter sagte:

That she was Queen was the Creator’s act,
Belated man could but endorse the fact.[6]

„Ach was!“ schrie das Mädchen. „Machen Sie, daß Sie weiterkommen!“

„Dermalen“, sagte ich, „da ich Ihnen zeigte, daß Sie eine Königin sind, werden Sie mir sicher einen Choomer[7], was in der Romani-Sprache Kuß bedeutet, gewähren.

„Ich gebe Ihnen eins hinter die Ohren“, rief sie.

„Dann ringe ich mit Ihnen“, sagte ich. „Wenn Sie obsiegen, so tue ich Buße, indem ich Ihnen das armenische Alphabet beibringe – das wirkliche Alphabet, das, wie Sie erkennen werden, uns zeigt, daß unsere Buchstaben aus Griechenland kamen. Wenn andererseits ich Sie niederringe, geben Sie mir einen Choomer.“

So weit war ich gekommen, und sie überstieg den Zauntritt, willens, sich von mir zu entfernen, als ein Packwagen die Straße entlang kam, der, wie ich entdeckte, einem Bäcker in Swinehurst gehörte. Das Pferd, das von braunen Farbe war, wie sie in New Forest gezogen werden, war knapp unter fünfzehn Hand hoch und hatte struppiges, wolliges Haar. Da ich weniger als der Meister über Pferde weiß, sage ich nichts weiter über das Pferd, außer nochmals, daß seine Farbe braun war – wenngleich weder das Pferd noch seine Farbe irgendetwas mit meiner Erzählung zu tun haben. Ich könnte jedoch hinzufügen, daß es entweder als kleines Pferd oder als großes Pony genommen werden konnte; es war ein wenig zu groß für das

6 Der Schöpfer selbst macht’ sie zur Königin,
Der Mann kann’s nur bestätigen.

7 richtig: chumma

eine und ein wenig zu klein für das andere. Ich habe jetzt genug über dieses Pferd gesagt, das nichts mit meiner Geschichte zu tun hat, und ich wende nun meine Aufmerksamkeit dem Lenker des Fuhrwerkes zu.

Dieser war ein Mann mit einem breiten, roten Gesicht und braunem Backenbart. Er war stämmig gebaut und hatte runde Schultern und ein kleines rötliches Muttermal über seiner linken Augenbraue. Seine Jacke war aus Veloursamt, und er trug große, eisenbeschlagene Stiefel, die er gegen das Fußbrett vor sich stemmte. Er hielt den Wagen an, als er an den Zaunübertritt gekommen war, bei dem ich mit der Maid stand, die aus der Waldschlucht gekommen war, und höflich fragte er mich, ob ich ihm mit Feuer für seine Pfeife aushelfen könne. Dann, als ich eine Streichholzschachtel aus meiner Tasche zog, warf er die Zügel über das Fußbrett, nahm seine großen, eisenbeschlagenen Stiefel herunter und stieg zur Straße hinab. Er war ein kräftiger Mann, neigte jedoch zu Fettleibigkeit und Kurzatmigkeit. Wie mir schien, ergab sich hier die Möglichkeit für einen jener Boxkämpfe entlang der Straße, die in den alten Zeiten so beliebt waren. Es war mein Plan, mit dem Mann zu kämpfen, und die Maid aus der Waldesschlucht, die neben mir stand, sollte mir sagen, wann ich meine Rechte oder meine Linke benutzen hätte, je nachdem die Lage es erforderte, oder sie sollte mich wieder aufrichten, falls ich unglücklicherweise niedergeschlagen werden würde durch den Mann mit den eisenbeschlagenen Stiefeln und dem kleinen rötlichen Muttermal über seiner linken Augenbraue.

„Verwenden Sie Long Melford?“ fragte ich.

Er betrachtete mich mit ziemlicher Überraschung und sagte, dass jede mögliche Mischung genug für ihn gut sei.

„Mit Long Melford“, sagte ich, „meine ich keineswegs, wie Sie zu denken scheinen, irgendeine Form des Tabaks, sondern ich meine die Kunst und Wissenschaft des Boxens, die in solch hohen Ehren von unseren Vorfahren gehalten wurde, daß einige ihrer berühmten Lehrer, wie der große Gully, der höchsten Ämter des Staates für würdig erachtet wurden. Es gab Männer von höchsten Ansehen unter den Preiskämpfern von England, von denen ich besonders Tom of Hereford erwähnen würde, besser bekannt als Tom Spring, obwohl Name seines Vaters, wie mir zu verstehen gegeben wurde, Winter war. Dieses hat jedoch nichts mit der vorliegenden Angelegenheit zu tun, nämlich, daß Sie mit mir kämpfen müssen."

Der Mann mit dem rötlichen Gesicht schien durch meine Worte sehr überrascht zu sein, und ich begann zu glauben, daß Abenteuer dieser Art nicht so üblich waren, wie es der Meister mich Glauben gemacht hatte.

„Kampf?" sagte er. „Wieso?"

„Es ist eine gute alte englische Tradition", sagte ich, „durch welche wir feststellen können, welches der bessere Mann ist."

„Ich habe nichts gegen Sie", sagte er.

„Noch ich gegen Sie", antwortete ich. „Somit werden wir aus Leidenschaft kämpfen, ein Ausdruck, der in jenen alten Zeiten viel gebraucht wurde. Harold Sygvynson gibt uns Kunde davon, daß es unter den Dänen üblich war, und sogar mit Streitäxten, wie er in seiner zweiten Runen-Sammlung berichtet. Folglich legen Sie Ihren Mantel ab, und kämpfen Sie." Während ich sprach, streifte ich den meinen ab.

Das Gesicht des Mannes war weniger rötlich als vorher. „Ich werde nicht kämpfen", sagte er.

„Gewißlich werden Sie", antwortete ich, „und diese junge Frau tut Ihnen zweifellos den Dienst, Ihren Mantel zu halten."

„Sie sind ziemlich bescheuert", sagte Henrietta.

„Außerdem", sagte, ich, „wenn Sie nicht aus Leidenschaft kämpfen, wollen Sie möglicherweise dafür kämpfen", und ich hielt einen Sovereign in die Höhe. „Halten Sie seinen Mantel?" fragte ich Henrietta.

„Den Teufel werde ich tun", sagte sie.

Der Mann aber steckte den Sovereign in die Tasche seiner Hose, die aus Veloursamt war und fragte: „Nun, was muß ich tun, um ihn mir zu verdienen?"

„Kämpfen", sagte ich.

„Auf welche Art?" fragte er.

„Nehmen Sie die Fäuste hoch", antwortete ich.

Er nahm sie hoch, wie ich gesagt hatte, und stand einfältig da, ohne eine Idee, wie es weitergehen sollte. Es schien mir, es ginge besser, wenn ich ihn wütend machen könnte. Also schlug ich ihm seinen Hut vom Kopf, der schwarz und steif war, von jener Sorte, die man Billycock nennt.

„He, Mann!“ schrie er, „was soll das?“

„Dies tat ich, um Sie ärgerlich zu machen“, sagte ich.

„Nun gut, ich bin verärgert“, sagte er.

„Also gebe ich Ihnen Ihren Hut wieder“, sagte ich, „und dann kämpfen wir.“

Nachdem ich diesem Gedanken Ausdruck verliehen hatte, drehte ich mich um, in der Absicht seinen Hut aufzuheben, der hinter mich gerollt war. Während ich mich bückte, um ihn zu ergreifen, empfing ich solch einen Stoß, daß ich mich weder aufrichten noch hinsetzen konnte. Dieser Stoß, den ich empfing, während ich mich nach seinem Billycock bückte, kam nicht von seiner Faust, sondern von seinem eisenbeschlagenen Stiefel, ebenjenem, den ich auf dem Fußbrett wahrgenommen hatte. Da ich weder imstande war, mich aufzurichten, noch, mich niederzusetzen, lehnte ich mich gegen die Eichenholz-Latte des Zauntritts und ächzte laut vor Schmerz wegen des Trittes, den ich empfangen hatte. Sogar die nackte panische Angst hatte mir weniger Schmerz bereitet als dieser Tritt des eisenbeschlagenes Stiefels. Als ich endlich wieder in der Lage war, mich aufzurichten, bemerkte ich, daß der rotgesichtige Mann Mann mit seiner Karre weggefahren und nicht mehr zu sehen war. Die Maid aus der Waldesschlucht stand an der anderen Seite des Zaunübertritts, und ein zerlumpter Mann kam über das Feld aus der Richtung des Feuers gelaufen.

„Warum haben Sie mich nicht gewarnt, Henrietta?“ fragte ich.

„Es ging zu schnell“, sagte sie. „Warum waren Sie solch ein Trottel, ihm den Rücken zuzudrehen?“

Der zerlumpte Mann hatte uns erreicht, während ich mit Henrietta über den Zauntritt hinweg sprach. Ich versuche nicht, seine Worte wiederzugeben, so wie er sie benutzte, da ich beobachtet habe, daß der Meister sich nie zu Dialekt herabläßt, aber doch hier und dort ein Wort einfügt, um die Art und Weise der Rede eines Mannes zu charakterisieren. Ich will nur sagen, daß der Mann von der Waldesschlucht sprach, wie die Angelsachsen, die die Angewohnheit haben, wie der ehrwürdige Bede es uns vor Augen geführt hat, ihre Führer *'Enjist* und *'Orsa* zu nennen, zwei Wörter, welche in ihrer korrekten Bedeutung ein Pferd und eine Stute bezeichnen.

„Warum hat er Sie geschlagen?" fragte den Mann aus der Waldesschlucht. Er war außerordentlich zerlumpt, von kräftigem Körperbau, mit einem mageren braunen Gesicht und er hielt einen Eichenholzknüppel in seiner Hand. Seine Stimme war sehr heiser und rau, wie es bei all jenen der Fall ist, die im Freien leben.

„Der Kerl schlug Sie", sagte ihn. „Warum hat der Kerl Sie geschlagen?"

„Er bat ihn darum", sagte Henrietta.

„Bat ihn – bat ihn worum?"

„Nun, er bat ihn zu schlagen. Gab ihm einen Sovereign dafür."

Der zerlumpte Mann schien überrascht. „Also Mann, wenn Sie noch 'n paar einsammeln wollen, könnt'n Sie 's zum halben Preis bekommen."

„Er erwischte mich unerwartet", sagte ich.

„Was sollte der Kerl sonst tun, nachdem Sie ihm seinen Hut herunterschlugen?" sagte die Maid aus der Waldesschlucht.

Zu diesem Zeitpunkt war ich in der Lage, mich mit Hilfe des Eichenholz-Latte, wieder aufzurichten, und ich zitierte einige Verse des chinesischen Dichters Lo-tun-an über die Erfahrung, daß, wie hart ein Schlag auch gewesen sein mag, es denkbar ist, daß es immer noch härter kommen kann. Ich hielt nach meinem Mantel Ausschau, konnte ihn jedoch mitnichten erblicken.

„Henrietta", sagte ich, „ was haben Sie mit meinem Mantel getan?"

„Hör zu, Mann", sagte den Mann aus der Waldesschlucht, „laß das mit Henrietta. Diese Frau ist meine Frau. Wer sind Sie, daß Sie sie Henrietta nennen?"

Ich versicherte dem Mann aus der Waldesschlucht, dass ich keine Respektlosigkeit gegenüber seiner Frau im Sinne hatte. „Ich hatte gedacht, dass sie ein Mort[8] sei“, sagte ich; „aber die Ria[9] eines Roma-Chal[10], ist immer heilig für mich.“

„Glatt bescheuert“, sagte die Frau.

„Eines anderes Tages“, sagte ich, „ werde ich Sie in Ihrem Lager in der Waldesschlucht besuchen und Ihnen etwas aus dem Buch des Meisters über die Roma vortragen.“

„Was sind Roma?“ fragte der Mann.

Ich selbst: „Roma sind Zigeuner.“

Der Mann: „Wir sind keine Zigeuner.“

Ich selbst. „Was sind Sie dann?“

Der Mann. „Wir sind Hopfenpflücker.“

Ich selbst (zu Henrietta): „Wieso haben Sie dann alles verstanden, was ich zu Ihnen über Zigeuner sagte?“

Henrietta: „Habe ich gar nicht.“

Ich fragte erneut nach meinem Mantel, aber mittlerweile wurde es mir klar, daß ich, bevor ich dem rotgesichtigen Mann mit dem Muttermal über seiner linken Augenbraue den Kampf antrug, meinen Mantel über das Fußbrett seines Wagens gelegt haben mußte. Also rezitierte ich einen Vers von Ferideddin-Atar, dem persischen Poeten, der bedeutet, daß es wichtiger ist, seine Haut als seine Kleidung zu retten, und dem Mann aus der Waldesschlucht und seiner Frau einen Abschiedsgruß entbietend, begab ich mich zurück in das alte englische Dorf von Swinehurst, in dem es mir wohl möglich sein sollte, einen gebrauchten Mantel zu erwerben, der mich in die Lage versetzen könnte, meinen Weg zur Station zu nehmen, von der aus ich nach London zurückzufahren gedachte. Ich kam nicht umhin, mit einiger Überraschung zu bemerken, daß viele der Dorfbewohner, unter ihnen auch der Mann im abgewetzten Rock und jener andere seltsame Mann, der versucht hatte, sich hinter dem Uhrenkasten zu verbergen, mir auf dem Weg zur Station folgten. Gelegentlich drehte ich mich um und näherte mich ihnen in der Hoffnung, ein Gespräch mit ihnen anknüpfen zu können; aber jedesmal hielten sie inne

8 Nicht-Zigeunerin

9 Ria: eigentlich: Gentleman

10 Chal = Bursche

und liefen auf der Starße davon. Nur der Constabler des Dorfes kam herbei, blieb an meiner Seite und hörte zu, wie ich ihm die Geschichte von Hunyadi Janos erklärte und von den Ereignissen sprach, welche sich begaben vor der christlichen Epoche während der Kriege zwischen diesem Held, auch bekannt als Corvinus oder der Rabe, und Mahommed dem Zweiten, der Konstantinopolis, besser bekannt als Byzanz, eroberte. Gemeinsam mit dem Constabler langte ich an der Station an, und zog, während ich in einem Anteil Platz nahm, Papier aus meiner Tasche und begann, all jene Erlebnisse niederzuschreiben, wie sie mir widerfahren waren, damit ich darzulegen vermöchte, daß es in diesen Tagen nicht einfach ist, dem Beispiel des Meisters zu folgen. Indem ich schrieb, hörte ich den Constabler mit dem Stationsvorsteher, einem gedrungenen, mittelgroßen Mann mit einer roten Krawatte, von meinen eigenen Abenteuern in dem alten englischen Dorf von Swinehurst sprechen.

„Er ist doch ein Gentleman“, sagte der Constabler, „und ich bezweifele nicht, daß er in einem großen Haus in London lebt.“

„In einem sehr großen Haus, wenn es mir rechten Dingen zugeht“, sagte der Stationsvorsteher, und mit einem Winken seiner Hand gab er das Signal zur Abfahrt des Zuges.

Die unterbrochene Existenz des John Huxford

Es ist seltsam und doch wundervoll zu beobachten, wie auf diesem Planeten die kleinsten und unwichtigsten Ereignisse eine Reihe von Geschehnissen in Gang setzen, die agieren und reagieren bis sie schlussendlich zu Ergebnissen führen, die ungeheuerlich und unberechenbar sind. Wird eine Bewegung – so klein sie auch sein mag – einmal in Gang gesetzt, so vermag niemand zu sagen, wie sie endet und wohin sie führen mag. Trivialitäten werden zu Tragödien, und die Bagatelle des heutigen Tages reift zur Katastrophe des morgigen. Eine Auster sondert Sekret ab, um ein Sandkorn zu umschließen, und bildet so eine Perle, ein Perlenfischer bringt sie ans Tageslicht, ein Händler erwirbt sie und verkauft sie an einen Juwelier, der sie wiederum an einen Kunden verkauft. Der Kunde wird von zwei Übeltätern ausgeraubt, die sich anschließend um die Beute streiten. Der eine erschlägt den anderen und beendet sein eigenes Leben auf dem Schafott. Hier ist eine direkte Verkettung von Ereignissen – von der infizierten Muschel an ihrem Anfang und dem Galgen an ihrem Ende. Hätte es dieses Körnchen Sand nicht zwischen die Schalen des Weichtieres gespült, so wären zwei lebende, atmende Wesen mit all ihrem Potential sowohl für Gutes als auch für Böses nicht ausgelöscht worden. Wer will wagen zu beurteilen, was eine Kleinigkeit und was von Bedeutung ist.

Als somit im Jahre 1821 Don Diego Salvador darüber nachdachte, dass, wenn es sich für die Ketzer in England lohnte, die Rinden seiner Korkeichen zu importieren, es sich für ihn selbst wohl auch um so mehr lohnen würde, eine Fabrik zu errichten, in der diese Rinden zugeschnitten und zu Korken verarbeitet werden könnten, so war dies eine Überlegung die im ersten Ansehen keinerlei vitale Interessen irgendwelcher Personen berühren sollte. Dennoch würden Menschen leiden, bitterlich leiden, und an Orten von denen Don Diego noch nie etwas gehört hatte, würden Frauen weinen und hungrige Männer verzweifelte Dinge tun. Und all das aufgrund dieser einen Idee, die ihm durch den Kopf geschossen war, als er zigarettenrauchend im angenehmen Schatten seiner Gemäuer dahin schritt. Unser Globus ist nun so überfüllt, unsere Leben sind nun so sehr miteinander verwoben, dass niemand einen Gedanken zu Ende bringen kann, ohne das Schicksal eines anderen armen Teufels zum Guten oder zum Schlechten zu beeinflussen.

Don Diego war ein Unternehmer, und somit nahmen seine abstrakten Überlegungen sehr bald die konkrete Form eines großen, rechteckigen, gipsverputzen Gebäudes an, in dem hunderte seiner dunkelhäutigen Landsleute mit geschickten flinken Fingern zu einem Stundenlohn arbeiteten, den keiner ihrer englischen Kollegen jemals akzeptiert hätte. Innerhalb weniger Monate führte dieser neue Wettbewerber zu einem abrupten Verfall der Preise in dieser Branche, welcher für einige große Firmen problematisch und für einige kleine Firmen ruinös war. Einige alteingesessene Produzenten konnten ihre Postionen behaupten, andere entließen Arbeiter und kürzten ihre Ausgaben, wieder andere aber gaben sich geschlagen und schlossen ihre Fabriktore. Zu dieser unglücklichen letzten Gruppe gehörte die alte und respektable Firma der Gebrüder Fairbairn aus Brisport.

Dieses Unglück hatte verschiedene Ursachen, aber Don Diegos Debüt als Korkenfabrikant hatte den Schlusspunkt gesetzt. Als der erste Fairbairn vor einigen Generationen das Geschäft gründete, war Brisport ein kleines Fischerdorf, das seiner wachsenden Bevölkerung weder Arbeit noch Perspektive zu bieten hatte. Die meisten Männer waren froh, überhaupt eine dauerhafte Anstellung irgendeiner Art zu ergattern. Aber all das hatte sich geändert, denn die Stadt war gewachsen und hatte Anschluss an die wirtschaftlichen Zentren der Grafschaften im Westen gefunden. Dadurch war der Bedarf an Arbeitskräften gestiegen und gleichfalls auch das Lohnniveau. Früher, als die Transportkosten ruinös hoch und jede Art der Kommunikation quälend langsam waren, hatten die Weinbauern aus Exeter und Barnstaple ihre Korken nur zu gerne direkt in ihrer Nachbarschaft in Brisport herstellen lassen. Nun aber sandten die großen Handelshäuser aus London ihre Vertreter durch das Land, und um jeden Kunden wurde so lange gekämpft, bis die Gewinnmargen verschwindend gering waren. Die Firma hatte sich schon länger in einer prekären Situation befunden, aber dieser weitere Rückgang in den Preisen besiegelte ihr Schicksal. Mr. Charles Fairbairn, der gegenwärtige Leiter, sah sich gezwungen, die Fabrik zu schließen.

Es war ein dunkler, nebliger Samstag Nachmittag, als die Arbeiter ein letztes mal bezahlt und die alten Hallen endgültig verschlossen wurden. Mr. Fairbairn, ein Mann mit besorgtem Gesicht und gramgebeugter Haltung stand auf einer Bühne neben dem Lohnbuchhalter, während dieser kleine Stapel hart verdiente Shillinge und Pennys an die Arbeiter auszahlte, die in einer langen Reihe an seinem Tisch vorbeizogen. Normalerweise war es unter den Arbeitern üblich, sich sofort nach dem Erhalt des Lohnes aus dem Staube zu machen, gerade so wie Kinder, die man aus der Schule entlassen hat. Heute aber blieben Sie, kleine Gruppen in dem großen tristen Rauem bildend, und unterhielten sich mit gedrückten Stimmen über das Unglück, dass über ihren Arbeitgeber gekommen war, und über die Zukunft, die sie nun erwartete. Als die letzten Münzen ausgehändigt waren und der letzte Name im Lohnbuch abgehakt war, wendete die ganze Menge sich schweigend dem Mann zu, der ihr Meister gewesen war, und wartete auf die Worte, die er wohl noch an sie richten würde.

Mr. Charles Fairbairn hatte das nicht erwartet, und es brachte ihn in Verlegenheit. Er hatte seine Anwesenheit bei der Auszahlung der Löhne als Routineangelegenheit betrachtet und war ein schweigsamer, schwerfälliger Mann, der diese plötzlichen Beanspruchung seiner rednerischen Fähigkeiten nicht vorausgesehen hatte. Er strich sich nervös über seine schmalen Wangen und sah mit wässerigen Augen auf das Mosaik der nach oben gerichteten ernsten Gesichtern herab.

„Es tut mir leid, das unsere Wege sich nun trennen“, sagte er dann endlich mit einer brüchigen Stimme. „Dies ist ein schlimmer Tag, sowohl für uns hier, als auch für die Stadt Brisport. In den letzten drei Jahren haben wir mit der Firma nur Geld verloren. Wir hielten durch in der Hoffnung auf bessere Zeiten, aber die Situation hat sich nur noch weiter verschlimmert. Unsere einzige Rettung ist, jetzt zu schließen, bevor wir völlig ruiniert sind. Ich hoffe, dass ihr alle baldmöglichst eine neue Arbeit findet. Alles Gute, und Gott schütze euch."

„Gott segne Sie Sir, Gott segne Sie!" rief ein Chor rauer Stimmen. „Mr. Fairbanks lebe dreimal Hoch!" rief ein junger Mann mit hellen Augen und einem wachen Gesicht, der auf eine Bank gesprungen war und seine Mütze schwenkte. Die Menge ging drauf ein, aber ihren Hurras fehlte dieser ganz bestimmte Klang, den nur ein Herz voller Begeisterung hervorbringen kann. Dann gingen sie hinaus ins Sonnenlicht, nicht ohne zurückzublicken zu den langen Werkbänken, zu dem mit Kork übersäten Boden und vor allem zu dem einsamen Mann mit dem traurigen Gesicht, dessen Wangen rot geworden waren von der rauen Herzlichkeit ihres Lebewohls.

„Huxford", sagte der Lohnbuchhalter und tippte dem jungen Mann, der die Hochrufe angestimmt hatte, auf die Schulter, „der Chef will Dich sprechen".

Der Arbeiter drehte sich um und stand nun vor seinem ehemaligen Arbeitgeber, seine Mütze ungeschickt in den Händen drehend, während die Menge hinausdrängte bis die Tore leer waren und schwere Nebelschwaden ungehindert in die verlassene Fabrikhallen rollten.

„Ah, John!" sagte Mr. Fairbairn, plötzlich aus seinen Träumereien kommend und einen Brief vom Tisch aufnehmend. „Du standest in meinen Diensten seit Du ein Junge warst, und Du hast mir bewiesen, dass Du des Vertrauens wert bist, das ich in Dich gesetzt hab. So wie ich gehört habe, wird die Arbeitslosigkeit Deine Zukunftspläne stärker durcheinanderbringen, als es das bei den meisten anderen meiner Arbeiter der Fall sein wird."

„Ich wollte in Shrovetide heiraten", antwortete der junge Mann, während er mit seinem schwieligen Zeigfinger Muster auf dem Zähltisch zeichnete „aber dazu muss ich erst wieder Arbeit finden".

„Mein armer Junge, Arbeit wird für Dich nicht einfach zu finden sein. Schau, Du bist Dein ganzes Leben hier in diese Fabrik gewesen und kannst kaum etwas anderes. Sicherlich warst Du mein Vorarbeiter, aber das wird Dir kaum nützen, denn in ganz England werden Leute auf die Straße gesetzt, und es gibt kaum freie Stellen. Die Aussichten für Dich und Deinesgleichen sind schlecht."

„Und was raten Sie mir, Sir?" fragte John Huxford.

„Darüber wollte ich gerade mit Dir reden. Ich habe hier einen Brief von Sheridan & Moore aus Montreal. Sie sind auf der Suche nach einem guten Mann, der die Aufsicht über eine Ihrer Werkstätten übernehmen kann. Wenn Du denkst, dass dies etwas für Dich ist, dann könntest gleich mit dem nächsten Schiff abreisen. Der Lohn ist weit höher als alles, was ich Dir jemals zahlen könnte."

„Sir, das ist sehr freundlich von Ihnen, Sir", sagte der junge Mann mit ernster Stimme. „Mary – meine Verlobte – wird Ihnen sicher ebenso dankbar sein wie ich. Was sie sagen ist sicherlich wahr, wenn ich mich hier um Arbeit bemühen würde, dann wären meine gesamten Ersparnisse aufgebraucht, bevor ich eine neue Anstellung finden würde. Aber ich werde es erst mit ihr besprechen müssen, bevor ich mich entscheide. Kann ich mit der Antwort noch ein paar Stunden warten?"

„Das Postschiff legt morgen ab. Wenn Du die Stelle annehmen willst, dann solltest Du ihnen heute Abend noch schreiben. Hier ist der Brief mit der Adresse."

John Huxford nahm das wertvolle Stück Papier dankbar entgegen. Noch vor einer Stunde hatte ihn eine düstere Zukunft erwartet, aber nun zeigte sich ein Silberstreif am Horizont. Er hätte seinem ehemaligen Arbeitgeber gerne seine Dankbarkeit ausgedrückt, aber die englische Natur neigt nicht zu Überschwänglichkeit, und so reichte es nur zu ein paar unbeholfenen Worten, die ebenso unbeholfen von seinem Gönner beantwortet wurde. Er zog seinen Hut und verbeugte sich leicht, dann drehte er auf dem Absatz um und ging hinaus in die neblige Straße.

Der Nebel war so dicht, dass die Häuser auf der anderen Straßenseite nur vage Schatten waren, aber der Vorarbeiter eilte mit federnden Schritten durch Nebenstraßen und krumme Gassen, vorbei an den Wänden, an denen die Netze der Fischer trockneten, durch nach Hering riechende Kopfsteinpflastergassen, bis er eine Reihe bescheiden getünchter Cottages erreichte, die auf das Meer hinausblickten. An einer Tür klopfte der junge Mann, und dann, ohne auf eine Antwort zu warten, drückte er die Klinke und ging hinein.

Eine alte Frau mit silbernen Haaren und eine junges Mädchen, kaum zwanzig Jahre alt, saßen an einem Kamin, und die letztere sprang auf ihre Füße, als er eintrat.

„Du hast gute Nachrichten, John“, rief sie, legte ihre Hände auf seine Schultern und blickte ihm in die Augen. „Ich höre es an Deinem Gang. Mr. Fairbairn wird die Fabrik nicht schließen.“

„Nein mein Schatz, so gut sind die Nachrichten nicht“, antwortete John Huxford und strich ihre schweren braunen Haare zurück. „Aber ich habe ein Angebot aus Kanada, mit guter Bezahlung. Wenn Du damit einverstanden bist, dann werde ich hinüberfahren und Du kannst mit Granny nachkommen, sobald ich alles geregelt habe. Was sagst Du dazu, mein Mädchen?“

„Nun John, was Du für richtig hältst wird sicherlich das beste für uns sein“, sagte das Mädchen leise, mit Vertrauen und Zuversicht in ihrem ebenmäßigen Gesicht und ihren liebevollen Rehaugen. „Aber was ist mit Granny? Ist eine Überfahrt nicht zuviel für sie?“

„Oh, macht Euch bloß keine Gedanken um mich“, mischte sich die alte Frau fröhlich ein. „Ich will Euch kein Klotz am Bein sein. Wenn Ihr mich mitnehmen wollt, so werde ich nicht zu alt für die Reise sein. Und wenn Ihr ohne mich fahren wollt, dann kann ich mich solange um das Cottage hier kümmern, und es wird immer ein Englisches Zuhause für Euch bereitstehen, falls Ihr wieder ins Alte Land zurückkehren wollt.“

„Natürlich nehmen wir Dich mit, Granny“, sagte John Huxford mit einem heiteren Lachen. „Granny zurücklassen, was für eine verrückte Idee. Mary! Wenn Ihr beide nachgekommen seid und wir in Montreal heiraten, dann suchen wir die ganze Stadt nach einem Haus wie diesem ab, wir werden Efeu an den Mauern haben genau wie hier, und wenn wir die Türen abschließen und in den langen Winterabenden am Feuer sitzen, dann soll mich der Teufel holen, wenn wir uns dort nicht zu Hause fühlen. Außerdem ist es nicht überhaupt nicht wie in einem fremden Land. Sie sprechen die gleiche Sprache dort drüben, es ist die gleiche Flagge und die gleiche Krone."

„Nein, natürlich nicht", antwortete Mary voller Überzeugung. Sie war eine Waise und hatte keine lebenden Verwandten außer ihrer Großmutter. Ihr größter Wunsch war es, eine treue und fürsorgende Ehefrau für den Mann zu sein, den sie liebte. Wo immer sich diese beiden Menschen befinden würden, dort würde sie glücklich sein. Wenn John nach Kanada gehen würde, so würde Kanada ihre neue Heimat werden. Was hätte Brisport ihr schon zu bieten, wenn er fortgegangen wäre?

„Also schreibe ich noch heute Abend und sage zu", sagte der junge Mann. „Ich wusste, dass Ihr zustimmen würdet, aber ich konnte das Angebot nicht annehmen, ohne mit euch darüber geredet zu haben. In einer Woche oder zwei bin ich reisefertig, und ich ein paar Monaten habe ich alles für Euch auf der anderen Seite geregelt."

Mary ergriff seine Hand. „Es wird eine harte Zeit, bis wir wieder von Dir hören, aber es ist Gottes Wille, und wir müssen geduldig sein. Hier ist Papier und Tinte. Setz Dich und schreib den Brief, der uns drei über den Atlantik bringt." Verwunderlich, wie Don Diegos Überlegungen die Leben in dieser kleinen Stadt in Devon formten.

Die Zusage wurde rechtzeitig versandt und John Huxford begann augenblicklich mit den Vorbereitungen für seine Abreise, denn die Firma in Montreal hatte die Verfügbarkeit der Stelle zugesichert und ebenso, dass der ausgewählte Mann herüberkommen könnte, um ohne Verzögerung seine neuen Pflichten aufzunehmen. Seine wenigen Habseligkeiten waren in wenigen Tagen zusammengepackt, und er nahm einen Dampfer nach Liverpool, von wo aus er mit dem Passagierschiff nach Quebec abreiste.

„Denk immer dran, John“, flüsterte Mary in ihrer letzten Umarmung auf den Kais von Brisport, „das Cottage ist unser Eigentum, und komme was will, das wird uns niemand nehmen können. Wenn es dort drüben nicht gut für Dich läuft, dann haben wir hier immer ein Zuhause. Ich werde hier auf Dich warten, bis Du uns Nachricht gibst.“

„Und das werde ich sehr bald tun, mein Mädchen“, antwortete er zuversichtlich in einer letzten Umarmung. „Leb wohl, Granny, leb wohl.“ Das Schiff war schon mehr als eine Meile vom Ufer entfernt, als er die schlanke Gestalt des jungen Mädchens und ihrer alten Begleiterin langsam aus den Augen verlor, die dort auf dem alten steinernen Kai standen und ihm winkten. Voller Wehmut und mit dem wagen Gefühl bevorstehenden Unglücks sah er sie ein letztes mal, als sie sich umwandten und Richtung Stadt davongingen, kleine Fleckchen, die in der Menge am Hafen verschwanden.

Die beiden Frauen erhielten einen Brief aus Liverpool, in dem John ihnen schrieb, dass er sich auf der „St. Lawrence“ einschiffen würde. Sechs Wochen Später erreichte sie ein zweites und etwas längeres Schreiben, dass von seiner sicheren Ankunft in Quebec berichtete und seine ersten Eindrücke der neuen Welt enthielt. Danach setzte ein langes Schweigen ein. Woche um Woche und Monat um Monat vergingen ohne eine Nachricht von der anderen Seite des Atlantiks. Bald schon war ein Jahr vergangen und schnell darauf ein weiteres ohne ein Wort des Reisenden. Man schrieb an die Firma Sheridan and Moore, die antwortete, dass man wohl John Huxfords Brief erhalten hätte, er selbst dort aber niemals erschienen sei und sie schließlich die Stelle anderweitig vergeben hätten. Dennoch gaben Mary und ihre Großmutter die Hoffnung nie auf und erwarteten den Briefträger jeden Tag so voller Hoffnung, dass der mitleidige Mann schließlich lieber einen Umweg machte, als an den beiden Gesichter vorbeizugehen, die ihm aus dem Fenster des Cottage entgegenblickten. Und schlussendlich, drei Jahre nachdem der junge Vorarbeiter seine Reise angetreten hatte, starb Marys Großmutter und liess sie alleine zurück, eine sorgenvolle Frau, die versuchte, von ihrer kleinen Erbschaft so gut wie möglich über die Runden zu kommen und die sich jeden Tag das Hirn zermarterte über das geheimnisvolle Schicksal, dass ihren Liebsten wohl ereilt haben musste.

Ihre scharfsinnigen Nachbarn hatten allerdings überhaupt keine Zweifel daran, was wirklich geschehen sein musste. Huxford war sicher in Kanada angekommen, was ja durch seinen Brief bewiesen war. Hätte ihn irgendwo auf dem Weg von Quebec nach Montreal sein Schicksal ereilt, so hätte es eine offizielle Untersuchung gegeben, und in seinem Gepäck waren genug Unterlagen und Hinweise, um seine Identität zweifelsfrei festzustellen. Aber die kanadische Polizei war bereits verständigt worden, und dort lagen keinerlei offene Fälle vor, und man hatte keine Leiche gefunden, die möglicherweise der verschwundene junge Engländer hätte sein können. Die einzige logische Schlussfolgerung war, dass er die erstbeste Möglichkeit ergriffen hatte, alle Brücken hinter sich abzubrechen und in der Wildnis Kanadas oder den Staaten ein Leben unter neuem Namen zu führen. Warum er dies getan haben sollte, leuchtete niemandem ein, aber es war angesichts der vorliegenden Fakten die einzig mögliche Erklärung. Daher erhob sich auch mehr als einmal eine rechtschaffene Wut unter den kräftigen Hafenarbeitern, als sie die gramgebeugte Mary auf dem Weg zu ihren täglichen Besorgungen sahen. Mit Sicherheit wäre der Verschollene, hätte er sich in Brisport blicken lassen, von einigen wütenden Worten und sicherlich in einigen Fällen von mehr als nur Worten in Empfang genommen worden, wenn er nicht eine wirklich gute Erklärung hätte liefern können. Das vertrauensvolle Herz des einsamen Mädchens jedoch konnte sich dieser weitverbreiteten Ansicht nicht anschließen, und während die Jahre ins Land gingen wurden ihre Trauer und ihre Sorgen nicht ein einziges Mal durch eine Spur des Misstrauens gegenüber dem verschwundenen Mann getrübt. Aus Ihrer Jugend wuchs sie in die reifen Jahre hinein, von dort in den Herbst ihres Lebens, immer geduldig, leidend und vertrauensvoll. Sie versuchte so gut wie möglich über die Runden zu kommen und wartete in ihrer bescheidenen Art darauf, dass sie entweder in dieser oder der nächsten Welt wieder mit dem Mann vereint werde würde, der ihr auf so seltsame Weise entrissen wurde.

Es war nun allerdings so, dass sich weder die große Zahl der Leute, die John Huxford für einen treulosen Wanderer hielten, noch die kleine Gruppe, die ihn für tot erachteten, im Recht waren. Er war immer noch am Leben und seine Ehre unbeschadet, aber er war das Opfer einer Wendung des Schicksals geworden, die so absonderlich und seltsam war, dass man sie als unmöglich abtun würde, wäre hier nicht der Beweis für ihre Wirklichkeit.

Nachdem er voller Zuversicht in Quebec angekommen war, suchte John sich eine bescheidene Unterkunft in einer Nebenstraße, wo die Mieten nicht ganz so hoch waren wie in den besseren Gegenden, und verstaute dort die beiden Kisten, welche seine weltlichen Besitztümer enthielten. Nachdem er dort Quartier bezogen hatte, wäre er am liebsten sofort wieder ausgezogen, den sowohl die Vermieterin als auch seine Mitbewohner waren überhaupt nicht nach seinem Geschmack. Aber in ein oder zwei Tagen würde er den Zug nach Montreal nehmen, und daher beruhigte er sich mit dem Gedanken, dass er die Unannehmlichkeiten seiner Unterkunft nur kurze Zeit ertragen musste. Er schrieb Mary von seiner sicheren Ankunft und vertrieb sich dann die Zeit damit, soviel als möglich von der Stadt zu sehen. Er wanderte den ganzen Tag herum und kehrte erst am Abend in sein Zimmer zurück.

Es war nun aber so, dass der unglückliche Junge sich eine Unterkunft ausgesucht hatte, die für den schlechten Ruf seiner Inhaber berüchtigt war. Er hatte den Namen der Pension von einem Gauner am Hafen erhalten, der sich ein regelmäßiges Zubrot dadurch verdiente, neu angekommene Reisende in eben diese Höhle des Löwen zu dirigieren. Dessen geschliffenen Redensarten und sein gepflegtes Auftreten hatten den einfachen englischen Landsmann in diese Falle gelockt, und obwohl sein Instinkt ihm sagte, dass er sich in schlechter Gesellschaft befand, scheute er unglücklicherweise vor einem sofortigen Auszug zurück. Er beruhigte sich selbst damit, den ganzen Tag außer Haus zu sein und sich nur wenn unbedingt notwendig mit seinen Mitbewohnern abzugeben. Aber schon aus den paar Sätzen, die er dann und wann von sich gab, schloss die Vermieterin, dass er ein Fremder sein müsse, ohne einen einzigen Bekannten in diesem Land, der sich auf die Suche nach im machen würde, sollte ihm ein Unglück zustoßen.

Das Haus stand in dem Ruf, Seeleute unter Drogen zu setzten. Nicht nur um sie auszuplündern, sondern auch um in See stechende Schiffe mit Mannschaften zu versorgen. Die Männer wurden bewusstlos an Bord gebracht und wachten meist erst auf, wenn das Schiff bereits den Lorenz-Strom hinabsegelte. Die Gauner, die ein solches Handwerk betrieben, waren naturgemäß Experten im Wissen über die Wirkung von betäubenden Drogen, und sie waren entschlossen, dieses bei dem einsamen Gast anzuwenden, um sein Gepäck zu durchsuchen und zu sehen, ob sich nicht etwas Stehlenswertes darin fände. Tagsüber schloss er seine Zimmertür stets ab und trug den Schlüssel immer bei sich, aber wenn sie ihn abends besinnungslos machen würden, so hätten sie genug Zeit, seine Kisten in Ruhe zu durchsuchen. Später würde man dann leugnen, dass er die Dinge, deren Verschwinden er beklagte, jemals bei sich gehabt hätte. Und so kam es, dass am Abend seiner geplanten Abreise aus Quebec, als John Huxford zu der Pension zurückkehrte, er sowohl von der Vermieterin als auch von ihren beiden missratenen Söhnen mit einer Schale Punsch erwartet wurde, die sie unbedingt mit ihm teilen wollten. Es war ein bitterkalter Abend, und der süßliche Duft überwand seine misstrauischen Gedanken. So trank der junge Engländer einen Humpen und warf sich, kaum dass er in sein Schlafzimmer zurückgekehrt war, ohne sich auszuziehen auf sein Bett und verfiel in einen tiefen, traumlosen Schlaf, aus dem er sicherlich nicht erwacht wäre, wenn die drei Verschwörer sich nicht in seine Kammer geschlichen und seine Kisten durchwühlt hätten.

Vielleicht bedingte das schnelle Einsetzen der Wirkung der Droge, dass ihr betäubender Effekt ebenso schnell wieder verflog, vielleicht lag es an der kräftigen Konstitution des Opfers, dass er sie ungewöhnlich leicht abschütteln konnte. Warum auch immer, John Huxford kam jedenfalls plötzlich wieder zu sich und erblickte das räuberische Trio inmitten ihrer Beute, die es gerade aufzuteilen gedachte in Wertvolles und daher Stehlenswertes und Wertloses und somit Zurückzulassendes. Mit einem Sprung war er aus dem Bette heraus, packte den nächststehenden Kerl am Kragen und warf ihn aus dem Zimmer. Dessen Bruder stürzte sich auf ihn, aber der junge Mann aus Devonshire verpasste ihm einen derartigen kräftigen Schlag ins Gesicht, dass er wie ein Baum zu Boden ging. Unglücklicherweise verlor er durch den Schwung seines Schlages das Gleichgewicht, stolperte über seinen dahingestreckten Gegner und schlug mit dem Kopf auf den Boden. Bevor er wieder auf die Füße kam, warf sich das alte Weib auf ihn, klammerte sich an ihm fest und kreischte nach ihrem Sohn, er solle den Schürhaken holen. John vermochte sie abzuschütteln, aber bevor er wieder auf die Füße kam, wurde er von einem Schlag mit einer Eisenstange von hinten niedergestreckt und blieb reglos auf dem Boden liegen.

„Du hast zu hart zugeschlagen, Joe", sagte die alte Frau und blickte auf die am Boden liegende Gestalt hinab. „Ich konnte seinen Schädel brechen hören."

„Hätte ich ihn nicht umgehauen, dann wären wir nicht mit ihm fertig geworden"

„Das hättest Du aber auch machen können, ohne ihn gleich umzubringen, Trottel", erwiderte seine Mutter. Sie hatte ähnliches schon oft mit erlebt und kannte den Unterschied zwischen einem tödlichen und einem betäubenden Schlag.

„Er atmet noch", sagte der andere Sohn, nachdem er das Opfer untersucht hatte. „Sein Hinterkopf fühlt sich an wie ein Sack Murmeln. Der Schädel ist total zertrümmert. Er macht's nicht mehr lange. Was machen wir jetzt?"

„Der wacht nie wieder auf", bemerkte der andere Bruder trocken. „Geschieht ihm recht! Schaut euch mein Gesicht an. Wen haben wir sonst noch im Haus, Mutter?"

„Nur vier betrunkene Seeleute."

„Die merken nichts. Auf der Straße ist es auch ruhig. Wir schleppen ihn ein Stück weiter und lassen ihn dann irgendwo liegen. Da kann er dann verrecken und niemand wird uns verdächtigen."

„Entfernt alle Papiere aus seinen Taschen", wies ihre Mutter sie an, „sonst findet die Polizei doch noch eine Spur. Seine

Uhr und sein Geld auch. Knapp drei Pfund, besser als gar nichts. Nun raus mit ihm und passt auf, dass ihr nicht ausrutscht.“

Die beiden Brüder zogen ihre Schuhe aus und trugen den sterbenden Mann die Stufen hinunter und ein paar hundert Meter die verlassene Straße entlang. Dort legten sie ihn einfach in den Schnee, wo er von einer nächtlichen Patrouille gefunden wurde, die ihn in ein Krankenhaus verfrachtete. Der diensthabende Arzt untersuchte ihn pflichtschuldigst, verband seinen zerschlagenen Schädel und äußerte dann sein Urteil, dass dieser Mann unmöglich die nächsten zwölf Stunden überleben würde.

Zwölf Stunden vergingen, danach weitere zwölf, aber John Huxford kämpfte weiter um sein Leben. Als er nach drei Tagen immer noch atmete, erwachte das Interesse der Ärzte an diesem außerordentlichen Lebenswillen. Sie ließen ihn zur Ader, was damals gute Sitte war, und kühlten seinen zerschlagenen Kopf mit Eisbeuteln. Ob es nun diesen Maßnahmen zu verdanken war oder ob es trotz ihrer geschah, jedenfalls hörte die diensthabende Schwester nach einer Woche ein undeutliches Gemurmel und entdeckte den namenlosen Fremden auf seinem Bett sitzen und sich mit verwundertem Blick umsehen. Die Ärzte wurden herbeigerufen, um sich dieses Phänomen anzusehen und beglückwünschten sich gegenseitig zu diesem erstaunlichen Erfolg ihrer Behandlung.

„Guter Mann, Sie standen schon mit einem Bein im Grabe“, sagte einer von ihnen und drückte den bandagierten Kopf zurück in das Kissen. „Überanstrengen Sie sich nicht. Wie ist Ihr Name?“

Keine Antwort, abgesehen von einem irritierten Blick.

„Von wo kommen Sie?“

Wiederum keine Antwort.

„Ein Verrückter“, sagte einer. „Oder ein Ausländer“, erwiderte in anderer. „Er wurde ohne Papiere eingeliefert. In seiner Wäsche sind die Buchstaben ‚J. H.‘ eingenäht. Versuchen wir es mal mit Deutsch oder Französisch.“

Sie versuchten es in allen Sprachen, die sie nur beherrschten, aber schließlich gaben sie auf und verließen ihren Patienten, der immer noch verzweifelt an die weiß gekalkte Decke des Krankenhauszimmers starrte.

John lag viele Wochen in diesem Krankenhaus, und viele Wochen lang bemühte man sich, Hinweise auf die vorangegangenen Ereignisse zu finden, aber vergebens. Als die Zeit verging zeigte sich sowohl durch sein Benehmen als auch durch seine Fähigkeit, Satzbruchstücke aufzunehmen und zu verstehen, dass sein Verstand in der Gegenwart sehr wohl und gut funktionierte, aber völlig nutzlos im Hinblick auf die Vergangenheit war. Die Erinnerung dieses Mannes an sein Leben vor diesem schicksalhaften Schlag mit der Eisenstange war vollkommen ausgelöscht. Er kannte weder seinen Namen, seine Herkunft, seinen Beruf, noch verstand er eine Sprache. Die Ärzte hielten Vorlesungen über ihn, diskutierten über Erinnerungszentren, verformte Schädeldecken, beschädigte Nervenzellen, zerebrale Stauungen, aber all ihre Vielsilbigkeiten begannen und endeten damit, dass die Erinnerung dieses Mannes verloren waren und dass es außerhalb ihrer wissenschaftlichen Fähigkeiten lag, sie wieder herzustellen. In diesen qualvollen Monaten der Wiedergenesung lernte John lesen und schreiben, aber mit der Rückkehr seiner Gesundheit ging nicht die Rückkehr seiner Erinnerung an sein früheres Leben einher. England, Devonshire, Brisport, Mary, Granny – keines dieser Worte schlich sich in sein Gehirn zurück. Es war dort nichts als Dunkelheit. Schließlich wurde er entlassen, ein mittelloser, arbeitsloser Mann ohne Angehörige, dessen Zukunft ihm nichts zu bieten hatte. Selbst sein Name hatte sich geändert, denn es war notwendig geworden, ihm einen solchen zu geben. John Huxford gab es nicht mehr, sein Platz unter den Menschen war von John Hardy eingenommen worden. Dies war nun das seltsame Resultat der tabakgeschwängerten Ideen eines spanischen Edelmannes.

Die Geschehnisse um John hatten in Quebec für einiges Aufsehen gesorgt, und so driftete er nicht in die völlige Hilflosigkeit ab, als er das Krankenhaus schließlich verliess. Ein schottischer Fabrikant mit Namen McKinlay gab ihm eine Anstellung als Lagerarbeiter in seinem Unternehmen und somit be-

und entlud er lange Zeit für sieben Dollar die Woche die Lieferwagen. Im Laufe der Zeit fiel auf, dass sein Gedächtnis, so nutzlos für seine Vergangenheit, doch sehr genau und verlässlich bezüglich aller Vorgänge seit diesem Unfall war. Er wurde in das Kontor befördert, und im Jahre 1835 war er Hilfsbuchhalter mit einem Gehalt von 120 Pfund pro Jahr. Geradlinig und bestimmt arbeitete sich John Hardy die Stufen hinauf, mit ganzem Herzen dem Geschäft gewidmet. 1840 war er der dritte Mann im Unternehmen, 1845 der zweite und 1852 war er der Manager der gesamten Firma, nur noch Mr. McKinley selbst unterstellt.

Es gab nur wenige, die ihm diesen Aufstieg missgönnten, denn es war offensichtlich, dass er ihn weder durch Glück noch durch bevorzugte Behandlung erreichte, sondern allein durch seinen erstaunlichen Fleiß und seine Strebsamkeit. Vom frühen Morgen bis in den späten Abend hinein arbeitete er hart für seinen Arbeitgeber, prüfte, überwachte, führte, und gab allen ein Beispiel für eine freudige Hingabe an seine Pflichten. Während er von einer Position auf die nächste befördert wurde, stieg sein Gehalt stetig an, was aber nicht führte dazu, dass er seinen Lebensstiel änderte. Stattdessen gab es ihm die Möglichkeit, mehr für die Armen zu tun. Seine Beförderung zum Manager feierte er mit einer Spende von 1.000 Pfund an das Krankenhaus, in dem er vor einem Vierteljahrhundert gepflegt worden war. Den Rest seiner Einkünfte investierte in die Firma, zog in jedem Quartal eine kleine Summe für seinen Lebensunterhalt ab und lebte ansonsten genauso bescheiden wie zu seiner Zeit als Lagerarbeiter. Trotz seines Erfolgs war er ein trauriger, stiller, mürrischer Mann, der stets von einem vagen Gefühls des unbestimmten Verlangens besessen war, von einer dumpfen Unzufriedenheit und einer Sehnsucht, die ihn nie verließ. Oft mühte er sich mit seinem verkrüppelten Gehirn ab und versuchte, den Vorhang zu zerreißen, der ihn von seiner Vergangenheit trennte, versuchte das Rätsel seiner früheren Existenz zu lösen, aber auch wenn er oft so lange an seinem Kaminfeuer grübelte, bis ihm der Kopf schmerzte von all diesen Anstrengungen, so fand John Hardy niemals eine Spur der Existenz von John Huxford.

Eines Tages unternahm er eine geschäftliche Reise nach Quebec und besuchte dort eben jene Korkenfabrik, für die er damals England verlassen hatte. Während er mit dem Vorarbeiter durch die Fabrikhallen schlenderte, griff er beiläufig ein eckiges Stück Kork und – ohne wirklich darüber nachzudenken was er tat – schnitt es mit zwei, drei geübten Schnitten seines Taschenmessers in einen perfekt gerundeten Korken. Sein Begleiter nahm ihm den Korken aus der Hand und begutachtete ihn fachmännisch. „Dies ist mit Sicherheit nicht der erste Korken, den Sie zugeschnitten haben, Mr. Hardy", bemerkte er. „Sie irren sich", antwortete John, „ich habe so etwas noch nie zuvor getan." „Unmöglich" rief der Vorarbeiter, „hier ist noch ein Stück. Versuchen Sie es nochmal." John gab sein bestes, um diese kleine Vorstellung zu wiederholen, aber das Gehirn des Managers übertrumpfte die geübten Muskeln des Kork-Schneiders. Letztere hatten alle ihre Fähigkeiten behalten, aber sie mussten ungestört sein, nicht gesteuert von einem Gehirn, welches nichts von dieser Arbeit verstand. Statt eines glatten gleichmäßigen Körpers produzierte er nur rohe unförmige Zylinder. „Es muss Zufall gewesen sein", sagte der Vorarbeiter, „aber ich hätte schwören können, dass dies die Arbeit einer geübten Hand war."

Als die Jahre ins Land gingen, verwandelte sich Johns glatte englische Haut in die schrumpelige Hülle einer Walnuss. Auch sein Haar, stahlgrau für so viele Jahre, war inzwischen so weiß wie die Winter in dem Land, dass ihn adoptiert hatte. Dennoch war er ein gesunder und aufrechter Mann, und als er schlussendlich von seinem Posten als Manager zurücktrat und in den Ruhestand ging, trug er die Last seiner 70 Jahre mit Tapferkeit und Leichtmut. Er war in der bemerkenswerten Lage, sein genaues Alter nicht zu kennen, da er nur ungefähr schätzen konnte, wie alt er bei seinem Unfall gewesen war.

Als 1870 der Deutsch-Französische Krieg begann und diese beiden mächtigen Rivalen sich gegenseitig niederrangen, nutzen ihre friedlicheren Nachbarn die Gelegenheit, ihnen ihre Märkte und Handelsrouten streitig zu machen. Viele englische Häfen profitierten davon, aber keiner mehr als

Brisport. Es war schon lange kein einfaches Fischerdorf mehr, sondern war eine wohlhabende und große Stadt geworden, mit einer veritablen Hafenanlage anstelle des Kais, auf dem Mary damals gestanden hatte, und mit einer Reihe eindrucksvoller Grand Hotels und Parks, in denen die wohlhabenderen Einwohner der Westlichen Grafschaften Erholung suchten. All dies hatte Brisport zu einem aufstrebenden Handelsplatz gemacht, dessen Schiffe in Häfen rund um die Welt anlegten. So war es kein Wunder, dass mehrere von diesen auch in Quebec vor Anker lagen.

Eines Tages ging nun John Hardy, dem die Beschäftigungslosigkeit des Ruhestandes etwas zu schaffen machte, am Hafen entlang und lauschte dem Lärm der dampfgetriebenen Winden, sah zu wie die großen Fässer und Kisten an Land geholt und auf dem Kai gestapelt wurden. Er hatte das Herannahen eines großen Ozeandampfers beobachtet, gewartet bis er sicher angeleint war und wollte gerade gehen, als er plötzlich ein paar Worte hörte, die an Bord einer verwitterten kleinen Barke in seiner Nähe gesprochen wurden. Es waren lediglich irgendwelche Nichtigkeiten, die dort gewechselt wurden, aber ihr Klang erweckte in den Ohren des alten Mannes eine Mischung aus Verwirrung und Erkenntnis. Er stand neben den Booten und belauschte die Seemänner bei ihrer Arbeit, wobei sie in diesem breiten angenehmen Akzent miteinander sprachen. Warum versetzte dieser Klang alle seine Nerven in solche Aufregung? Er setzte sich auf eine Taurolle, presste seine Hände an die Schläfen, saugte diesen langvergessenen Dialekt in sich auf und versuchte, die Tausende nebelhaften Erinnerungsfetzen zusammenzusetzen, die in seinem Verstand auftauchen. Dann stand er auf, ging zum Heck des Schiffes und las dessen Namen und Heimathafen: „The Sunlight – Brisport“. Brisport! Wieder diese Aufregung und das Zittern in jeder Nervenfaser. Warum kamen ihm dieser Name und die Sprache dieser Männer so bekannt vor? In Gedanken versunken ging er heim. Er verbrachte eine schlaflose Nacht, in der er sich in seinem Bett hin und her wälzte und versuchte, ein schattenhaftes Etwas zu fassen, dass sich direkt vor ihm zu befinden schien, aber seinem Griff immer wieder entrann.

Früh am nächsten Morgen stand er auf und ging wieder herunter zum Hafen, um den Seeleuten zuzuhören. Jedes einzelne ihrer Worte schien ein Stück seiner Erinnerung zu wecken und ihn näher an das Licht bringen. Ab und zu unterbrachen die Männer ihre Arbeit und machten kleine Witze über den weißhaarigen Fremden, der dort so ruhig und manierlich saß. Und selbst diese Witze hatten einen familiären Klang für den Auswanderer, denn dies waren die gleichen Witze, die er selbst in seiner Jugend gerissen hatte, da niemand jemals einen neuen Witz in England erzählt. So saß er dort den ganzen Tag, badete im Devonshire-Dialekt und wartete auf die endgültige Erkenntnis.

Und als die Seeleute ihre Arbeit für die Mittagspause unterbrachen, ging einer von Ihnen – ob aus Neugier oder aufgrund seiner guten Manieren – zu dem alten Zuschauer und begrüßte ihn. John bat ihn, sich neben ihn zu setzten und stellte ihm zahlreiche Fragen über das Land, aus dem er kam und seine Heimatstadt. All diese wurden von dem Seemann ausführlich beantwortet, denn nichts liebt ein Seemann mehr, als über seine Heimat zu reden. Sie zeigen so nur zu gerne, dass sie keine heimatlosen Wanderer sind, sondern Menschen mit einem Zuhause das sie willkommen heißen wird, wenn sie dereinst das ruhelose Leben aufgeben. Und so plapperte der Seemann geradewegs heraus über die Stadthalle, den Martello-Tower, das Esplanade, die Pitt Street und die High Street, bis sein Zuhörer ihn plötzlich heftig am Arm packte. „Hör zu“, sagte er flüsternd, „Antworte und sprich die Wahrheit, beim Heil Deiner Seele. Die Straßen, die von der High Street abgehen, sind das die Fox Street, die Caroline Street und die George Street, in eben dieser Reihenfolge?“ „Genau so“, sagte der Seemann, ängstlich angesichts Johns wild blitzender Augen. In diesem Augenblick kam Johns Gedächtnis zurück, klar und deutlich sah er sein Leben vor sich, wie es gewesen war und wie es hätte sein sollen, jedes kleinste Detail wie in flammenden Buchstaben geschrieben. Zu überwältigt, um zu weinen, zu überwältigt, selbst um zu schreien, rannte er davon, ziellos und so schnell ihn seine alten Beine tragen konnten, als hatte diese arme Seele die Möglichkeit, die vergangenen 50 Jahre wieder einzufangen. Stolpernd eilte er weiter voran, biss sich schließlich ein Schleier über seine Augen zu legen schien, und mit einem verzweifelten Schrei „Oh Mary, Mary. Oh mein verlorenes Leben!“ brach er besinnungslos auf dem Pflaster zusammen.

Ein solcher Ansturm von Emotionen und ein solcher mentaler Schock hätten die meisten Männer krank niedergeworfen, aber John war zu willensstark und zu praktisch veranlagt, um sich eine solche Schwäche zu erlauben, gerade jetzt, wo er mehr als je zuvor Stärke brauchte. Innerhalb weniger Tage hatte er einen Teil seiner Besitztümer zu Geld gemacht, sich nach New York begeben und dann das erste Postschiff nach England genommen. Tag für Tag und Nacht für Nacht lief er auf dem Achterdeck hin und her, bis sich die Seeleute voller Verwunderung fragten, wie ein menschliches Wesen nur so lange mit so wenig Schlaf auskommen könne. Aber es war diese Rastlosigkeit, diese Anstrengung bis zur totalen Erschöpfung, die ihn davon abhielt, in wahnsinnsnahe Verzweiflung zu verfallen. Er wagte kaum daran zu denken, was nun eigentlich der Sinn dieser Reise war. Was konnte er erwarten? Würde Mary noch am Leben sein? Sie müsste jetzt bereits eine alte Frau sein. Wenn er sie nur einmal sehen könnte, nur einmal seine Tränen mit den ihren vermischen, so würde er zufrieden sein. Wenn sie nur wüsste, dass er ihr immer treu gewesen war und dass sie beide Opfer eines grausamen Schicksals geworden waren. Das Cottage war ihr Eigentum, und sie hatte ihm gesagt, dass sie dort warten würde, bis sie Nachricht von ihm erhielte. Armes Mädchen, sie hatte nicht ahnen können, wie lange sie zu warten haben würde.

Nachdem die letzten Lichter der irischen Insel gesichtet und wiederum am Horizont verschwunden waren, lag Land’s End wie eine blaue Nebelbank über dem Meer und der große Dampfer wühlte sich durch die See an der Küste Cornwalls, bis er schließlich in der Bucht von Plymouth seinen Anker warf. John eilte zum nächsten Bahnhof, und nur ein paar Stunden später fand er sich wieder in seiner alten Heimatstadt, die er vor einem halben Jahrhundert als armer Korkenschneider verlassen hatte.

Aber war das noch dieselbe Stadt? Hätte nicht ihr Name auf allen Schildern am Bahnhof und an den Hotels gestanden, so wäre es für John nur schwer zu glauben gewesen. Die breiten, sorgfältig gepflasterten Straßen mit Bahnschienen in der Mitte unterschieden sich zu sehr von den engen gewundenen Wegen, an die er sich erinnerte. Der Bahnhof befand sich nun mitten im Zentrum der Stadt, damals hatte er noch weit außerhalb gelegen. So weit das Auge reichte, zogen sich Reihen von luxuriösen Villen in Straßen, deren Namen ihm fremd waren. Große Kaufhäuser, lange Reihen von Läden mit schillernden Schaufenster zeigten deutlich, wie sehr Brisport gewachsen war, sowohl in der Größe als auch im Wohlstand. Erst als er in die High Street kam, fühlte John sich heimischer. Auch sie hatte sich verändert, aber sie war noch wiederzuerkennen, und einige Gebäude sahen noch genau so aus wie bei seiner Abreise. Dort war einstmals Fairnairns Korkenfabrik gewesen, jetzt stand am selben Platz ein brandneues Grandhotel. Und dort war die alte graue Stadthalle. Der Wanderer bog dort ab und eilte weiter in Richtung der ihm so gut bekannten Cottages, mit schnellen Schritten und bangem Herzen.

Den Platz zu finden, war einfach. Die See hatte sich nicht verändert und somit wusste er genau, wo die Cottages zu finden sein müssten. Aber herrje, wo waren sie hin? An ihrer Stelle stand eine imposante Reihe von großen Steinhäusern, die ihre hohen Portale dem Strand entgegen reckten. John ging wehmütig und verzweifelt an ihren palastartigen Eingängen vorbei, bis es ihn plötzlich wie ein Schlag traf, gefolgt von einem Gefühl der Aufregung und der Hoffnung. Denn dort, ein bisschen hinter der Linie der Villen, so deplatziert wie ein Kürbis in einem Ballsaal, stand ein altes, kalkverputztes Cottage, mit einer hölzernen Pforte und efeugeschmückten Wänden. Er rieb sich die Augen und blickte nochmal hin, aber dort stand es, mit rautenförmigen Fensterläden und weißen Musselin-Vorhängen. Bis auf das kleinste Detail genau so wie er es damals das letzte Mal gesehen hatte. Braunes Haar war weiß geworden und kleine Fischerdörfer hatten sich zu Städten gewandelt, aber fleißige Hände und ein treues Herz hatten das Cottage der Oma unverändert und bereit für den Wanderer gehalten.

Und jetzt, als er seinen ersehnten Hafen des Ruhe erreicht hatte, wurde der Geist von John Huxford mehr als jemals zuvor von Besorgnis erfüllt, und er wurde derartig von Schwäche übermannt, dass er sich auf eine der Strandbänke setzen musste, die dem Cottage gegenüberstanden. Ein alter Fischer saß an ihrem anderen Ende, seine schwarze Tonpfeife rauchend, und bemerkte das blasse Gesicht und die traurigen Augen des Fremden.

„Sie haben sich überanstrengt", sagte er. „Für so alte Burschen wie uns ist es nicht gut, wenn wir vergessen, wie viele Jahre wir schon auf dem Buckel haben."

„Es geht mir schon besser, vielen Dank", antwortete John. „Sagt mir, mein Freund, warum steht zwischen all diesen vornehmen Häusern so ein kleines Cottage."

„Warum?" sagte der alte Mann und stampfte mit seinen Gehstock energisch in den Boden. „Dieses Cottage gehört der wohl starrköpfigsten Frau in ganz England. Man hat ihr, und das müsst Ihr mir glauben, bestimmt schon den zehnfachen Wert dieses Häuschen geboten, aber sie will es nicht verkaufen. Man hat ihr sogar schon angeboten, es Stein für Stein abzubauen und an einem wesentlich schöneren Ort wieder aufzubauen und ihr darüber hinaus noch eine schöne Summe dafür zu zahlen. Aber Gottverdammich, sie will nichts davon hören!"

„Und warum nicht?" fragte John.

„Das ist da das Verrückte daran, alles nur wegen einem Hirngespinst. Ihr Freund hat das Land verlassen als ich noch ein junger Kerl war, und sie hat es sich in den Kopf gesetzt, dass er eines Tages zu ihr zurückkommen wird, und dass er sie nicht findet, wenn sie nicht in diesem Cottage auf ihn wartet. Wenn der Mann noch leben würde, dann wäre er jetzt sicherlich schon genau so alt wie sie, aber er ist mit Sicherheit schon lange tot. Sie ist ohnehin besser dran ohne ihn. Er muss ein Schuft gewesen sein, sie einfach so zurückzulassen."

„Er hat sie sitzenlassen?"

„Sicherlich. Hat sich in die Staaten aufgemacht und nie wieder von sich hören lassen. Eine Schande, das Mädchen wartet seitdem jeden Tag auf ihn. Wenn Sie mich fragen, dann waren es die Tränen dieser fünfzig Jahre, die sie haben blind werden lassen."

„Sie ist blind!“ rief John und war schon fast wieder auf den Füßen.

„Schlimmer noch“, sagte der Fischer.“Sie ist sterbenskrank und wird es nicht mehr lange machen. Schauen Sie, die Kutsche des Arztes steht an der Pforte.“

Angesichts dieser schlimmen Nachrichten sprang John auf und eilte zum Cottage hinüber, wo er den Arzt traf, der gerade zu seinem Wagen zurückkehren wollte.

„Wie geht es ihrer Patientin, Doktor?“ fragte er mit zitternder Stimme.

„Sehr schlecht, sehr schlecht“, sagte der Mediziner gewichtig. „Wenn es mit ihr so weitergeht, dann besteht Lebensgefahr, wenn andererseits eine Besserung eintritt, dann könnte sie sich wieder erholen.“ So war seine orakelhafte Antwort, bevor er sich in einer Staubwolke davonmachte.

John Huxford stand zögernd vor der Tür, unsicher, wie er sich ankündigen sollte oder ob sein Auftreten die Gefahr eines tödlichen Schocks bedeuten würde, als ein schwarzgekleideter Herr die Straße heraufkam.

„Mein Herr, können Sie mir sagen ob hier die kranke Frau wohnt?“ fragte er.

John nickte und der Mann trat ein, die Tür halb offen lassend. Der Wanderer wartete, bis er in das hintere Schlafzimmer weitergegangen war, und schlüpfte dann in das vordere Wohnzimmer, wo er schon so viele glückliche Zeit verbracht hatte. Es war alles noch genau wie früher, bis hinunter zum kleinsten Dekorationsstück, denn Mary hatte die Angewohnheit, zerbrochene Dinge sofort durch genaue Duplikate zu ersetzten, damit der Raum sich nicht veränderte. Unentschlossen blickte John sich um, bis er die Stimme einer Frau aus dem Schlafzimmer hörte und vorsichtig durch die Türe blickte.

Die kranke Frau ruhte auf einer Couch, den Rücken mit Kissen abgestützt. Ihr Gesicht war direkt John zugewandt, als dieser durch die Tür schaute. Er hätte bei diesem Anblick weinen können, denn dies waren die blassen, einfachen, süßen Gesichtszüge Mary’s, so weich und unverändert, als wäre sie immer noch das halbe Kind, das er am Kai von Brisport in den Armen gehalten hatte. Ihr ruhiges, uneigennütziges Leben hatte nicht die Spuren in ihrem Gesicht hinterlassen, die so oft nur die äußeren Anzeichen innerer Konflikte und einer rastlosen Seele sind. Eine klare Melancholie hatte ihre Gesichtszüge reifen lassen und der Verlust des Augenlichts war durch diese seltsame Sanftheit kompensiert worden, der den Gesichtern von Blinden so eigen ist. Mit ihrem silberfarbenen Haar, das unter ihrer schneeweißen Kappe hervorschaute und einem warmen Lächeln auf ihrem mitfühlenden Gesicht war sie der alte Mary, gereift und erwachsen, mit etwas Ätherischem und Engelhaftem hinzugefügt.

„Suchen sie jemanden, der hier im Cottage wohnt“, sagte sie dem Geistlichen, der mit seinem Rücken zu John saß. „Arme und Bedürftige aus der Gemeinde, die sich über ein Dach über dem Kopf freuen werden. Und wenn er eines Tages kommt, dann sagen Sie ihm, dass ich bis zum Schluss auf ihn gewartet habe und dass ich auf der anderen Seite weiterhin auf ihn warten werde. Ich habe etwas Geld – nur ein paar Pfund –, aber ich möchte, dass er es bekommt, und sagen sie den Leuten hier im Cottage, dass sie freundlich zu ihm sein sollen, denn er wird voller Trauer sein, der arme Junge, und sie sollen ihm sagen, dass ich bis zum Ende guten Mutes war. Sagen sie ihm, dass ich nie verzweifelte, denn sonst wird er verzweifelt sein.

Hohn hörte dies alles von seinem Versteck hinter der Tür, und mehr als einmal musste er seinen Mund mit der Hand verschließen, aber als Mary fertig war und er an ihr langes unschuldiges Leben dachte und ihr Gesicht sah, das ihn direkt anzublicken schien, da war es um seine Standhaftigkeit geschehen und er brach in ein lautes Schluchzen aus, dass seinen ganzen Körper schüttelte. Und dann geschah etwas Seltsames. Obwohl er nicht ein einziges Wort gesprochen hatte, streckte die alte Frau ihre Arme aus und rief „Johnny, Johnny! Mein geliebter Johnny, Du bist wieder zu mir zurückgekehrt.“ Und bevor der Priester begriff, was hier vorging, lagen sich die beiden Liebenden weinend in den Armen, streichelten immer wieder ihre silberhaarigen Häupter, und ihre Herzen waren so voller Freude, dass es sie fast schon für die fünfzig Jahre des Wartens entschädigte.

Es ist schwer zu sagen, wie lange dieser Moment der Freude andauerte. Für die beiden war es nur ein kurzer Augenblick, für der ehrenwerten Gentleman schien es sehr lange, denn er dachte bereits daran, sich fortzuschleichen, als Mary sich an seine Gegenwart erinnerte und an die Aufmerksamkeit, die der Besucher verdiente. „Mein Herz ist voller Freude, Sir“, sagte sie. „Es ist Gottes Wille, dass ich Johnnys Gesicht nicht sehen kann, aber es steht so klar vor mir, als würde ich es mit eigenen Augen sehen. Steh auf Johnny, und ich werde dem Gentleman zeigen, wie genau ich mich an Dich erinnere. Er ist so groß, dass er bis ans zweite Regalbrett reicht, gerade wie ein Pfeil, sein Gesicht gebräunt, seine Augen hell und klar. Sein Haar ist rabenschwarz und ebenso sein Schnurrbart. Vielleicht hat er inzwischen graue Strähnen. Nun Sir, wie komme ich ohne meine Augen zurecht?“ Der Geistliche lauschte ihrer Beschreibung, betrachtete den alten weißhaarigen Mann und wusste nicht, ob er lachen oder weinen sollte.

Aber letzten Endes wandte sich alles zum Guten, denn entweder war ihre Krankheit nicht von Dauer oder Johns Rückkehr jagte sie davon, jedenfalls ging es Mary von Tag zu Tag besser, bis sie wieder vollständig genesen war. „Keine Sonderbehandlung für mich“, darauf bestand John. „Sonst sieht es so aus, als würden wir uns dessen schämen, wo wir doch von allen Leuten in der Gemeinde am ehesten die Ehe verdienen.“ Und so wurde das Aufgebot ordnungsgemäß bestellt, und es wurde dreimal verkündet, dass John Huxford, Junggeselle, und Mary Bowden, unverheiratet, in den Stand der Ehe treten würden, so niemand Einwände erhöbe. „Wir haben vielleicht nicht mehr viel Zeit zusammen in dieser Welt, aber wir wollen in der nächsten zumindest so anfangen, wie es sich gehört.“

Johns Anteile am Unternehmen in Quebec wurden verkauft, was eine sehr interessante rechtliche Frage aufwarf. Denn nun da er wusste, dass er John Huxford war, konnte er immer noch für die Geschäfte des John Hardy unterzeichnen? Es wurde beschlossen, wenn zwei vertrauenswürdige Zeugen seine Identität bestätigten, ginge dies in Ordnung, und so liquidierte er seine Besitztümer, was ihm eine stolze Summe

Geldes einbrachte. Einen Teil davon nutze er, um außerhalb von Brisport eine schmucke Villa errichten zu lassen, und der Besitzer von Beach Terrace konnte sein Glück kaum fassen, als er hörte, dass das alte Cottage endlich aufgelassen wurde und nicht mehr länger die Symmetrie der aristokratischen Herrenhäuser durchbrechen würde.

Und dort, in ihrem gemütlichen neuen Heim, im Sommer auf dem Rasen und im Winter vor dem Feuer sitzend, lebte dieses würdige Paar, so unschuldig und so fröhlich und zufrieden wie zwei kleine Kinder. Wer sie kannte, der wusste, dass niemals ein Streit zwischen ihnen stand und dass die Liebe in ihren alten Herzen brannte, ebenso wie in jedem jungen Paar, das gerade zum Traualtar schreitet. Und wann immer ein Mann oder eine Frau in der Grafschaft in Not geriet und harte Zeiten zu erdulden hatte, so wussten sie, dass sie nur zu dieser Villa gehen mussten, um Hilfe zu erhalten und – noch wichtiger – Zuspruch und Verständnis. Als John und Mary dann entschliefen, beide innerhalb weniger Stunden nacheinander, da waren all die Armen und Bedürftigen und die Heimatlosen der Gemeinde unter den Trauernden, und immer, wenn man sich die Geschichte der beiden Liebenden erzählte, die ihrer Tragödie so standhaft entgegengetreten waren, so sah man, dass auch das eigene Unglück nicht von Dauer sein konnte und dass Vertrauen, Zuversicht und Treue immer ihren Lohn erhalten, entweder in dieser Welt oder der nächsten.

Ein literarisches Mosaik

Schon als kleiner Junge beherrschte mich die überwältigende Überzeugung, meine wahre Berufung liege in einer Zukunft als Schriftsteller. Allerdings stieß ich auf die ernsthaftesten Schwierigkeiten, eine zuständige Person zu finden, die meine Ansicht teilte. Gelegentlich meinten Freunde, nachdem sie meine literarischen Ergüsse über sich ergehen lassen mußten: Wirklich, Smith, das ist gar nicht so übel!" oder „Alter Junge, wenn Du meinen Rat hören willst, schick' das an eine Zeitschrift!" Ich brachte allerdings dabei nie den moralischen Anstand auf, den Ratgebern mitzuteilen, daß der fragliche Text bereits so gut wie an jeden Herausgeber in London geschickt worden und mit einer Geschwindigkeit und Präzision wieder zurückgekommen war, die der Londoner Postverwaltung das beste Zeugnis ausstellte.

Wären meine Manuskripte papierne Bumerangs gewesenen, hätten sie nicht mit größerer Genauigkeit zu ihrem unglücklichen Versender zurückkehren können. Oh, diese Erniedrigung und die größte Schande jenes Momentes, wenn das abgegriffenen kleine Bündel eng beschriebener Seiten, das noch einige Tage zuvor so jungfräulich und vielversprechend ausgesehen hatte, von einem unbarmherzigen Briefträger zurückgebracht wird! Und welche sittliche Verdorbenheit des Herausgebers durch die lächerliche Ausrede „aus Mangel an Platz" hindurchscheint! Aber das Thema ist schmerzlich und schweift von der geradlinigen Darlegung von Tatsachen ab, wie ich sie ursprünglich erwog.

Vom Alter von siebzehn bis zu dem von dreiundzwanzig glich ich einem literarischen Vulkan in dem konstanten Zustand der Eruption. Gedichte und Geschichten, Artikel und Berichte, nichts kam meiner Feder ungelegen. Von der großen

Seeschlange bis zur kosmologischen Nebular-Hypothese war ich bereit, über Gott und die Welt zu schreiben, und ich kann mit Gewißheit sagen, daß ich selten ein Thema behandelte, ohne ihm dabei völlig neue Seiten abzugewinnen. Poesie und Romanze jedoch hatten immer die größten Anziehungskräfte für mich. Wie habe ich über das Pathos meiner Heldinnen geweint und über die Scherze meiner Possenreißer gelacht! Ach! Ich konnte niemand finden, der meine Wertschätzung teilte, und der einsamen Bewunderung seiner selbst, und sei sie noch so aufrichtig, wird man nach einer gewissen Zeit überdrüssig. Mein Vater warf mir vor, Geld und Zeit zu verschwenden, so daß ich mich schließlich genötigt sah, meine Träume von literarischer Selbstständigkeit preiszugeben und Kommis in einem kaufmännischen Großhandelsunternehmen zu werden, das Geschäfte mit Westafrika betrieb.

Selbst als ich zu den prosaischen Aufgaben verurteilt war, die mir im Büro zufielen, hielt ich zuverlässig an meiner ersten Liebe fest. Ich fügte kunstreiche Wortmalereien in die alltäglichsten Geschäftsbriefe ein, die, wie mir berichtet wurde, beträchtliches Erstauen bei den Empfängern auslösten. Mein gewählter Spott hat säumige Schuldner sich drehen und winden lassen. Gelegentlich, wie der große Silas Wegg, verfiel ich in Poesie, was den gesamten Ton der Korrespondenz veredelte. Was könnte eleganter sein, als meine Interpretation der Anweisungen des Unternehmens an den Kapitän eines ihrer Schiffe. Es ging in etwa so:

Von England, Käpt'n, Freund,
Geht's nach Madeira, unversäumt.
Ladet aus da das gesalzne Beef,
Und dann weg nach Teneriff'.
Dorten feilschen Sie mit viel Verstand
Mit den Händlern an Canariens Strand.
Der Insel glückliche Winde im Rücken
Muß die Weiterfahrt Euch glücken.
Denn nun geht es wunderbar
Zu dem Land von Calabar,

Und von dort aus segeln Sie joho
Flugs nach Bonny und Fernando Po –[11]

– und so fort, vier weitere Seiten lang. Anstatt nun diesen kleinen Edelstein als ein Schatz zu hüten, suchte der Kapitän am folgenden Tag das Büro auf und verlangte mit durchaus unnötigem Nachdruck zu erfahren, was das bedeuten solle, und ich wurde gezwungen, alles zurück in Prosa zu übersetzen. Dies und einige andere ähnliche Gelegenheiten nahm mein Arbeitgeber zum Anlaß, mich harsch zurechtzuweisen, woran deutlich wird, daß der Mann bar jeden literarischen Geschmacks ist!

All dies sei nur als Vorgeschichte erwähnt, führt jedoch endlich zu der Tatsache, daß mir nach annähernd zehn Jahren der Schufterei eine Erbschaft zufiel, die, obwohl klein, dennoch meinen einfachen Bedürfnissen genügte. Plötzlich unabhängig geworden, mietete ich ein ruhiges Haus, fern des Lärms und der hastigen Londoner Geschäftigkeit, und ließ mich dort mit der Absicht nieder. etwas Großes zu schaffen, um mich aus der Familie des Smiths herauszuheben und meinen Namen unsterblich zu machen. Zu diesem Zweck bunkerte ich etliche Lagen Kanzleipapier, eine Kiste Schreibfedern und eine Sixpence-Flasche Tinte ein, gab meiner Haushälterin die strickte Anweisung, mich gegenüber allen Besuchern zu verleugnen und machte mich an die Arbeit, nach einem angemessenen Thema zu suchen.

---

11 From England, Captain, you must steer a
Course directly to Madeira,
Land the casks of salted beef,
Then away to Teneriffe.
Pray be careful, cool, and wary
With the merchants of Canary.
When you leave them make the most
Of the trade winds to the coast.
Down it you shall sail as far
As the land of Calabar,
And from there you'll onward go
To Bonny and Fernando Po –

Ich suchte einige Wochen. Am Ende dieser Zeit entdeckte ich, daß ich eine große Zahl der Federn abgenagt und dadurch ruiniert hatte: darüber hinaus hatte ich derart viel Tinte um mich herum verspritzt, verschüttet und mit gescheiterten Anfängen verbraucht, daß sich überall welche befand, mit Ausnahme in der Flasche. Hinsichtlich der Geschichte selbst jedoch hatte mich die Begabung meiner Jugend vollständig verlassen, und mein Verstand blieb ein kompletter freier Raum;, was immer ich auch versuchte, ich vermochte meine sterile Fantasie nicht dazu anzuregen, auch nur eine einzige Szene oder eine einzige Figur hervorzubringen.

In dieser Notlage beschloß ich, mich im Schnelldurchlauf durch die Werke der führenden englischen Romanautoren, von Daniel Defoe bis in die Gegenwart hinein, zu arbeiten, um meine schlummernden Ideen zu stimulieren und um eine Vorstellung von der allgemeinen Tendenz der Literatur zu gewinnen. Bis dahin hatte ich es vermieden, irgendein fremdes literarisches Werk zu öffnen, denn eine der größten Verfehlungen meiner Jugendzeit hatte darin gelegen, unweigerlich und völlig unbewußt den Stil des jeweils letzten Autors nachzuahmen, der mir zufällig unter die Finger gekommen war. Jetzt aber war ich fest entschlossen, *sämtliche* englischen Klassiker zu konsultieren und dadurch zu vermeiden, einen einzelnen von ihnen nachzuahmen. Ich hatte mich gerade durch die Mehrzahl der klassischen Romane hindurchgearbeitet, als folgendes geschah.

Es war ungefähr zwanzig Minuten vor 10 Uhr nachts am 4. Juni des Jahres 1886, und ich hatte soeben einen Pint Bier[12] und einen Käsetoast als Abendessen zu mir genommen, mich in meinen Lehnsessel gesetzt, meine Füße auf einem Hocker ausgestreckt, und meine Pfeife angezündet, wie dies meine Gewohnheit war. Puls und Temperatur waren, soweit ich weiß, normal. Ich würde gern den Stand des Barometers angeben, aber dieses unglückselige Instrument hatte einen beispiellosen Fall von zweiundvierzig Zoll – von einem Nagel bis zum Boden – erfahren und war in keinem zuverlässigen Zustand.

---

12 0,568 Liter

Wir leben in einem wissenschaftlichen Zeitalter, und ich schmeichele mir, mit den Zeiten mitzuhalten.

Während dieses bequemen lethargischen Zustandes der Verdauung und der Vergiftung durch Nikotin wurde ich mir plötzlich der außerordentlichen Tatsache bewußt, daß sich mein kleines Wohnzimmer in einen großen Salon verwandelt und mein bescheidener Tisch sich in gleichem Maße zu einer Tafel vergrößert hatte. Rings um dieses kolossale Mahagonimöbel saßen viele Leute, die ernsthaft miteinander sprachen, und die Tischfläche vor ihnen mit Büchern und Schriftstücken übersät hatten. Es fiel mir auf, daß diese Personen in eine außergewöhnliche Mischung von Kostümen gekleidet waren, denn die in meiner Nähe sitzenden trugen Perücken und Degen und ganz die Kleidung einer um zwei Jahrhunderte zurückliegenden Zeit; jene in der Mitte trugen enganliegende Kniehosen, hohe Kragen und hatten große Bündel gesiegelter Dokumente bei sich; während die Mehrzahl jener am anderen Ende der Tafel recht modern gekleidet war, und unter diesen bemerkte ich zu meiner Überraschung einige hervorragende Männer der Feder, die ich die Ehre hatte zu kennen. Es gab zwei oder drei Frauen in der Gesellschaft. Ich hätte mich erheben sollen, um diese unerwarteten Gäste zu begrüßen, aber mich schien jede Fähigkeit, mich zu bewegen, verlassen zu haben, und ich konnte nur still sitzenbleiben und ihren Gesprächen lauschen, die, wie ich bald bemerkte, sich alle mit meiner Person beschäftigten.

„Wahrhaftig!" rief ein rauher, von Wind und Wetter gegerbter Mann, der eine langstielige Pfeife rauchte und an meinem Ende der Tafel saß, „mein Herz spricht für ihn. Was soll das ganze Geschwätz, wir waren selbst nicht besser dran. Kruzitürken, keine Mutter hat je für ihr Erstgeborenes mehr empfunden, denn ich, als Rory Random[13] sich anschickte, sich seinen Platz in dieser Welt zu erobern."

„Richtig, Tobias, richtig!" rief ein anderer Mann zu meiner Seite.

13 „The Adventures of Roderick Random", ein Roman von Tobias Smollett, 1748

„Meiner Treu, ich verlor mehr Gewicht über den armem Robin auf seiner Insel, als hätte ich zweimal über den Englischen Schweiß[14] geschrieben. Die Geschichte war beinahe fertig, als mich mein Lord of Rochester – ein fideler Kavalier und einer, dessen Wort in literarischen Fragen Gedeih oder Verderb bedeutete, fragte: ‚Wie jetzt, Defoe', sprach er, ‚habt Ihr eine Geschichte zur Hand?' ‚Allerdings, Eure Lordschaft', gab ich zurück. ‚Eine recht lustige, will ich hoffen', sprach er. ‚Erzählt von Eurer Heldin, eine anmutige Dirne, Dan, will ich hoffen.' ‚Nein', antwortete ich, ‚es gibt keine Heldin in dem Stück'. ‚Drisch keine Phrasen', sprach er; ‚Ihr wägt jedes Wort wie ein ausgekochter Rechtsanwalt. Erzählt von Eurer weiblichen Hauptfigur, sei sie nun eine Heldin oder nicht.' ‚Mein Lord', antwortete ich, ‚es gibt gar keine weibliche Figur darin'. ‚Dann zum Teufel mit Euch und zum Teufel mit dem ganzen Buch!' schrie er. ‚Am besten ins Feuer damit!' – und so verließ ich ihn in großer Empörung und in Trauer über meinen armen Roman, der sozusagen noch vor seiner Geburt zum Tod verurteilt worden war. Doch jetzt gibt es tausend, die von Robin und seinem Freitag gelesen haben, auf einen, der noch weiß, wer mein Lord of Rochester war."

„Wie wahr, Defoe", sagte ein genial ausschauender Mann in einer roten Weste, der am modernen Ende der Tafel saß. „Aber das alles hilft unserem guten Freund Smith hier nicht weiter, um einen Anfang für seine Geschichte zu finden, was, wie ich glaube, der Grund für unsere Zusammenkunft war."

„Teuflisch gut getroffen, Dickens[15]!" stammelte ein kleiner Mann neben ihm, und jeder lachte, besonders der geniale Mann, der ausrief, „Charley Lamm, Charley Lamm[16], Sie ändern sich nie. Sie würden noch ein Wortspiel machen, auch wenn Sie dafür gehängt würden."

---

14 „Sweating sickness" oder „English sweate", lat. sudor anglicus; eine Seuche, die England und danach Europa zwischen 1485 und 1551 mehrfach heimsuchte.

15 unübersetzbares Wortspiel; „Dickens" ist auch eine Umschreibung für den Teufel

16 Charles Lamb, englischer Autor, 1775 – 1834

„Dann hätte ich aber abgehalftert[17]" erwiderter jener, worauf wiederum ein allgemeines Gelächter ertönte.

Unterdessen hatte sich in meinem konfusen Gehirn eine schwache Vorstellung von der enormen Ehre gebildet, die mir hier widerfuhr. Die größten Meister der Literatur jeder Epoche der englischen Dichtung hatten sich offenbar unter meinem Dach versammelt, um mich in meiner schwierigen Lage zu unterstützen. Es gab viele Gesichter am Tisch, die ich nicht imstande war zu identifizieren; aber andere waren mir, blickte ich nur scharf genug hin, sehr vertraut, entweder durch ein Gemälde oder durch die bloße Beschreibung. So saß zwischen den beiden ersten Sprechern, die sich als Defoe und Smollett verraten hatten, ein finsterer, korpulenter alter Mann mit groben Gesichtszügen, von dem ich sicher war, daß es sich um keinen geringeren als um den berühmten Autor des „Gulliver" handelte. Bei etlichen anderen an der anderen Seite der Tafel war ich nicht sicher, aber ich vermutete, daß Fielding und Richardson unter ihnen waren, und ich könnte schwören, daß das hohlwangige, ausgezehrte Gesicht dort Lawrence Sterne gehörte. Weiter hinten erblickte ich in der Menge die hohe Stirn des Sir Walter Scott, die männlichen Gesichtszüge von George Eliott und die platte Nase von Thackeray; während ich unter den Lebenden James Payn, Walter Besant, eine Dame, die als „Ouida[18]" bekannt ist, Robert Louis Stevenson und andere von geringerer Bedeutung auszumachen vermochte. Nie zuvor vermutlich hat es solch eine Versammlung auserlesener Geistesgrößen unter einem Dach gegeben.

„Gut", sagte Sir Walter Scott und sprach mit einem ausgeprägten Akzent[19], „Sie kennen, meine Herren, das alte Sprichwort von den vielen Köchen oder, wie der Barde sang:

> Der schwarze Johnstone mit seinen Soldaten zehn
> Gewaltig macht das Herz umdrehn,
> Aber Johnstone, wenn er ist allein
> Ist für zehntausend wohl zu sehn.

17 „haltering" – halftern, aber auch erhängen

18 Maria Louise Ramé (1839 – 1908)

19 … der hier leider nicht wiederzugeben ist

Die Johnstones waren eine der Redesdale-Familien, zweite Vettern der Armstrongs, und verschwägert mit –“

„Möglicherweise, Sir Walter“, unterbrach ihn Thackeray, „möchten Sie die Verantwortung aus unseren Händen nehmen und diesem jungen literarischen Aspiranten selbst den Anfang einer Geschichte diktieren.“

„Na, na!“ schrie Sir Walter; „Ich werde mein Anteil schon beisteuern, aber dort drüben sitzt Charlie. Für einen munteren Einstieg ist er der geeignetste Bursche.“

Dickens schüttelte seinen Kopf und schien wohl gerade die Ehre ablehnen zu wollen, als eine Stimme aus der Reihe der Modernen erklang, deren Besitzer ich in der Menge nicht ausmachen konnte:

„Wie wäre es, wenn wir am Ende der Tafel anfangen und uns herumarbeiten, und jeder trägt ein wenig bei, was die Laune ihm grad eingibt?“

„Einverstanden! Einverstanden!“ rief die gesamte Gesellschaft; und jedermanns Auge richtete sich auf Defoe, der sich sehr unbehaglich zu fühlen schien, und seine Pfeife aus einer großen Tabaksdose vor ihm stopfte.

„Ach, Geschwätz“, sagte er, „dort sind andere, der Ehre mehr wert –“ Aber er wurde durch laute Rufe „Nein! Nein!“ vom gesamten Tisch unterbrochen, und Smollett schrie heraus: „Du bist dran, Dan! Du bist dran! Du und ich und der Dean hier werden drei kurze Stücke loslassen, und dann kann das Ganze dahintreiben, wie es Euch gefällt.“ Derart angespornt, befeuchtete Defoe seine Kehle und begann zwischen den Zügen an seiner Pfeife zu sprechen:

„Mein Vater war ein wohlhabender Freisasse aus Cheshire und hieß Cyprian Overbeck, nahm jedoch, da er um das Jahr 1617 herum heiratete, den Namen der Familie seiner Frau an, der Wells war; und folglich wurde ich, ihr ältester Sohn, Cyprian Overbeck Wells genannt. Der Bauernhof war sehr fruchtbar und umfaßte Teile des besten Weidelandes jener Gegend, was es meinem Vater ermöglichte, eine Summe von etwa tausend Kronen zurückzulegen, die er in einem Unternehmen auf den Indies mit einem derartig überraschenden Erfolg anlegte, daß sich sein Geld in weniger als drei Jahren um das Vierfache vermehrt hatte. Auf diese Weise ermutigt, kaufte er einen Anteil an einem Handelsschiff und belud es mit solchen Gebrauchsgütern, wie sie am meisten nachgefragt werden (nämlich mit alten Musketen, Kleiderbügeln und Äxten, außerdem mit Gläsern, Nadeln und dergleichen), beorderte mich an Bord als Supercargo, damit ich mich um seine Interessen kümmere, und schickte uns auf unsere Reise.

Wir hatten einen passablen Wind bis Cape de Verde, gerieten dort in den Nordwest-Passat und kamen also gut die afrikanische Küste hinunter. Von der Begegnung mit einem Berber-Vagabunden abgesehen, wobei unsere Seemänner in arge Bedrängnis gerieten, obwohl sie sich selbst bereits jetzt für wenig besser als Sklaven hielten, blieb das Glück uns treu, bis hundert Seemeilen vor dem Kap der Guten Hoffnung sich der Wind gen Süden drehte und außergewöhnlich heftig auffrischte, während das Meer sich zu solchen Höhen auftürmte, daß das Ende der Großrahe in das Wasser eintauchte, und ich hörte den Kapitän sagen, obgleich er schon fünfunddreißig Jahre zur See fahre, habe er nie dergleichen gesehen, und daß er wenig Hoffnung habe, hier heil hindurchzukommen. Daraufhin begann ich, händeringend mein Schicksal zu beklagen, bis der Mast mit lautem Krachen brach und über Bord ging. Ich glaubte das Schiff verloren. Vor Schreck schwanden mir die Sinne, ich fiel vor die Speigatten und lag dort wie tot, was mich errettete, wie sogleich klarwerden wird. Die Seemänner ließen jede Hoffnung fahren, das Schiff zu retten und erwarteten jeden Moment seinen Untergang. Sie stießen mit dem Beiboot ab, wobei ich fürchte, sie wurden von ebenjenem Schicksal ereilt, dem sie zu entrinnen suchten, da ich bis heute nie wieder etwas von einem von ihnen gehört habe.

Was mich angeht, nachdem ich mich von der Ohnmacht, in die ich gefallen war, erholt hatte, fand ich, daß sich durch die Gnade der Vorsehung das Meer wieder beruhigt hatte und ich allein auf dem Schiff war. Über diese Entdeckung war ich dermaßen entsetzt, daß ich nur noch die Hände zu ringen vermochte und mein trauriges Schicksal beweinte, bis ich mir schließlich das Herz nahm, mein Los mit dem meiner unglücklichen Kameraden zu vergleichen, worüber sich meine

Laune besserte und der Gedanke eingegeben wurde, in das Schiff hinunterzusteigen, um mir aus allen Köstlichkeiten, die sich im Spind des Kapitäns nur finden ließen, ein Mahl zu bereiteten."

Bis an diese Stelle gelangt, bemerkte Defoe, er dächte, den anderen einen angemessenen Anfang geliefert zu haben und gab die Geschichte an Dean Swift weiter, der, nachdem er die Vorbemerkung gemacht hatte, er fürchte, er befinde sich momentan in ebensolcher Seenot wie Master Cyprian Overbeck Wells, auf diese Art fortfuhr:

„Für zwei Tage trieb ich in großer Furcht umher, der Sturm könne wiederkehren, und hielt eifrig Ausschau nach meinen Gefährten. Am Abend des dritten Tages beobachtete ich zu meiner größten Überraschung, daß das Schiff sich unter dem Einfluß einer gewaltigen Strömung, deren Stärke ich mit wenigstens zwölf bis fünfzehn Knoten nur schätzen konnte, nach Nordosten fortgerissen wurde, egal, ob mit dem Bug oder dem Heck voran, gelegentlich sogar seitwärts treibend wie eine Krabbe. Für einige Wochen wurde ich in dieser Weise fortgetragen, bis ich eines Morgens zu meiner unaussprechlichen Freude eine Insel an Steuerbord auftauchen sah. Die Strömung würde mich jedoch vorübergeführt haben, hätte ich nicht verholt; und, obschon ohne jede Hilfe, legte ich den Vorklüver fest, um den Bug zu drehen, setzte Sprietsegel, Leesegel und Schratsegel, geite die Falls auf Backbord auf und steuerte hart Steuerbord mir einem Wind, der gerade aus Ostnordost kam."

Während der Beschreibung dieses Seemanövers beobachtete ich, daß Smollett grinste und ein Gentleman, der in der Uniform der königlichen Marine weiter entfernt an der Tafel saß und in dem ich Kapitän Marryat vermutete, sehr unruhig wurde und auf seinem Stuhl herumrutschte.

„Dadurch kam ich von der Strömung frei und war in der Lage, bis auf eine Viertelmeile an den Strand heranzusteuern, den ich durch einen weiteren Schlag unzweifelhaft auch erreicht hätte, doch als ein ausgezeichneter Schwimmer zog ich es vor, das Schiff zu verlassen, das bereits viel Wasser gezogen hatte, um möglichst schnell zum Strand zu gelangen.

Ich hatte bisher meine Zweifel gehabt, ob dieses neu entdeckte Land bewohnt sei, aber während ich mich ihm auf dem Scheitelpunkt einer großen Welle näherte, entdeckte ich eine Reihe von Gestalten am Strand, die augenscheinlich damit beschäftigt waren, mich und und mein Schiff zu beobachten. Meine Freude wurde jedoch beträchtlich vermindert, als ich beim Erreichen des Landes fand, daß die Gestalten durch einen enormen Auflauf von Tieren der verschiedensten Arten gebildet wurden, die in Gruppen herumstanden und dann zum Ufer eilten, um mich zu empfangen. Ich hatte kaum meinen Fuß auf den Sand gesetzt, da wurde ich von einer begierigen Masse aus Rotwild, Hunden, wilden Ebern, Büffeln und anderen Kreaturen umringt, die nicht die geringste Furcht vor mir oder voreinander zeigten, aber, im Gegenteil, durch ein allgemeines Gefühl der Neugier angetrieben wurden, sowie scheinbar durch irgendeinen Grad der Empörung."

„Eine Nachauflage", flüsterte Lawrence Sterne seinem Nachbar zu. „Gulliver zum zweiten Mal kalt serviert."

„Wie meinten Sie, Sir?" fragte der Dean sehr streng, denn er hatte den Kommentar offensichtlich mitbekommen.

„Meine Worte waren nicht an Sie gerichtet, Sir", antwortete Sterne und blickte ein wenig erschrocken drein.

„Sie waren nichtsdestoweniger unverschämt", brüllte der Dean. „Sie würden wohl lieber eine weitere „Sentimental Journey"[20] aus der Geschichte machen, ohne Zweifel, und Pathos selbst noch aus einem toten Esel schlagen – wenngleich sich natürlich kein Mann blamieren kann, wenn er über sein eigenes Kind trauert."

„Besser, als sich im ganzen Schmutz des Yahoo-Landes[21] zu wälzen", entgegnete Sterne freundlich, und zweifellos wäre ein Streit ausgebrochen, doch der Rest der Gesellschaft ließ dies

20 Laurence Sterne (1713 – 1768): A Sentimental Journey Through France and Italy

21 Schauplatz im vierten Teil des Werkes von Jonathan Swift (1667 – 1745): Travels into Several Remote Nations of the World in Four Parts By Lemuel Gulliver, first a Surgeon, and then a Captain of Several Ships (1726)

nicht zu. Allerdings lehnte der Dean empört ab, weiteren Anteil an der Geschichte zu haben, und Sterne wollte ebenfalls davon absehen und erwähnte höhnisch, er wolle keine gute Klinge an einem armseligen Griff anbringen. Unter diesen Umständen hätte es zu weiteren unangenehmen Szenen kommen können, hätte nicht Smollett[22] schnell übernommen. Allerdings setzte er in der dritten Person anstelle der ersten fort:

„Unser Held, beträchtlich beunruhigt durch diesen seltsamen Empfang, tauchte unversäumt in das Meer zurück, um sein Schiff zurückzugewinnen, denn er war überzeugt, daß das schlimmste, was die Elemente ihm antun könnten, nichts wäre im Vergleich mit den Gefahren dieser geheimnisvollen Insel. Er setzte die Segel, und noch vor dem Einbruch der Nacht hatte er das Schiff in einen seetüchtigen Zustand gebracht. Er selbst wurde von dem britischen Kriegsschiff „Lightning“ aufgelesen, das von den West Indies heimkehrte, wo es Teil der Flotte unter dem Kommando des Admiral Benbow gewesen war. Der junge Wells war ein anstelliger Bursche, wortgewandt und mit Feuereifer bei der Sache und erhielt schnell einen Posten als Offiziersbursche, als welcher er große Popularität gewann wegen seiner freizügigen Art und auch Gelegenheit erhielt, jenen handfesten Scherzen nachzugehen, für die er sein ganzes Leben lang berühmt war.

Unter den Quartiermeistern des „Lightning“ gab es einen, der Jedediah Anchorstock genannt wurde, dessen Aussehen so bemerkenswert war, daß er schnell die Aufmerksamkeit unseres Helden erregte. Er war ein Mann von ungefähr fünfzig, dunkel, vom Wind und Wetter gezeichnet, und so groß, daß er, wenn er ins Zwischendeck kam, sich tief bücken mußte. Die auffallendste Eigenart dieses Mannes war jedoch, daß ihm irgendeine bösartige Person in seinem Knabenalter mit einem solch erstaunlichen Geschick Augen auf sein ganzes Gesicht tätowiert hatte, daß es auf kurze Entfernung schwer war, seine richtigen Augen unter den vielen Fälschungen zu entdecken. An dieser merkwürdigen Persönlichkeit entschloß sich Master Cyprian sein Talent für Unfug

22 Tobias George Smollett (1721 – 1771)

zu erproben, umso mehr als er erfuhr, dass jener extrem abergläubisch war, und auch, dass er in Portsmouth eine willensstarke Gattin zurückgelassen hatte, vor der er schreckliche Angst hatte. Er ergriff eines der Schafe, die an Bord für die Tafel der Offiziere mitgeführt wurden und flößte ihm eine Flasche Rum ein, was das Schaf in einen Zustand vollkommener Intoxikation versetzte. Sodann verfrachtete er das Schaf in Anchorstocks Koje und mit der Unterstützung einiger anderer Schelme, so boshaft wie er selbst, bekleidete er es mit einer großen Nachthaube und mit einem Nachtgewand und steckte es unter das Bettzeug.

Als der Quartiermeister von seiner Wache nach unten kam, paßte ihn unser Held an der Tür zu seiner Kajüte mit einem aufgeregten Gesicht ab. ‚Mr. Anchorstock‘, sagte er, ‚kann es sein, daß Ihre Frau an Bord ist?‘ ‚Meine Frau?‘ brüllte der erstaunte Seemann. ‚Dieser bleichgesichtige Putzlappen, was meinen Sie?‘ ‚Wenn sie nicht hier im Schiff ist, dann muß es ihr Geist sein‘, sagte Cyprian und schüttelte bedrückt seinen Kopf. ‚Im Schiff! Wie zum Donnerwetter könnte sie auf das Schiff kommen? Warum Master? Ich glaub‘ Sie sind ’n bißchen schwach im Oberstübchen, versteh’n Sie mich? Auch nur auf den Gedanken zu kommen! Meine Polly ist fest vertäut und liegt vor Ankler in Portsmouth, mehr als zweitausend Meilen weg.‘ ‚Auf mein Wort‘, sagte unsere Held sehr ernsthaft, ‚vor noch nicht einmal fünf Minuten sah ich eine Frau aus Ihrer Kajüte herausschauen.‘ ‚Ay, ay, Mr. Anchorstock‘, schlossen sich mehrere der Verschwörer an. ‚Wir haben sie alle gesehen.‘ ‚Gut möglich‘, meinte Anchorstock, unsicher geworden durch die Menge der Zeugen. Aber, wenn es so ist, daß sie hier ist, muß ich sie sehen, als Geist oder lebendig‘, und der wackere Seemann, in großer Verwirrung und am ganzen Körper zitternd, schlurfte vorwärts in seine Kajüte, eine Laterne ausgestreckt in der Hand. Zufällig jedoch erwachte das unglückliche Schaf, möglicherweise, weil es die Folgen jenes ungewöhnlichen Zechgelages im Schlafe überwunden hatte und durch die Geräusche geweckt worden war, und es sprang, da es seine Lage sehr ungewöhnlich fand, aus dem Bett heraus und jagte zur Tür, wild blöckend und umherkollernd wie eine Brigg im Tornado, teils infolge der

Intoxikation und teils wegen des Nachthemdes, das seine Bewegungen behinderte. Als Anchorstock diese außerordentliche Erscheinung erblickte, stieß er einen Schrei aus und fiel flach auf sein Gesicht, fest überzeugt, er habe es mit einem übernatürlichen Besucher zu tun, um so mehr, da die Verbündeten den Effekt durch einen Chor gräßlichen Ächzens und Stöhnens verstärkten.

Der Witz wäre beinahe darüber hinausgegangen, was ursprünglich beabsichtigt war, denn der Quartiermeister lag wie tot da und war nur mit äußerster Anstrengung wieder zur Besinnung zu bringen. Bis zum Ende der Reise beteuerte er standhaft, die verstorbene Mrs. Anchorstock gesehen zu haben und wollte einen Eid darauf schwören, denn obgleich er sich zu Tode erschreckt und nicht viel vom Geschehen mitbekommen habe, könne es keinen Zweifel daran geben wegen des starken Geruchs nach Rums, der für seine bessere Hälfte charakteristisch gewesen sei.

„Es begab sich kurz danach, daß der Geburtstag des Königs gefeiert werden sollte, ein Ereignis, dem an Bord der „Lightning“ der Tod des Kommandanten unter einzigartigen Umständen voranging.

Dieser Offizier, ein echter Schönwetter-Seemann, hatte sein Patent durch parlamentarische Klüngelein erhalten und es mit solcher Tyrannei und Grausamkeit ausgeübt, dass er allgemein verhaßt war. Er war so unpopulär, daß er nicht einen einzigen Freund unter sechshundert Seelen hatte, um ihn vor der Gefahr zu warnen, als die komplette Mannschaft den Plan faßte, ihn wegen seiner Missetaten mit dem Tode zu bestrafen. Es war an Bord der Schiffe des Königs üblich, an seinem Geburtstag die gesamte Besatzung des Schiffs auf Deck antreten zu lassen und auf ein Signal hin alle Musketen zu Ehren Seiner Majestät in die Luft abzufeuern. Bei dieser Gelegenheit war insgeheim verabredet worden, jeder Mann solle seine Muskete scharf laden, anstatt mit der ausgegebenen Platzpatrone. Auf den Pfiff des Bootsmanns hin versammelten sich alle Männer auf Deck und bildeten eine Linie, genau vor dem Kapitän, der einige Worte an sie richtete. ‚Wenn ich den Befehl gebe zu feuern‘, schloß er seine Rede, ‚will ich eine

Salve hören, und bei Gott, wenn irgendeiner auch nur eine Sekunde zu früh oder zu spät abdrückt, jage ich ihn augenblicklich bis in die höchste Takelage!‘ Mit diesen Worten brüllte er ‚Feuer!‘, worauf jeder Mann seine Muskete gerade auf seinen Kopf richtete und abdrückte. Das Ziel war so deutlich und die Entfernung so kurz, daß mehr als fünfhundert Kugeln gleichzeitig seinen Kopf wegbliesen und auch ein Gutteil seines Körpers. Es waren so viele an der Sache beteiligt, daß es für die Offiziere hoffnungslos war, einen einzelnen zur Verantwortung ziehen und bestrafen zu wollen – und außerdem hatten der Hochmut und die Herzlosigkeit des Kapitäns ihn bei den Offizieren nicht minder verhaßt gemacht, als bei den Männern, die sie kommandierten.

Durch seine Scherze und den natürlichen Charme seiner Umgangsart gewann unser Held in solchem Maße die Sympathie des ganzen Schiffes, daß sie nach ihrer Ankunft in England mit unendlichem Bedauern voneinander schieden. Kindliche Plicht drängte ihn jedoch, nach Hause zu seinem Vater zurückzukehren, weshalb er sich von Portsmouth nach London begab und dort beabsichtigte, seine Reise nach Shropshire fortzusetzen. Es begab sich jedoch, daß sich in Chichester eins der Pferde sein Vorderbein verstauchte, und da kein Wechsel des Pferdes möglich war, sah sich Cyprian gezwungen, die Nacht im ‚Crown and Bull‘ zu verbringen.

„Heiliges Kanonenrohr!“ warf hier Smollett ein und lachte, „ich könnte nie an einer bequemen Herberge vorbei, ohne zu halten, und so, mit Ihrer Erlaubnis, will ich hier bremsen und ein anderer mag unseren Freund Cyprian zu weiteren Abenteuern führen. Wie wär’s mit Ihnen, Sir Walter, geben Sie uns eine Kostprobe des Zauberers des Nordens.“

Mit diesen Worten stopfte Smollett sich seine Pfeife aus Defoes Tabaksdose und wartete geduldig auf die Fortsetzung der Geschichte.

„Wenn ich muß, dann muß ich“, bemerkte der berühmte Schotte und nahm eine Priese Schnupftabak; „aber ich muß um Pardon bitten, wenn ich Mr. Wells einige hundert Jahre zurückversetze, denn ich liebe den Geruch des Mittelalters über alles. Um also fortzufahren:

Unser Held, bestrebt, seine Reise fortzusetzen, mußte erfahren, daß es längere Zeit dauern würde, bis eine neue Kutsche bereitstünde, und entschloß sich, auf eigene Faust weiterzukommen und schwang sich also in den Sattel seines edlen grauen Rosses. In jenen Tagen barg das Reisen außergewöhnliche Gefahren; zu den üblichen Beschwernissen, die den Reisenden plagten, kam, daß die südlichen Teile von England sich in einem gesetzlosen und wirren Zustand befanden, der an Aufruhr grenzte. Allein, der junge Mann lockerte seine Klinge in der Scheide, um auf jede Möglichkeit vorbereitet zu sein, und galoppierte im Lichte des aufgehenden Mondes frohgemut und der eignen Kraft vertrauend seines Weges.

Er war noch nicht weit gekommen, als er feststellten mußte, daß die Vorsichtsmaßnahmen, die ihm der Herbergsvater anbefohlen hatte und die ihm lediglich als eigennützige Empfehlungen erschienen waren, doch nur allzu berechtigt waren. An einem Punkt, an dem die Straße besonders holperig war und über ein Sumpfland führte, gewahrte er kurz vor sich einen dunklen Schatten, in dem sein geübtes Auge sofort die Körper sich niederduckender Männer erkannte. Er zügelte sein Pferd einige Yards vor dem Hinterhalt, wickelte seinen Mantel um seinen Zaumarm und rief herausfordernd:

‚Holla, meine Herren! Gibt es so wenig Betten, daß Ihr auf der edlen Straße des Königs herumliegen müßt? Nun, bei St. Ursula von Alpuxerra, es gibt Leute, die denken, daß Vögel, die des Nachts fliegen, ein lohnenderes Ziel abgeben als Teichhuhn oder Waldschnepfe!‘

‚Schwert und Schild, Kameraden!‘ rief einen großer kräftiger Mann, sprang mit einigen Begleitern in die Mitte der Straße und baute sich vor dem erschrockenen Pferd auf. ‚Wer ist dieser Säbelraßler, der Ihrer Majestät Lehnsmänner aus ihrer Ruhe reißt? Ein einsamer Streiter, bei Gott. Hör’ mal Sir oder Mein Lord oder Euer Gnaden oder welchen Titel Euer Hoheit Hoheit für angemessen befindet, Ihr solltet Eure Zunge im Zaume halten oder, bei den sieben Hexen von Gambleside, Ihr könntet Euch in eine ziemlich traurige Lage bringen.‘

‚Wohlan, so offenbart mir, wer und was Ihr seid‘, sprach unser Held, und ob Eure Absichten die eines ehrlichen Mannes sind. Aus Euren Drohungen mach ich mir nicht viel, da Eure elenden Waffen an meinem Mailänder Hauberk[23] zersplittern würden.‘

‚Nein, Allen‘, unterbrach ein anderer und sprach zu dem, der ihr Anführer zu sein schien: ‚Dies ist ein Mann von echtem Schrot und Korn und für unseren ehrenwerten Jack wie geschaffen. Aber wir locken den Falken nicht mit leeren Händen an. Ihr müßt wissen, Sir, da ist eine Jagd im Gange, die solch wack’ren Jäger, wie Ihr einer seid, wohl nötig hätt’. Kommt mit uns und nehmt ein Fäßchen vom Kanaren-Wein, und wir finden bessere Arbeit für Eure Gleve[24], als hier gebraten und zur Ader gelassen zu werden, meiner Treu! Mailand oder nicht Mailand, wenn meine Streitaxt aber bei Eurem Morion[25] anklopft, wird’s ’n übler Tag für Eures Vaters Sohn.‘

Für einen Moment zögerte unser Held, ob es seinen ritterlichen Traditionen nicht besser entspräche, sich auf seine Feinde zu werfen oder er doch ihrem Vorschlag folgen solle. Besonnenheit und ein größerer Teil Neugier trugen schließlich den Sieg davon. Er stieg von seinem Pferd und bedeutete den Männern, er sei bereit, ihnen zu folgen.

‚Gesprochen wie ein Mann!‘ sagte jener, der sich Allen nannte. ‚Jack Cade wird sich freuen, solch einen Rekruten zu bekommen. Blut und Aas! Obwohl Ihr die Muskeln eines jungen Ochsen habt, ich schwöre bei dem Heft meiner Klinge, daß es einem von uns beiden übel ergangen wäre, hättet Ihr nicht Vernunft angenommen!‘

‚Nein, guter Allen, nicht so‘, quietschte ein sehr kleiner Mann, der sich im Hintergrund gehalten hatte, solange alles nach einem Kampf ausgesehen hatte, sich aber jetzt nach vorn drängte. Wärst allein gewesen, hätte es in der Tat so kommen können, aber für einen geschickten Schwertkämpfer ist es ein reines Vergnügen, so einen wie diesen jungen Ritter zu entwaffnen. Ich erinnere mich noch gut, wie ich in der Pfalz

23 Kettenhemd
24 lange Stangenwaffe
25 eiserner Helm

einem gewissen Baron von Slogstaff das Rückgrat spaltete. Er führte einen Schlag nach mir, schaut her, so, aber ich, mit Buckler[26] und Schwert, fälschte den Schlag ab, konterte mit einer Quart, kam zurück mit einer Terz, und so – St. Agnes rette uns! Wer kommt da?‘

Die Erscheinung, die den redseligen kleinen Mann erschrak, war merkwürdig genug, Bedenken sogar im Busen des Ritters zu verursachen. In der Dunkelheit tauchte eine Gestalt auf, die von gigantischer Größe zu sein schien, und eine heisere Stimme, die allem Anschein nach irgendwo über den Köpfen der Gesellschaft ertönte, durchbrach rauh die Stille der Nacht.

‚Jetzt her mit Dir, Thomas Allen, und übel wird es Dir ergehen, wenn Du Deinen Posten ohne gute und hinreichende Ursache verließest. Bei St. Anselm vom heiligen Wald, Du wärst besser nicht geboren worden, als heut’ Nacht meinen Groll zu erwecken. Was bringt Dich und Deine Männer dazu, über das Moor zu watscheln wie eine Herde Gänse zu Michaeli?‘

‚Guter Hauptmann‘, sagte Allen und zog seine Mütze, ein Beispiel, dem die anderen folgten. ‚Wir haben einen stattlichen Jungen gefangen genommen, der die Londoner Straße entlangjagte. Mich dünkt, ein Wort des Dankes gebührte uns eher für diesen Dienst, denn Spott oder Drohung.‘

‚Na, nimm es Dir nicht so zu Herzen, verwegener Allen‘, rief ihr Führer, der kein anderer war, als der große Jack Cade[27] in eigener Person. ‚Du weißt es wohl, daß mein Temperament ein wenig cholerisch ist und meine Zunge nicht eingefettet mit dieser Salbe, die die Münder der speichelleckenden Lords dieses Landes ölt. Und Du‘, fuhr er fort, sich plötzlich nach unserem Held umdrehend, ‚bist Du bereit, Dich der großen Sache anzuschließen, die England wieder zu dem machen wird, was es einst war, als der weise Alfred im Lande regierte? Sapperlot, Mann, sprich grad’ heraus und laß’ alle Phrasen.‘

26 Faustschild

27 Figur in Shakespeares Drama „Henry VI“, dessen Vorbild 1450 als Anführer einer englischen Rebellenarmee hingerichtet wurde.

‚Ich bin bereit, alles zu tun, was einem Ritter und einem Gentleman frommt', erwiderte der Krieger mit Entschiedenheit.

‚Die Steuern werden weggefegt!' rief Cade aufgeregt, ‚die Steuern und die Abgaben und jeder Zehnte. Der Salznapf und der Mehlsack des armen Mannes sollen so frei sein wie der Keller des Adligen. Ha! Was sagst Du dazu?'

‚Das ist nur gerecht', sagte unser Held.

‚Ja, aber uns geben sie die gleiche Gerechtigkeit, wie sie der Falke dem jungen Hasen gibt!' brüllte der Redner. ‚Weg mit ihnen, sag ich, weg mit jedem von ihnen! Adlige und Richter, Priester und König, weg mit ihnen allen!'

‚Nein', sagte Sir Overbeck Wells, streckte sich zu voller Größe und legte seine Hand an den Griff seiner Klinge, ‚darin kann ich Euch nicht folgen, eher muß ich Euch als Verräter herausfordern, da ich sehe, Ihr seid kein gerechter Mann, vielmehr jemand, der sich die Rechte unseres Herrn des Königs anmaßt, den die Jungfrau schützen möge!'

Die Tollkühnheit dieser furchtlosen Rede machte die Rebellen für einen Augenblick gänzlich fassungslos, doch der heisere Aufschrei ihres Anführers ließ sie zu den Waffen greifen, um über den Ritter herzufallen, der sich zur Verteidigung bereit machte und ihren Angriff erwartete.

„Nun also!" rief Sir Walter, seine Hände reibend und glucksend, „ich habe den Chiel[28] schön in die Enge getrieben, und wir werden sehen, wer von Euch Modernen ihn wieder herausboxt. Kein Wort kriegt Ihr mehr aus mir heraus, um ihm zu helfen, so oder so."

„Versuchen Sie Ihr Glück, James", riefen einige Stimmen, und der angesprochene Autor kam soweit, eine Andeutung auf einen einzelnen Reiter zu machen, der im Begriff war, sich zu nähern, als er von einem großen Gentleman ein wenig weiter unten an der Tafel unterbrochen wurde, der leicht stotterte und ein wenig nervös wirkte.

„Verzeihen Sie", sagte er, „aber ich bilde mir ein, hier etwas tun zu können. Von einigen meiner bescheidenen Pro-

28 schottisch: junger Mann

duktionen wurde behauptet, Sir Walter in seinen besten zu übertreffen, und ich war ganz ohne Zweifel vielseitiger. Ich kann die moderne Gesellschaft ebenso darstellen wie jede historische; und was meine Dramen anbetrifft, so kam Shakespeare ‚The Lady of Lyons‘[29] an Popularität nie nahe. Da war doch diese kleine Sache –“ (Hier durchstöberte er den großen Stapel Papiere vor ihm). „Ah! Das ist mein Bericht von meinem Aufenthalt in Indien! Hier ist er. Nein, das ist eine meiner Reden im Unterhaus, und das ist meine Kritik von Tennyson. Habe ich ihm nicht schön eingeheizt? Ich kann nicht finden, was ich suchte, aber selbstverständlich haben Sie alle ‚Rienzi‘, und ‚Harold‘, und ‚The Last of the Barons‘ gelesen. Jeder Schüler kennt sie auswendig, wie der arme Macaulay gesagt haben würde. Erlauben Sie mir, Ihnen eine Probe zu geben:

Trotz des heldenhaften Widerstandes des tapferen Ritters war der Kampf zu ungleich, um lange zu währen. Seine Klinge wurde durch einen Streich einer brünierten Spitzaxt zerbrochen, und er stürzte zu Boden. Er erwartete seinen sofortigen Tod, aber das schien nicht in der Absicht der Grobiane zu liegen, die ihn gefangengenommen hatten. Er wurde, an Händen und Füßen gebunden, auf sein eigenes Streitroß gesetzt und über das unwegsame Moor getragen, dessen sichere Pfade allein den Rebellen bekannt waren.

In den Tiefen dieser Wildnis stand ein Steingebäude, das einmal ein Bauernhaus gewesen war, aus irgendeinem Grund verlassen und zur Ruine verkommen, jetzt aber das Hauptquartier von Cade und seinen Männern geworden war. Ein großer Kuhstall nahe dem Bauernhof wurde als Schlafplatz verwendet, und es waren einige primitive Versuche unternommen worden, durch das Zustopfen einiger Löcher in den Wänden den Hauptraum des Hauptgebäudes vom Wetter abzuschirmen, In diesem Raum wurde für die zurückkommenden Rebellen eine frugale Mahlzeit bereitet, während unser Held, noch gebunden, in ein leeres Nebengebäude geworfen wurde, um dort sein Schicksal zu erwarten.“

---

29 1838

Sir Walter hatte mit der größten Ungeduld Bulwer Lyttons Erzählung gelauscht, aber als sie diesen Punkt erreicht hatte, warf er ungeduldig ein: „Wir wünschen schon einen Hauch Ihres persönlichen Stils, Mann“, sagte er. „Die tierisch-magnetisch-elektrisch-hysterisch-biologisch-geheimnisvolle Art einer Geschichte ist ganz die Ihre, aber zurzeit sind Sie gerade mal eine armselige Kopie von mir und nichts mehr.“

Es gab ein zustimmendes Raunen in der Gesellschaft, und Defoe bemerkte: „Wahrhaftig, Master Lytton[30], da findet sich eine verflixte Ähnlichkeit im Stil, die in der Tat nur vage sein mag, und doch dünkt mich, sie ist hinlänglich auffällig, um die Worte unseres Freundes zu rechtfertigen.“

„Vielleicht glauben Sie, daß auch das folgende nur ein Plagiat ist“, sagte Lytton bitter und mit verdrießlicher Miene, lehnte sich in seinem Stuhl zurück und setzte die Darstellung auf diese Art fort:

„Unser unglücklicher Held hatte sich kaum auf dem Stroh ausgestreckt, das den Boden seines Kerkers bedeckte, als sich eine geheime Tür in der Wand öffnete und ein ehrwürdiger alter Mann in majestätischer Haltung hindurch schritt. Der Gefangene starrte ihn erstaunt und auch ein wenig ehrfürchtig an, denn seine hohe Stirn zeugte von großem Wissen – von jenem Wissen, das der Wissende nicht einmal seinem Sohne weitergibt. Er war in eine lange weiße Robe gekleidet, die kreuz und quer mit mystischen Zeichen in arabischer Schrift bedeckt war, während eine hohe scharlachrote Tiara, die mit dem Quadrat und dem Kreis verziert war, sein ehrwürdiges Aussehen noch steigerte. ‚Mein Sohn‘, sagte er, und richtete seinen durchdringenden und doch träumerischen Blick auf Sir Overbeck, ‚alle Dinge führen ins Nichts, und Nichts ist die Grundlage aller Dinge. Der Kosmos ist undurchdringlich. Warum also sollten wir existieren?‘

Unser Held, verblüfft durch diese gewichtige Frage und das philosophische Gebaren seines Besuchers, erhob sich, um ihn willkommen zu heißen und nach seinem Namen und Stand zu fragen. Als der alte Mann ihm antwortete, erhob sich seine

30 Edward Bulwer-Lytton (1803 – 1873)

Stimme und fiel in musikalische Rhythmen, wie das Säuseln des Ostwinds, während ein ätherischer und aromatischer Hauch den Raum erfüllte.

‚Ich bin das unsterbliche Nicht-Ich', antwortete er. „Ich bin die reine Verneinung – die ewige Essenz des Nichts. In mir siehst Du, was vor dem Beginn des Seins existierte, viele Jahre vor dem Anfang der Zeit. Ich bin das algebraische X, das die unendliche Teilbarkeit eines endlichen Teils darstellt.'

Sir Overbeck erschauderte, als hätte sich eine eiskalte Hand auf seine Stirn gelegt. ‚Welche Botschaft habt Ihr für mich?' flüsterte er und beugte das Knie vor seinem geheimnisvollen Besucher.

‚Ich verkünde Dir, daß die Unendlichkeiten das Chaos zeugten und daß die Unermeßlichkeiten der Gnade der göttlichen Ananke[31] teilhaftig sind. Die Unendlichkeit beugt sich vor einer Persönlichkeit. Das launenhafte Wesen ist die Primärkraft der Spiritualität, und der Denker ist machtlos gegenüber der pulsierenden Nichtigkeit. Die kosmische Prozession wird nur beendet werden durch das unerkennbare und das unaussprechliche – Mr. Smollett, darf ich fragen, was es da zu lachen gibt?"

„Kruzitürken, Master", schrie Smollett, der bereits seit geraumer Zeit vor sich hin gekichert hatte. „Es scheint mir, es wird kaum jemand riskieren, Ihnen diesen Stil streitig zu machen."

„Das ist ganz der Ihre", raunte Sir Walter.

„Und das auch noch in beträchtlichem Ausmaß" sprach Lawrence Sterne mit einem bösartigen Grinsen. „Sagen Sie, Sir, wie nennen Sie diese Sprache?"

Lytton war derart erzürnt über diese Anmerkungen und an dem Wohlwollen, mit dem sie in der Runde aufgenommen wurden, daß er sich bemühte, irgendeine Antwort herauszustottern, und dann völlig die Selbstbeherrschung verlor, all seine losen Papiere zusammenraffte und aus dem Raum schritt, wobei er bei jedem Schritt Manuskripte und Abschriften seiner Reden verlor. Dieser Vorfall amüsierte die Gesellschaft in solchem Maße, daß sie für einige Minuten pausenlos

31 Schicksalsgöttin der griechischen Mythologie

lachte. Der Ton ihres Gelächters steigerte sich und klang immer schriller in meinen Ohren, bis die Lichter an der Tafel schwächer wurden und sie und die nebelhafte Gesellschaft miteinander verschwanden. Ich saß vor einer schwachen Kaminglut, die zuvor ein brüllendes Feuer gewesen, aber jetzt wenig mehr als ein Häufchen grauer Asche war, und das fröhliche Gelächter der illustren Gesellschaft war zu dem Schelten meiner Frau geworden, die mich heftig an der Schulter rüttelte und mich ermahnte, doch einen passenderen Ort für meinen Schlummer zu wählen. So endeten die erstaunlichen Abenteuer von Master Cyprian Overbeck Wells, aber ich lebe in der Hoffnung, daß in einem zukünftigem Traum die großen Meister selbst vollenden werden, was sie angefangen haben.

Der Ring des Thot

Mr. John Vansittart Smith, Mitglied der Royal Society, aus der Gower Street 147-A, war ein Mann, dessen Zielstrebigkeit und klare Gedanken dazu hätten führen können, daß er in die erste Reihe wissenschaftlicher Forscher aufgestiegen wäre. Er wurde jedoch zum Opfer eines universellen Ehrgeizes, der ihn dazu brachte, in vielen Bereichen Auszeichnungen anzustreben statt einer hervorragenden Stellung in einem einzelnen.

In seiner Jugend hatte er ein Talent für Zoologie und Botanik gezeigt, das seine Freunde in ihm einen zweiten Darwin erkennen ließ. Aber als eine Professur schon fast in Reichweite war, beendete er plötzlich seine Studien und wand seine gesamte Aufmerksamkeit der Chemie zu. Dort brachten ihm seine Forschungen zu den Spektren der Metalle seine Mitgliedschaft in der Royal Society ein; aber wieder kokettierte er mit seinem Fachgebiet und nach einem Jahr Abwesenheit vom Labor trat er der Oriental Society bei. Dort reichte er einen Aufsatz über die hieroglyphischen und demotischen Inschriften in El-Kab ein, womit er ein krönendes Beispiel sowohl der Vielseitigkeit als auch der Unbeständigkeit seiner Talente lieferte.

Aber auch der wankelmütigste Freier wird irgendwann sein Herz verlieren. So war es auch bei John Vansittart Smith. Um so tiefer er sich in die Ägyptologie vergrub, um so stärker beeindruckten ihn die vielen Möglichkeiten, die sie dem Suchenden bot, sowie die große Bedeutung eines Themas, das versprach, Licht auf die erste Keimstätte der menschlichen Zivilisation sowie die Herkunft eines Großteils unserer Kunst und Wissenschaft zu werfen. Mr. Smith war so überwältigt, daß er umgehend eine junge ägyptologische Lady heiratete, die über die sechste Dynastie geschrieben hatte. Nachdem er sich auf diese Weise eine stabile Operationsbasis gesichert hatte, begann er Materialien für eine Arbeit zu sammeln, die die Forschungen von Lepsius mit der Genialität von Champollion vereinen sollte. Die Vorbereitungen für dieses Magnum Opus erforderten viele hastige Besuche in der großartigen ägyptischen Sammlung des Louvre. Dabei wurde er bei dem letzten dieser Besuche, der erst Mitte des vergangenen Oktobers stattfand, in ein höchst eigentümliches und bemerkenswertes Abenteuer verwickelt.

Die Züge waren langsam und der Kanal rau gewesen, so daß der Student in einem etwas verwirrten und fiebrigen Zustand in Paris ankam. Nachdem er im Hotel de France in der Rue Laffitte angekommen war, hatte er sich für ein paar Stunden auf ein Sofa geworfen. Als er jedoch feststellte, daß er keinen Schlaf fand, entschied er, trotz seiner Müdigkeit zum Louvre zu gehen, das Problem zu klären, wegen dem er hergekommen war, und den Abendzug zurück nach Dieppe zu nehmen. Nachdem er diese Entscheidung getroffen hatte, warf er sich, da es ein naßkalter, regnerischer Tag war, seinen Mantel über und machte sich auf den Weg. Er überquerte den Boulevard des Italiens und ging dann die Avenue de l'Opera entlang. Im Louvre angekommen, befand er sich auf bekanntem Boden und ging zielstrebig zu der Papyrussammlung, die er studieren wollte.

Auch die glühendsten Verehrer von John Vansittart Smith konnten schwerlich behaupten, daß er ein schöner Man gewesen sei. Seine hohe, spitze Nase und das vorstehende Kinn trugen dieselben scharfen und einschneidenden Merkmale, die auch seinen Intellekt auszeichneten. Er hielt seinen Kopf vogelartig, und auch die pickende Bewegung, mit der er seinem Gegenüber in Gesprächen seine Einwände und Erwiderungen entgegenwarf, hatte etwas Vogelartiges. Als er so mit bis zu den Ohren hochgeschlagenem Kragen seines Mantels dastand, hätte er an der Reflektion in der Vitrine vor ihm erkennen können, daß seine Erscheinung einmalig war. Dennoch war es für ihn wie ein plötzlicher Schlag, als eine englische Stimme hinter ihm gut vernehmbar ausrief: „Was für ein seltsam aussehender Sterblicher!"

Der Student verfügte über einen ausgeprägten, kleinlichen Stolz, der sich in einer demonstrativen und übertriebenen Gleichgültigkeit allem Persönlichen gegenüber äußerte. Er biß die Lippen zusammen und blickte starr auf die Rolle Papyrus, während sich sein Herz mit Bitterkeit gegen die gesamte Rasse reisender Briten füllte.

„Ja", sagte eine andere Stimme, „das ist wirklich ein außergewöhnlicher Kerl."

„Wissen Sie", sagte der erste, „könnte man nicht fast glauben, daß er durch die ständige Betrachtung der Mumien beinahe selbst zur Mumie geworden sei?"

„Auf jeden Fall hat er eine Art ägyptischen Gesichtsausdruck", sagte der andere.

John Vansittart Smith wirbelte auf dem Absatz herum, um seine Landsleute mit einem oder mehreren beißenden Kommentaren zu beschämen. Zu seiner Überraschung und Erleichterung hatten die beiden jungen Burschen, die die Unterhaltung führten, ihm ihre Rücken zugekehrt und betrachteten einen Louvre-Aufseher, der am anderen Ende des Raumes Messingteile polierte.

„Carter wird im Palais Royal auf uns warten", sagte der eine Tourist mit einem Blick auf seine Uhr zum anderen, und sie zogen davon und überließen den Studenten somit wieder seiner Arbeit.

„Ich frage mich, was diese Schwätzer als einen ägyptischen Gesichtsausdruck bezeichnen", dachte sich John Vansittart Smith und machte ein paar Schritte, um einen Blick auf das Gesicht des Mannes werfen zu können. Er zuckte zusammen, als er es erblickte. Das war tatsächlich genau das Gesicht, das er in seinen Studien kennengelernt hatte. Die regelmäßigen, statuenhaften Züge, kräftige Augenbrauen, das rundliche Kinn und die dunkle Hautfarbe waren das genaue Ebenbild unzähliger Statuen, Mumiensärge und Bilder, die die Wände seiner Wohnung zierten.

Das konnte kein bloßer Zufall mehr sein. Der Mann mußte ein Ägypter sein.

Der nationale Schulterwinkel und die schmalen Hüften allein genügten, um das zu erkennen.

John Vansittart Smith schlurfte zu dem Wärter mit dem vagen Plan, ihn anzusprechen. Er tat sich nicht leicht bei Konversationen und fand es schwierig, das richtige Mittelmaß zwischen der Schroffheit des Vorgesetzten und der Freundlichkeit des Gleichgestellten zu treffen. Als er näher kam, zeigte der Mann ihm sein Profil, blickte aber weiterhin konzentriert auf seine Arbeit. Vansittart Smith, der starr auf die Haut des Kerls blickte, bekam plötzlich den Eindruck, daß seine Erscheinung etwas Unmenschliches und Widernatürliches an sich hatte. Über der Schläfe und dem Jochbein war die Haut so glasig und glänzend wie poliertes Pergament. Keine einzige Pore war zu erahnen. Man konnte sich keinen Tropfen Feuchtigkeit auf diesem trockenen Untergrund vorstellen. Von den Augenbrauen bis zum Kinn war das Gesicht jedoch überzogen mit Tausenden kleiner Falten, die sich kreuzten und vereinten, als hätte die Natur in einer Maori-Laune versucht, ein möglichst wildes und kompliziertes Muster zu entwerfen.

„Ou est la collection de Memphis?“, fragte der Student in der ungeschickten Art eines Mannes, der eine Frage nur mit dem Ziel formuliert, ein Gespräch zu beginnen.

„C’est la“, antwortete der Mann barsch und nickte in Richtung der anderen Seite des Raumes.

„Vous etes un Egyptien, n’est-ce pas?“, fragte der Engländer.

Der Aufseher blickte auf und wand seine eigentümlichen, dunklen Augen seinem Fragesteller zu. Sie waren gläsern mit einem nebligen, trockenen Glanz, den Smith noch nie in einem menschlichen Gesicht erblickt hatte. Als er in sie schaute, sah er, wie sich in ihren Tiefen ein starkes Gefühl aufbaute, das zunahm und sich verstärkte, bis es sich zu einem Blick verdichtete, der sowohl Schrecken als auch Hass in sich trug.

„Non, monsieur; je suis Français.“ Der Mann drehte sich abrupt um und beugte sich wieder über seine Polierarbeit. Der Student schaute ihn noch einen Moment lang überrascht an und ging dann zu einem Stuhl in einer ruhigen Ecke hinter einer der Türen, um Notizen zu seinen Forschungen in den

Papyri niederzuschreiben. Seine Gedanken wollten jedoch nicht mehr in ihre natürlichen Bahnen zurückkehren. Statt dessen kreisten sie weiter um den rätselhaften Aufseher mit dem sphinxartigen Gesicht und der Pergamenthaut.

„Wo habe ich solche Augen schon gesehen?" fragte sich Vansittart Smith. „Sie haben etwas Saurierartiges an sich, etwas Reptilienartiges. Es gibt die *Membrana nictitans* bei den Schlangen", überlegte er und dachte an seine zoologischen Studien. „Sie läßt die Augen glänzen. Aber das hier war etwas mehr. In diesen Augen lag ein Gefühl von Macht, von Weisheit – so habe ich es empfunden – und auch von Müdigkeit, reiner Müdigkeit und unsagbarer Verzweiflung. Das kann alles Einbildung sein, aber so einen starken Eindruck hat noch nichts auf mich gemacht. Beim Zeus! Ich muß sie mir noch einmal ansehen!" Er stand auf und durchschritt die ägyptischen Räume, aber der Mann, der seine Neugierde geweckt hatte, war verschwunden.

Der Student setzte sich wieder in seine ruhige Ecke und arbeitete weiter an seinen Notizen. Er hatte die Informationen, die er benötigte, in den Papyri gefunden, und nun mußte er sie nur noch niederschreiben, solange sie ihm noch frisch im Gedächtnis waren. Einige Zeit glitt sein Stift flink über das Papier, doch dann wurden die Zeilen ungleichmäßiger, die Wörter verschwommener und schließlich fiel der Stift klappernd zu Boden und der Kopf des Studenten sackte schwer auf seine Brust.

Ermüdet von seiner Reise schlief er so fest auf seinem einsamen Platz hinter der Tür, daß weder der rasselnde Wächter, noch die Schritte der Besucher und nicht einmal die laute, heisere Glocke, die das Schließen des Museums verkündete, genügten, um ihn aufzuwecken.

Die Dämmerung versank in Dunkelheit, das geschäftige Treiben auf der Rue de Rivoli nahm zu und dann ab, Notre Dame verkündete in der Ferne die Mitternachtsstunde und noch immer saß die dunkle und einsame Gestalt still im Schatten. Erst gegen ein Uhr morgens kehrte Vansittart Smiths Bewußtsein durch ein Hochzucken und plötzliches schweres Einatmen zurück. Einen Moment lang dachte er, daß er in seinem Studiersessel zuhause eingeschlafen sei. Der unstet durch die ungeschlossenen Fenster scheinende Mond und ein Blick über die Reihen der Mumien und die endlose Ansammlung glänzender Vitrinen brachten jedoch schnell die Erinnerung daran zurück, wo er sich befand und wie er hier her gekommen war. Der Student war kein nervöser Mann. Er besaß diese Liebe für eine neuartige Situation, die seiner Rasse zu eigen ist. Er streckte seine Glieder, blickte auf die Uhr und mußte lachen, als er feststellte, wie spät es war. Dieser Vorfall würde sich als bewundernswerte Anekdote eignen, die er in seinen nächsten Aufsatz aufnehmen könnte, um für ernstere und anstrengendere Spekulationen zu entschädigen. Ihm war etwas kalt, aber ansonsten war er munter und sehr erholt. Es war kein Wunder, daß die Wächter ihn übersehen hatten, denn die Tür warf ihren satten schwarzen Schatten genau auf ihn.

Die völlige Stille war beeindruckend. Weder draußen noch drinnen konnte man ein Knarren oder Murren vernehmen. Er war allein mit den Toten einer toten Zivilisation. Auch wenn die Stadt draußen nach dem aufdringlichen neunzehnten Jahrhundert stank! In diesem Raum gab es kaum einen Gegenstand – von der zusammengeschrumpelten Weizenähre bis hin zum Pigmentkasten eines Malers –, der nicht an die viertausend Jahre überdauert hatte. Hier lag das Treibgut, das das große Meer der Zeit aus diesem weit entfernten Reich angespült hatte. Aus dem prächtigen Theben, dem vornehmen Luxor, aus den großen Tempeln in Heliopolis, aus Hunderten ausgeplünderten Grüften waren diese Relikte zusammengetragen worden. Der Student blickte um sich auf die hohen, stillen Figuren, die vage in der Düsternis aufflackerten, auf die geschäftigen Arbeiter, die jetzt so ruhig waren, und verfiel in eine ehrfurchtsvolle und nachdenkliche Stimmung. Ein ungewohntes Gefühl seiner eigenen Jugend und Bedeutungslosigkeit überkam ihn. Er lehnte sich in seinem Stuhl zurück und blickte verträumt die lange Galerie der Räume entlang. Alle lagen sie in silbernem Mondschein, der den gesamten Flügel des weitläufigen Gebäudes füllte. Seine Augen fielen auf den gelben Schein einer Lampe in der Ferne.

John Vansittart Smith setzte sich mit nervös gespannten Sinnen in seinem Stuhl auf. Das Licht kam langsam immer näher, hielt von Zeit zu Zeit an und setzte seinen Weg dann wieder ruckartig fort. Der Träger bewegte sich geräuschlos. In der vollkommenen Stille war kein Hauch von Schritten zu vernehmen. Dem Engländer kamen Räuber in den Sinn. Er verkroch sich noch tiefer in seiner Ecke. Das Licht war jetzt noch zwei Räume entfernt. Jetzt war es im Nachbarraum, und immer noch war kein Geräusch zu hören. Ein Anflug von Angst überkam ihn, als er ein Gesicht sah, das hinter dem Flackern der Lampe gleichsam in der Luft zu schweben schien. Die Gestalt war im Schatten verborgen, aber das Licht fiel ganz auf das eigentümliche, gespannte Gesicht. Die metallisch glitzernden Augen und die leichenblasse Haut schlossen einen Irrtum aus. Das war der Aufseher, mit dem er gesprochen hatte.

Vansittart Smiths erste Regung war, hervorzutreten und ihn anzusprechen. Einige Worte der Erklärung würden die Angelegenheit aufklären und zweifellos dazu führen, daß er zu einer Seitentür geführt würde, von wo aus er zu seinem Hotel gehen könnte. Als der Mann jedoch den Raum betrat, lag in seinen Bewegungen etwas so Verstohlenes und in seinem Ausdruck etwas so Heimlichtuerisches, daß der Engländer seinen Vorsatz änderte. Das war mit Sicherheit kein gewöhnlicher Angestellter, der seine Runde drehte. Der Kerl trug Filzpantoffeln, schritt mit bebender Brust voran und blickte schnell nach links und rechts, wobei sein eiliges, keuchendes Atmen die Flamme in der Lampe flackern ließ. Vansittart Smith duckte sich leise zurück in die Ecke und beobachtete ihn gespannt, überzeugt davon, daß sein Vorhaben von geheimer und wahrscheinlich unheimlicher Natur sei.

Der andere bewegte sich ohne Zögern. Er ging leichten und schnellen Schrittes zu einer der großen Vitrinen und schloß sie mit einem Schlüssel, den er aus seiner Hosentasche zog, auf. Vom oberen Regalbrett zog er eine Mumie herab, die er mit sich nahm und sehr sorgfältig und vorsichtig auf den Boden legte. Seine Lampe stellte er dazu und dann setzte er sich in orientalischer Weise daneben und begann mit langen, zitternden Fingern, die Leichentücher und Verbände, die sie umgaben, abzuwickeln. Als sich die knisternden Leinenrollen eine nach der anderen lösten, begann ein starker, aromatischer Geruch den Raum zu füllen, und Stückchen von parfümierten Hölzern und Gewürzen prasselten auf den Marmorboden.

John Vansittart Smith erkannte, daß diese Mumie noch nie zuvor ausgewickelt worden war. Der Vorgang interessierte ihn stark. Er bebte am ganzen Körper vor Neugierde und sein vogelartiger Kopf ragte weiter und weiter hinter der Tür vor. Als jedoch die letzte Rolle von dem viertausend Jahre alten Kopf abgenommen war, mußte er sich sehr zusammenreißen, um einen Aufschrei des Erstaunens zu unterdrücken. Zuerst fiel eine Kaskade langer, glänzend schwarzer Locken über die Hände und Arme des Arbeiters. Mit einer zweiten Runde des Verbandes wurde eine niedrige weiße Stirn mit zwei elegant gebogenen Augenbrauen freigelegt, mit einer dritten ein Paar leuchtender, tief umrandeter Augen und eine gerade, klar geschnittene Nase offenbart, und die vierte und letzte zeigte einen lieblichen, vollen, empfindsamen Mund und ein wunderbar gebogenes Kinn. Das ganze Gesicht strahlte außerordentliche Schönheit aus mit nur dem einen Makel, daß in der Mitte der Stirn ein einzelner unregelmäßiger, kaffeebrauner Fleck saß. Es war eine Großtat der Kunst der Einbalsamierer. Vansittart Smiths Augen wurden immer größer als er sie ansah, und vor Zufriedenheit schnalzte er leise vor sich hin.

Die Wirkung auf den Ägyptologen war jedoch unbedeutend, verglichen mit der Wirkung auf den eigentümlichen Aufseher. Er warf seine Hände in die Luft, begann wie wild polternde Wörter von sich zu geben und dann warf er sich auf den Boden neben der Mumie, schlang seine Arme um sie und küßte sie mehrfach auf die Lippen und Augenbrauen. „Ma petite!“, stöhnte er auf Französisch. „Ma pauvre petite!“ Seine Stimme überschlug sich vor Gefühlen, und seine unzähligen Falten zitterten und wanden sich, aber der Student sah im Licht der Lampe, daß seine glänzenden Augen immer noch so trocken und tränenlos waren wie zwei Stahlperlen. Einige Minuten lang lag er mit zuckendem Gesicht leise singend und seufzend über dem wunderschönen Gesicht. Dann lächelte er plötzlich, sagte einige Worte in einer unbekannten Sprache und sprang energisch auf, wie jemand, der sich auf eine Anstrengung gefaßt gemacht hat.

In der Mitte des Raumes stand eine runde Vitrine, in der, wie der Student bereits zuvor festgestellt hatte, eine herrliche Sammlung früher ägyptischer Ringe und Edelsteine ausgestellt wurde. Dorthin ging der Aufseher, schloß sie auf und öffnete sie. Er stellte seine Lampe auf den seitlichen Absatz und daneben einen kleinen Steinguttopf, den er aus seiner Tasche genommen hatte. Dann holte er eine Handvoll Ringe aus der Vitrine und begann mit größtem Ernst und intensiver Anstrengung jeden davon mit einer flüssigen Masse aus dem Steinguttopf einzuschmieren, wobei er sie jeweils gegen das Licht hielt. Von den ersten war er eindeutig enttäuscht, denn er warf sie gereizt wieder zurück in die Kiste und nahm andere hervor. Einen von diesen, einen gewaltigen Ring mit einem großen, eingesetzten Kristall, ergriff er und überprüfte ihn eifrig mit dem Inhalt des Topfes. Sofort schrie er vor Freude auf und gestikulierte wie wild mit den Armen, wodurch der Topf umgestoßen wurde und dessen Inhalt über den Boden floß bis direkt vor die Füße des Engländers. Der Aufseher zog ein rotes Taschentuch aus seiner Brusttasche hervor und begann, damit die Sauerei aufzuwischen, er folgte der Flüssigkeit bis in die Ecke, wo er kurz darauf seinem Beobachter gegenüberstand.

„Entschuldigen Sie“, sagte John Vansittart Smith mit größtmöglicher Höflichkeit, „ich hatte das Unglück, hinter dieser Tür einzuschlafen.“

„Und Sie haben mich beobachtet?“, fragte der andere auf Englisch mit einem besonders giftigen Ausdruck auf seinem leichenartigen Gesicht.

Der Student war sehr wahrheitsliebend. „Ich gebe zu“, sagte er, „daß ich Ihre Handlungen mitbekommen habe und daß sie meine Neugierde und mein Interesse im höchsten Maße erregt haben.“

Der Mann zog ein langes, extravagant geschnittenes Messer aus seinem Hemd. „Sie sind mit knapper Not entkommen“, sagte er, „hätte ich Sie vor zehn Minuten gesehen, dann hätte ich Ihnen das hier ins Herz gestoßen. So wie die Sache jetzt steht, sind Sie ein toter Mann, falls Sie mich berühren oder in irgendeiner Weise stören".

„Ich habe keinerlei Interesse, Sie zu stören", antwortete der Student. „Meine Anwesenheit hier ist rein zufällig. Ich möchte Sie nur darum bitten, mir die große Gefälligkeit zu erweisen, mich durch eine Nebentür nach draußen zu geleiten." Er sprach sehr höflich, da der Mann die Spitze seines Dolches noch immer in seine Handfläche drückte, wie um sich von seiner Schärfe zu überzeugen, während auf seine Gesicht weiterhin ein bösartiger Ausdruck stand.

„Wenn ich wüßte …", sagte er. „Aber nein, vermutlich ist es so besser. Wie heißen Sie?"

Der Engländer beantwortete die Frage.

„Vansittart Smith", antwortete sein Gegenüber. „Sind Sie der Vansittart Smith, der in London einen Vortrag zu El-Kab gehalten hat? Ich habe einen Bericht darüber gelesen. Ihre Kenntnisse über das Thema sind verachtenswert.

„Sir!" rief der Ägyptologe aus.

„Und dennoch sind sie denen von anderen überlegen, die sich noch viel mehr anmaßen. Der Schlüssel zu unserem alten Leben in Ägypten liegt nicht in den Inschriften oder Monumenten, die Sie für so wichtig halten, sondern in unserer hermetischen Philosophie und unserem mystischen Wissen, von denen Sie sehr wenig oder nichts berichten."

„Unser altes Leben!" wiederholte der Gelehrte mit großen Augen; und dann plötzlich: „Du lieber Gott, schauen Sie! Das Gesicht der Mumie!"

Der eigenartige Mann wand sich um und beleuchtete die tote Frau, woraufhin er einen langen, traurigen Schrei ausstieß. Die Wirkung der Luft hatte bereits die ganze Kunst des Einbalsamierers zunichte gemacht. Die Haut war abgefallen, die Augen eingesunken und die entfärbten Lippen hatten sich eingezogen und gelbe Zähne entblößt. Allein der braune Fleck auf der Stirn zeigte, daß dies weiterhin dasselbe Gesicht war, das vor wenigen Minuten noch vor Jugend und Schönheit gestrahlt hatte. Der Mann schlug vor Kummer und Schrecken die Hände zusammen. Dann riß er sich mit starker Anstrengung zusammen und richtete seinen harten Blick wieder auf den Engländer.

„Das hat keine Bedeutung“, sagte er zitternd. „Das hat wirklich keine Bedeutung. Ich bin heute Nacht mit dem festen Entschluß hierher gekommen, etwas zu tun. Dies ist jetzt vollbracht. Alles andere ist unbedeutend. Ich bin am Ziel meiner Suche angekommen. Der alte Fluch ist gebrochen. Ich kann wieder zu ihr zurückkehren. Was bedeutet schon ihre leblose Hülle, solange ihr Geist mich auf der anderen Seite des Schleiers erwartet!“

„Das ist wirres Zeug“, sagte Vansittart Smith, der immer mehr zu der Überzeugung kam, daß er es mit einem Verrückten zu tun hatte.

„Die Zeit drängt und ich muß gehen“, fuhr der andere fort. „Der Moment, auf den ich diese beschwerliche lange Zeit gewartet habe, steht kurz bevor. Aber zuvor muß ich Sie nach draußen geleiten. Kommen Sie mit.“

Er nahm die Lampe wieder hoch, verließ den in Unordnung gebrachten Raum und führte den Studenten geschwind durch lange Reihen ägyptischer, assyrischer und persischer Abteilungen. Am Ende der letzten stieß er eine kleine Tür auf, die in die Wand eingelassen war, und stieg eine Wendeltreppe hinab. Der Engländer fühlte die frische kalte Nachtluft auf seinem Gesicht. Ihm gegenüber befand sich eine Tür, die auf die Straße hinauszuführen schien. Rechts daneben stand eine weitere Tür offen, durch die ein gelber Lichtstrahl in den Durchgang fiel. „Kommen Sie hier herein!“, sagte der Aufseher kurz.

Vansittart Smith zögerte. Er hatte gehofft, daß das Abenteuer für ihn zu Ende sei. Dennoch war seine Neugierde groß. Er konnte die Angelegenheit nicht ungeklärt lassen. Also folgte er seinem eigenartigen Begleiter in die beleuchtete Kammer.

Es war ein kleiner Raum, wie er einem Portier zur Verfügung gestellt wird. Ein Holzfeuer flackerte im Kamin. An einer Seite stand ein Kastenbett und an der anderen ein grob gehauener Holzstuhl und in der Mitte ein runder Tisch, auf dem die Reste eines Mahls lagen. Der Besucher blickte sich um und stellte mit wachsender Aufregung fest, daß all die kleinen Details in dem Raum von altertümlichen Design und antiker Handwerkskunst zeugten. Die Kerzenhalter, die Vasen auf dem Kaminsims, die Schürhaken, die Ornamente an den Wänden waren alle von einer Art, die er mit einer lang vergangenen Vergangenheit verband. Der knorrige Mann mit den schweren Augen setzte sich auf die Bettkante und bedeutete seinem Gast, sich auf den Stuhl zu setzen.

„Vielleicht gibt es einen Grund dafür", sagte er noch immer in hervorragendem Englisch. „Es kann eine Fügung sein, daß ich einen Bericht hinterlassen soll als Warnung an alle unbesonnenen Sterblichen, die ihren Geist gegen das Wirken der Natur stellen wollen. Ich überlasse es ihnen. Nutzen Sie es, wie Sie möchten. Ich spreche jetzt zu Ihnen mit meinen Füßen auf der Schwelle zu der anderen Welt.

„Ich bin, wie Sie vermuteten, Ägypter – nicht einer der unterdrückten Rasse von Sklaven, die jetzt das Nildelta bevölkert, sondern ein Überlebender dieses stärkeren und härteren Volkes, das die Hebräer zähmte, die Äthiopier zurück in die südlichen Wüsten schickte und diese gewaltigen Bauwerke errichtete, die den Neid und die Bewunderung aller späteren Generationen auf sich zogen. In der Regierungszeit von Tuthmosis, sechzehnhundert Jahre vor der Geburt Christi, habe ich das Licht der Welt erblickt. Sie weichen vor mir zurück? Warten Sie und Sie werden sehen, daß ich eher zu bemitleiden bin als zu fürchten.

Ich hieß Sosra. Mein Vater war der Oberpriester von Osiris im großen Tempel von Abaris, der zu jener Zeit am Bubastisarm des Nils stand. Ich wurde im Tempel großgezogen und in all den mystischen Künsten unterrichtet, von denen Ihre Bibel berichtet. Ich war ein talentierter Schüler. Bis ich sechzehn war, hatte ich alles gelernt, was mich die weisesten Priester lehren konnten. Von da an studierte ich selbst die Geheimnisse der Natur und teilte mein Wissen mit niemandem.

Von all den Fragen, die mich anzogen, gab es keine, in die ich mich so vertiefte, wie die nach den Geheimnissen des Lebens. Ich untersuchte das Prinzip des Lebens gründlich. Das Ziel der Medizin war es, Krankheiten zu vertreiben, wenn sie auftraten. Mir schien, daß eine Methode entwickelt werden müßte, die den Körper so stärken würde, daß Schwäche oder Tod davon abgehalten würden, ihn anzugreifen. Es hat keinen Nutzen, wenn ich meine Forschungen hier aufzähle. Sie würden sie kaum verstehen, wenn ich es dennoch täte. Ich nahm sie teilweise an Tieren, teilweise an Sklaven und teilweise an mir selbst vor. Es sollte genügen, zu sagen, daß ich als Ergebnis eine Substanz erhielt, die den Körper, wenn man sie in das Blut injizierte, mit der Kraft versah, den Wirkungen von Zeit, Gewalt und Krankheit zu widerstehen. Sie würde nicht eigentlich Unsterblichkeit verleihen, aber ihre Wirkung würde für viele tausend Jahre anhalten. Ich habe Sie an einer Katze ausprobiert und dieser danach die tödlichsten Gifte verabreicht. Diese Katze lebt in diesem Moment in Unterägypten. Die Substanz hat nichts Mystisches oder Magisches an sich. Es war einfach eine chemische Entdeckung und es ist sehr gut möglich, daß sie wieder entdeckt wird.

Die Liebe des Lebens ist in der Jugend stark ausgeprägt. Jetzt, wo ich Schmerzen ausgeschaltet und den Tod soweit fortgetrieben hatte, schien es mir, als habe ich mich von allen menschlichen Sorgen befreit. Leichten Herzens goß ich den verfluchten Stoff in meine Adern. Dann blickte ich mich um, auf der Suche nach jemandem, dem ich helfen konnte. Es gab da einen jungen Priester des Thot namens Parmes, der durch seine ernste Art und seine Hingabe für seine Studien mein Wohlwollen gewonnen hatte. Ihm flüsterte ich mein Geheimnis zu und auf seinen Wunsch hin, injizierte ich ihm mein Elixier. Ich dachte mir, daß ich nun nie mehr ohne einen Begleiter sein würde, der genauso alt ist wie ich.

Nach dieser großen Entdeckung ließ ich bis zu einem gewissen Maße in meinen Studien nach, doch Parmes setzte seine mit doppelter Energie fort. Jeden Tag konnte ich ihn mit seinen Flaschen und seinem Brenner im Tempel des Thot hantieren sehen, aber er erzählte mir wenig über die Ergebnisse seiner Bemühungen. Ich selbst gewöhnte es mir an, durch die Stadt zu schlendern und mich frohlockend umzusehen und darüber nachzudenken, daß all dies dazu bestimmt war zu vergehen, während nur ich übrigbleiben würde. Die Menschen verbeugten sich, wenn sie an mir vorbeigingen, denn der Ruf meines Wissens hatte sich weit verbreitet.

Es gab damals Krieg und der große König hatte seine Soldaten hinunter an die Ostgrenze geschickt, um die Hyksos zu vertreiben. Auch nach Abaris war ein Gouvernour gesandt worden, um es für den König zu halten. Ich hatte viel von der Schönheit der Tochter dieses Gouverneurs gehört, doch eines Tages, als ich mit Parmes hinausging, trafen wir sie, getragen auf den Schultern ihrer Sklaven. Mich traf die Liebe wie ein Blitz. Mein Herz verließ mich. Ich hätte mich ihren Trägern zu Füßen werfen können. Das war mein Weib. Ein Leben ohne sie war unmöglich. Ich schwor beim Kopfe des Horus, daß sie mein werden sollte. Ich schwor dies dem Priester des Thot gegenüber. Er wand sich ab von mir mit einer Miene so schwarz wie Mitternacht.

Ich muß Ihnen nicht von unserem Werben erzählen. Sie verliebte sich in mich genauso wie ich mich in sie. Ich erfuhr, daß Parmes sie bereits vor mir gesehen hatte und ihr gezeigt hatte, daß auch er sie liebte. Doch ich konnte ob seiner Leidenschaft lächeln, denn ich wußte, daß ihr Herz mein war. Die weiße Pest war über die Stadt gekommen und viele waren betroffen, aber ich legte meine Hände auf die Kranken und pflegte sie ohne Furcht oder Schaden. Sie bewunderte meinen Wagemut. Dann erzählte ich ihr von meinem Geheimnis und bat sie, daß sie mich meine Kunst an ihr ausüben ließe.

‚Deine Blüte wird dann nicht vergehen, Atma‘, sagte ich. ‚Anderes wird verlöschen, aber du und ich und unsere große Liebe füreinander werden länger leben als die Gruft des Königs Chefru.‘

Aber sie war voller ängstlicher, mädchenhafter Einwände. ‚Wäre es recht?‘ fragte sie. ‚Würden wir damit nicht den Willen der Götter hintergehen? Hätte der große Osiris gewünscht, daß wir so viele Jahre lebten, hätte er dann nicht selbst dafür gesorgt?‘

Mit zärtlichen, liebevollen Worten überwand ich ihre Zweifel und trotzdem zögerte sie. Es sei eine große Frage meinte sie. Sie würde eine Nacht darüber nachdenken. Am Morgen würde ich ihre Entscheidung erfahren. Eine Nacht war sicher nicht zu viel verlangt. Sie wollte zu Isis beten, um Hilfe bei ihrer Entscheidung zu erhalten.

Mutlos und mit einer traurigen Vorahnung von Bösem ließ ich sie mit ihrer Kammerzofe allein. Am Morgen, als das erste frühe Opfer vorbei war, eilte ich zu ihrem Haus. Auf der Treppe traf ich auf eine verängstigte Sklavin. Ihre Herrin sei krank, sehr krank. Vor Aufregung bahnte ich mir einen Weg durch die Dienerschaft und stürzte durch den Vorsaal und den Korridor zur Kammer meiner Atma. Sie lag mit bleichem Gesicht und glasigen Augen auf ihrer Liege, den Kopf auf ein Kissen gebettet. Auf ihrer Stirn prangte ein einzelner entzündeter, lilafarbener Fleck. Ich kannte dieses höllische Zeichen schon lange. Das war das Mal der weißen Pest, das Handzeichen des Todes.

Weshalb sollte ich von dieser furchtbaren Zeit sprechen? Monatelang war ich wahnsinnig, fiebrig, phantasierte und doch konnte ich nicht sterben. Nie dürstete ein Araber so nach den süßen Brunnen, wie ich mich nach dem Tode sehnte. Hätte Gift oder Stahl meinen Lebensfaden verkürzen können, dann hätte ich bald meine Geliebte in dem Land mit dem schmalen Tor wieder getroffen. Ich versuchte es, aber es war zwecklos. Die verfluchte Wirkung war zu stark für mich. Eines Nachts, als ich müde und schwach auf meiner Liege lag, kam Parmes, der Priester des Thot, in meine Kammer. Er stand im Lichtkreis der Lampe und sah auf mich herab mit Augen, die vor Freude wahnsinnig waren.

‚Wieso habt Ihr das Mädchen sterben lassen?' fragte er. ‚Wieso habt Ihr sie nicht wie mich gestärkt?'

‚Es war zu spät', antwortete ich. ‚Ah, ich vergaß. Auch Ihr liebtet sie. Ihr seid mein Leidensgenosse. Ist es nicht furchtbar, an die Jahrhunderte zu denken, die vergehen müssen, bevor wir sie wieder erblicken können? Wir Narren, Narren, die wir uns den Tod zum Feinde gemacht haben!'

‚Ihr könnt das sagen', rief er mit wildem Lachen, ‚die Worte komme Euch leicht über die Lippen. Für mich haben sie keine Bedeutung.'

‚Was meint Ihr?' schrie ich, wobei ich mich auf meinen Ellbogen stützte. ‚Mein Freund, die Trauer hat Euch offenbar den

Kopf verwirrt.‘ In seinem Gesicht flammte Freude auf und er zitterte und bebte wie jemand, der von einem Teufel besessen ist.

‚Wißt Ihr, wohin ich gehe?‘ fragte er.

‚Nein‘, antwortete ich, ‚das kann ich nicht sagen.‘

‚Ich gehe zu ihr‘, sagte er. ‚Sie liegt einbalsamiert in der letzten Gruft bei der Zwillingspalme hinter der Stadtmauer.‘

‚Wieso geht Ihr zu ihr?‘ fragte ich.

‚Um zu sterben!‘ kreischte er, ‚um zu sterben! Mich binden keine irdischen Fesseln.‘

‚Aber das Elixier ist in Eurem Blut‘, rief ich.

‚Ich kann ihm trotzen‘, sagte er. ‚Ich habe ein stärkeres Prinzip gefunden, das es zerstören wird. Es wirkt genau in diesem Moment in meinen Adern und in einer Stunde werde ich ein toter Mann sein. Ich werde sie wiedersehen und Ihr werdet zurückbleiben.‘

Als ich ihn ansah, erkannte ich, daß er die Wahrheit sprach. Der Glanz in seinen Augen sagte mir, daß er tatsächlich nicht mehr unter der Kraft des Elixiers stand.

‚Ihr werdet es mir zeigen!‘ rief ich.

‚Niemals!‘

‚Ich flehe Euch an, bei der Weisheit des Thot, bei der Erhabenheit des Anubis!‘’

‚Es ist zwecklos‘, sagte er kalt.

‚Dann finde ich es heraus‘, rief ich.

‚Das könnt Ihr nicht‘, antwortete er, ‚ich habe es durch Zufall erfahren. Eine Zutat werdet Ihr nie erhalten.Von der Substanz ist zwar etwas im Ring des Thot, aber sie wird nie wieder hergestellt werden.‘

‚Im Ring des Thot!‘ wiederholte ich. ‚Wo ist also der Ring des Thot?‘

‚Auch das werdet Ihr nie erfahren‘, antwortete er. ‚Ihr habt ihre Liebe gewonnen. Aber wer hat am Ende gewonnen? Ich überlasse Euch Eurem schäbigen Erdenleben. Meine Ketten sind zerbrochen. Ich muß gehen!‘ Er macht auf dem Absatz kehrt und flüchtete aus der Kammer. Am Morgen erhielt ich die Nachricht, daß der Priester des Thot tot sei.

Nach diesem Ereignis verbrachte ich meine Tage mit Studien. Ich mußte dieses raffinierte Gift finden, das stark genug war, das Elixier zu überwinden. Vom Morgengrauen bis Mitternacht beugte ich mich über die Probiergläser und den Ofen. Außerdem sammelte ich die Papyri und die Chemikalienfläschchen des Priesters des Thot. Ach! Sie lehrten mich wenig. Hier und da ließ ein Hinweis oder eine vereinzelte Bemerkung Hoffnung in meiner Brust aufkeimen, aber es führte nie zu etwas Gutem. Und trotzdem kämpfte ich Monat für Monat weiter. Wenn mein Herz mutloser wurde, ging ich zu der Gruft bei den Palmen.

Dort neben der toten Hülle, der der Juwel geraubt worden war, fühlte ich ihre süße Anwesenheit und flüsterte ihr zu, daß ich wieder zu ihr kommen würde, wenn menschlicher Verstand das Rätsel lösen könne.

Parmes hatte gesagt, daß seine Entdeckung etwas mit dem Ring des Thot zu tun hatte. Ich erinnerte mich an dieses Schmuckstück. Es war ein großer, schwerer Reif, der nicht aus Gold, sondern einem selteneren und schwereren Metall aus den Mienen des Berges Harbal bestand. Platinum nennt Ihr es. Ich erinnerte mich daran, daß in diesen Ring ein hohler Kristall eingefaßt war, in dem einige wenige Tropfen Flüssigkeit aufbewahrt werden konnten. Das Geheimnis von Parmes konnte nicht allein mit dem Metall zu tun haben, denn im Tempel gab es viele Ringe aus diesem Metall. War es nicht wahrscheinlicher, daß er sein wertvolles Gift in dem Hohlraum des Kristalls aufbewahrt hatte? Ich war gerade erst zu dieser Schlußfolgerung gelangt, als ich bei meiner Suche in seinen Niederschriften einen Hinweis fand, der mir bestätigte, daß dem tatsächlich so sei und daß noch immer ein Teil der Flüssigkeit ungenutzt war.

Aber wie sollte ich den Ring finden? Er trug ihn nicht, als er für den Einbalsamierer entkleidet wurde. Davon hatte ich mich überzeugt. Er war auch nicht unter seinen Privatgegenständen. Vergebens durchsuchte ich jeden Raum, den er betreten hatte, jede Kiste und Vase und sonstige Habe, die er je besessen hatte. Ich durchsiebte den Sand in der Wüste an Orten, wo er vermutlich vorbeigekommen war. Aber was auch immer ich tat, ich fand keine Spur des Rings des Thot. Und doch hätten meine Mühen vielleicht irgendwann alle Hindernisse überwunden, wenn nicht ein neues und unerwartetes Unglück eingetreten wäre.

Ein großer Krieg war gegen die Hyksos geführt worden, und die Heerführer des großen Königs waren in der Wüste mit all ihren Bogenschützen und Reitern abgeschnitten worden. Die Hirtenstämme fielen über uns her wie die Heuschrecken in einem trockenen Jahr. Von der Wildnis von Schur bis zum großen bitteren See gab es Blut bei Tag und Feuer in der Nacht. Abaris war das Bollwerk Ägyptens, aber wir konnten die Wilden nicht zurückhalten. Die Stadt wurde erobert. Der Gouverneur und die Soldaten fielen unter dem Schwert und ich, sowie viele andere, wurden in die Gefangenschaft geführt.

Viele Jahre lang hütete ich Vieh auf den großen Ebenen am Euphrat. Mein Herr starb und sein Sohn wurde alt, aber ich war noch so weit vom Tod entfernt wie zuvor. Schließlich entkam ich auf einem schnellen Kamel und kehrte nach Ägypten zurück. Die Hyksos hatten sich in dem Land, das sie erobert hatten, angesiedelt, und ihr König beherrschte jetzt das Land. Abaris war abgerissen worden, die Stadt niedergebrannt, und von dem großen Tempel war nichts übrig als ein häßlicher Erdhügel. Überall waren die Grüfte geplündert und die Monumente zerstört worden. Kein Hinweis auf Atmas Grab war mehr zu finden. Es war im Sand der Wüste begraben und die Palmen, die die Stelle gekennzeichnet hatten, waren lang verschwunden. Die Niederschriften von Parmes und die Reste des Temples von Thot waren entweder zerstört oder weit in den Wüsten Syriens verteilt. Jede Suche danach war vergebens.

Von da an gab ich jede Hoffnung auf, jemals den Ring zu finden, oder dieses raffinierte Gift zu entdecken. Ich bemühte mich darum, so geduldig zu leben wie nötig, bis die Wirkung des Elixiers nachlassen würde. Sie können natürlich nicht verstehen, was für eine furchtbare Sache die Zeit ist, Sie, die nur die Erfahrung des kurzen Zeitraums zwischen Wiege und Bahre haben! Ich weiß es aus eigener Erfahrung, ich, der ich den gesamten Strom der Geschichte mitgeschwommen bin. Ich war alt, als Ilium fiel. Ich war sehr alt, als Herodot nach Memphis kam. Ich war von Jahren gebeugt, als das neue

Evangelium auf die Erde kam. Und trotzdem sehe ich durch das verfluchte Elixier, das noch immer mein Blut versüßt und mich gegen das, was ich herausfordern wollte, schützt, noch aus wie andere. Jetzt endlich, endlich habe ich das Ende erreicht!

Ich bin durch alle Länder gereist und habe mit allen Nationen gelebt. Alle Sprachen sind mir gleich. Ich habe sie alle gelernt um mir die öde Zeit zu vertreiben. Ich muß Ihnen nicht erzählen, wie langsam sie verging, das lange Erwachen der modernen Zivilisation, die trüben mittleren Jahre, die dunklen Zeiten der Barbarei. Sie liegen jetzt alle hinter mir, nie wieder habe ich eine andere Frau mit den Augen der Liebe angesehen. Atma weiß, daß ich ihr treu geblieben bin.

Ich habe es mir zur Gewohnheit gemacht, alles zu lesen, was Gelehrte über das antike Ägypten geschrieben haben. Ich hatte viele Positionen inne, manchmal war ich wohlhabend, manchmal arm, aber ich hatte immer genug, um mir die Journale zu kaufen, die sich mit diesen Themen beschäftigten. Vor ungefähr neun Monaten war ich in San Francisco, als ich einen Bericht über einige Entdeckungen in der Nähe von Abaris las. Mein Herz machte einen Sprung, als ich das las. Darin stand, daß der Ausgräber einige Grüfte untersucht hatte, die kurz zuvor ausgegraben worden waren. In einer war eine ungeöffnete Mumie gefunden worden, deren äußerer Sarg eine Inschrift trug, die angab, das darin der Körper der Tochter des Gouverneurs der Stadt zur Zeit von Tuthmosis läge. Außerdem stand darin, daß bei der Entfernung des äußeren Sargs ein großer Platinumring mit einem gefaßten Kristall entdeckt worden war, der auf die Brust der einbalsamierten Frau gelegt worden war. Hier also hatte Parmes den Ring des Thot versteckt. Er konnte gut sagen, daß er sicher sei, denn kein Ägypter hätte es je gewagt, seine Seele zu besudeln, indem er auch nur den äußeren Sarg eines begrabenen Freundes berührte.

Noch in derselben Nacht machte ich mich von San Francisco aus auf den Weg und wenige Wochen später war ich wieder in Abaris, wenn einige Sandhaufen und zerfallende Wände noch das Recht haben, den Namen der großen Stadt zu tragen. Ich eilte zu den Franzosen, die dort gruben und fragte sie nach dem Ring. Sie antworteten, daß sowohl der Ring als auch die Mumie in das Boulak-Museum in Kairo gebracht worden waren. Ich fuhr nach Boulak, nur um dort zu erfahren, daß Mariette Bey sie eingefordert und an den Louvre gesandt hatte. Ich folgte ihnen, und hier endlich, im ägyptischen Raum, habe ich nach fast viertausend Jahren die sterblichen Überreste meiner Atma und den Ring, den sich so lange gesucht habe, gefunden.

Nur wie konnte ich ihrer habhaft werden? Wie konnte ich sie für mich haben? Der Zufall wollte es, daß die Position des Aufsehers frei war. Ich ging zum Direktor. Ich überzeugte ihn, daß ich viel über Ägypten weiß. In meinem Eifer sagte ich zuviel. Er bemerkte, daß ein Lehrstuhl besser zu mir besser passen würde als ein Sitz in der Pförtnerloge. Ich wüßte mehr als er, meinte er. Nur indem ich grobe Fehler machte und ihn denken ließ, daß er meine Kenntnisse überschätzt hatte, konnte ich ihn dazu bringen, mich mit den wenigen Gegenständen, die ich mir bewahrt habe, hier einziehen zu lassen. Das ist meine erste und meine letzte Nacht hier.

Das ist meine Geschichte, Mr. Vansittart Smith. Einem Mann Ihrer Auffassungsgabe muß ich nicht mehr sagen. Durch einen eigentümlichen Zufall haben Sie heute Nacht das Gesicht der Frau gesehen, die ich in dieser lang vergangenen Zeit geliebt habe. Es lagen viele Ringe mit Kristallen in der Vitrine und ich mußte sie auf Platinum testen, um den zu finden, den ich suchte. Ein Blick auf den Kristall hat mir gezeigt, daß die Flüssigkeit tatsächlich noch darin ist und daß ich endlich in der Lage sein werde, diese verfluchte Gesundheit abzuschütteln, die schlimmer für mich gewesen ist, als die widerlichste Krankheit. Ich habe Ihnen nicht mehr zu sagen. Ich habe Ihnen mein Herz ausgeschüttet. Sie können die Geschichte nach Belieben weitererzählen oder sie für sich behalten. Die Entscheidung liegt bei Ihnen. Ich bin Ihnen eine Wiedergutmachung schuldig, denn Sie sind heute Nacht nur knapp dem Tod entronnen. Ich war ein verzweifelter Mann und hätte mich von meinem Ziel nicht abbringen lassen. Hätte ich Sie eher entdeckt, hätte ich vielleicht dafür gesorgt, daß Sie nichts mehr gegen mich hätten tun oder den Alarm hätten auslösen können. Dort ist die Tür. Sie führt auf die Rue de Rivoli. Gute Nacht."

Der Engländer blickte sich um. Einen Moment lang stand die schlanke Gestalt von Sosra, dem Ägypter, in dem schmalen Türrahmen. Im nächsten Moment war die Tür zugeschlagen und das schwere Knarren eines Riegels durchbrach die stille Nacht.

Am zweiten Tag nach seiner Rückkehr nach London sah Mr. John Vansittart Smith die folgende knappe Notiz in den Beiträgen aus Paris in der Times:

> Eigentümlicher Vorfall im Louvre. – Gestern Morgen wurde eine eigenartige Entdeckung im ägyptischen Hauptsaal gemacht. Die Angestellten, die die Räume morgens reinigen, fanden einen der Aufseher tot auf dem Boden liegend mit den Armen um eine der Mumien geschlungen. Seine Umarmung war so fest, daß sie nur unter größten Schwierigkeiten voneinander getrennt werden konnten. Eine der Vitrinen mit wertvollen Ringen war geöffnet und durchwühlt worden. Die Behörden sind der Ansicht, daß der Mann die Mumie wegtragen wollte, um sie an einen privaten Sammler zu verkaufen, aber bei der Tat von einer alten Herzkrankheit niedergestreckt wurde. Es heißt, daß er ein Mann unbekannten Alters und exzentrischer Gewohnheiten war, der keine lebenden Verwandten hatte, die sein tragisches und vorzeitiges Ableben betrauern könnten.

Der Arzt von Gaster Fell

1. Wie die Frau nach Kirkby-Malhouse kam

Düster und vom Wind zerzaust ist die kleine Gemeinde Kirkby-Malhouse. Schroff und abweisend sind die Hügel, auf denen sie steht. Ihre steingrauen schiefergedeckten Häuser ziehen sich in einer einzigen abwärts führenden Linie an der ginsterbedeckten Flanke einer hügeligen Heidelandschaft den Hang entlang. In diesem einsamen und abgeschiedenen Dorf lebte ich, James Uppertown, im Sommer ’85. Klein, wie das Nest war, bot es mir doch alles, wonach ich mich am meisten sehnte – Abgeschiedenheit und Freiheit von allem, was meinen Geist von den hohen und wichtigen Dingen, die ihn beschäftigten, ablenken könnte.

Wie es der Zufall wollte, war ich auf einer meiner Wanderungen auf eine abgelegene Behausung im Herzen dieser einsamen Heide gestoßen und hatte mich rasch entschlossen, sie zu der meinen zu machen. Es war ein Häuschen mit zwei Zimmern, das einst einem Schäfer gehörte, danach lange leergestanden hatte und jetzt bereits kurz vor dem Verfall stand. Während des Winterhochwassers war der Gaster Beck, der hinunter ins Gaster Fell lief, an der Stelle, wo das Häuschen stand, über die Ufer getreten und hatte einen Teil des Mauerwerks weggerissen. Das Dach war in einem erbärmlichen Zustand, und seine Schieferplatten lagen ringsum verstreut im Grase. Doch die größten Teile der Außenmauern waren fest und sicher, und es war ein leichtes für mich, alles wieder instand setzen zu lassen.

Die zwei Zimmer richtete ich nach meinen Bedürfnissen ein – mein eigener Geschmack ist eher spartanisch, und die Vorkammer entsprach dem. Zwei große Säcke mit Mehl und Kartoffeln machten mich unabhängig von allen Lieferungen von außen. Meine Ernährungsweise war seit langem die eines

Pythagoreers, so daß die zotteligen, langbeinigen Schafe, die das drahtige Gras am Gaster Beck durchstreiften, wenig von ihrem neuen Gefährten zu befürchten hatten.

Ein Neun-Gallonen-Ölfass diente mir als Anrichte; während ein quadratischer Tisch, ein alter Stuhl und ein Rollbett die Liste meines heimischen Inventars vervollständigten. Über dem Kopfende meiner Couch hingen zwei unlackierte Regale – das untere für mein Geschirr und Kochutensilien, das obere für die wenigen Porträts, die mich an die seltenen angenehmen Momente meines Lebens erinnerten, das ich jetzt hinter mir gelassen hatte – eines Lebens voller unendlicher, mühseliger Plackerei nach Reichtum und Freude.

War diese Bleibe auch eher erbärmlich, war diese Ärmlichkeit doch mehr als gerechtfertigt durch den Luxus der Abgeschiedenheit, der meinen Studien förderlich sein sollte. Ich war schon immer der Meinung, es wäre am besten für meinen Geist, nur von solchen Objekten umgeben zu sein, die im Einklang mit meinen Studien, die ihn beschäftigten, stünden, und ich war überzeugt, daß die höchsten und geistvollsten Gedanken nur in einer Umgebung möglich sind, die das Auge erfreut und die Sinne befriedigt. Sowohl Wände als auch Decken wurden mit einer tiefschwarzen Tapete bedeckt, deren Ornamente aus mattem Gold gefertigt waren. Ein schwarzer Samt-Vorhang verdeckte das einzige Rautenfenster, während ein dicker weicher Teppich aus dem gleichen Material das Geräusch meiner Schritte unhörbar machte, um den Fluß meiner Gedanken nicht zu unterbrechen, wenn ich, wie es meine Gewohnheit war, in Gedanken versunken auf und ab schritt. Entlang der Gesimse liefen goldene Stäbe, an denen sechs Bilder hingen, alle in jener düsteren und phantasievollen Art, die am besten mit meiner Phantasie harmoniert.

Und doch wollte es das Schicksal, daß ich, bevor ich diesen ruhigen Hafen erreichen konnte, lernen sollte, daß ich immer noch ein Angehöriger der Menschheit war und daß es nicht gesund ist, die Bindungen zerbrechen zu wollen, die uns an unsere Gefährten bindet.

Gerade zwei Nächte vor dem Datum, das ich für meinen Wohnungswechsel bestimmt hatte, wurde ich eines Vorgangs im Haus unten gewahr: man schleppte schwere Lasten die knarrende Treppe hinauf, und ich vernahm die rauhe Stimme meiner Vermieterin, die jemanden laut und freudig in Empfang nahm. Von Zeit zu Zeit konnte ich inmitten des Wirbels von Wörtern eine vornehme und sanft modulierte Stimme vernehmen, die nach den langen Wochen, in denen mir nur der rauhe Dialekt der Dalesmen[32] zu Ohren gekommen war, angenehm auf mich wirkte. Für eine Stunde konnte ich unten den Dialog zwischen der hohen und der tiefen Stimme hören, unterbrochen vom Klappern der Tassen und Klingen der Löffel, bis endlich ein leichter, schneller Schritt an meinem Studierzimmer vorüberging, und ich wußte, daß meine neue Mitbewohnerin ihr Zimmer aufgesucht hatte.

Am Morgen nach diesem Vorfall war ich frühzeitig auf, wie es meine Gewohnheit ist; aber bei einem Blick aus meinem Fenster konnte ich zu meiner Überraschung sehen, daß unsere neue Mitbewohnerin noch früher auf war. Sie kam den schmalen Weg hinunter, der im Zickzack über das Heideland führte - eine große Frau, schlank, den Kopf auf die Brust gesenkt, ihre Arme mit einem Büschel voller Wildblumen gefüllt, die sie während ihres morgendlichen Umherschweifens gesammelt hatte.

Das Weiß und Rosa ihres Kleides und der Streifen der tiefroten Schleife an ihrem breiten, herabhängenden Hut bildeten angenehme Farbtupfer vor der dunkel getönten Landschaft. Als ich sie zuerst erblickte, befand sie sich noch in ziemlicher Entfernung, doch ich wußte, daß diese wandernde Frau niemand anderes sein konnte, als die gestern abend eingetroffene, denn es lag eine Anmut und Raffinesse in ihrer Haltung, die sie von den Bewohnern der Heide unterschied.

Indem ich sie noch beobachtete, überquerte sie geschwind und leichtfüßig den Fußweg, schritt durch die Pendeltür am unteren Ende unseres Bauerngartens, setzte sie sich auf die grüne Bank gegenüber meinem Fenster, streute ihre Blumen vor sich aus und begann sie zu arrangieren.

Wie sie dort mit der aufgehenden Sonne hinter sich dasaß

32 Dalesmen, Bewohner der Region Yorkshire Dales

und das Leuchten des Morgens sich wie ein Heiligenschein um den stattlichen und charaktervollen Kopf entfaltete, kam ich nicht umhin zu bemerken, daß sie eine Frau von außerordentlicher Schönheit war. Ihr Gesicht war eher spanisch als englisch in seiner Art - oval, oliv, mit schwarzen, funkelnden Augen und einem süßen, empfindsamen Mund. Unter dem breiten Strohhut umflossen zwei dicke Strähnen blauschwarzen Haares anmutig den Hals zu beiden Seiten. Überrascht beobachtete ich, daß der Zustand ihrer Schuhe und ihres Rockes eher auf eine Expedition denn auf eine bloße Morgen-Wanderung hindeutete. Das leichte Kleid war befleckt, naß und beschmutzt, während ihre Stiefel dick mit dem gelben Heideboden bedeckt waren. Auch zeigte ihr Gesicht einen erschöpften Ausdruck, und ihre junge Schönheit schien von den Schatten eines Ärgers getrübt zu sein. Gerade als ich sie betrachtete, brach sie plötzlich in wildes Weinen aus, warf ihren Blumenstrauß zu Boden und lief schnell ins Haus.

Geistesabwesend wie ich war und der Wege der Welt überdrüssig, wurde ich mir im Angesicht der krampfhaften Verzweiflung, die diese seltsame und schöne Frau erschütterte, eines plötzlichen Aufwallens von Sympathie und Mitgefühl bewußt. Ich beugte mich erneut über meine Bücher, obwohl meine Gedanken immer wieder zu ihrem stolzen, geradlinigen Gesicht, ihrem vom Wetter mitgenommenen Kleid, ihrem herabhängenden Kopf und der Trauer zurückkehrten, die in jeder Linie und in jedem Gesichtszug ihres nachdenklichen Gesichtes gelegen hatten.

Mrs. Adams, meine Vermieterin, war gewohnt, mir mein frugales Frühstück aufzutragen. Dennoch war es sehr selten, daß ich ihr gestattete, den Fluß meiner Gedanken zu unterbrechen oder meinen Kopf durch ihr unnützes Geschwätz von gewichtigeren Dingen abzulenken. Heute morgen fand sie mich jedoch ausnahmsweise bereit, ihr zuzuhören, und es bedurfte nur einiger kleiner Rückfragen, so ergoß sich in schier unendlichem Strome alles in meine Ohren, was sie von unserer schönen Besucherin wußte.

„Miss Eva Cameron ist ihr Name, Sir“, sagte sie „aber wer sie ist, oder wo sie herkommt? Ich weiß kaum mehr als Sie selbst. Vielleicht hat sie der gleiche Grund nach Kirkby-Malhouse gebracht, der Sie hergezogen hat, Sir."

„Gut möglich", sagte ich und ignorierte die verdeckte Frage; „aber ich hätte kaum gedacht, daß Kirkby-Malhouse ein Ort wäre, der einer jungen Dame irgend etwas Attraktives bieten könnte."

„Ja, Sir!" rief sie: „Das fragt man sich doch wirklich. Die Lady kommt grad aus Frankreich, und wie ihre Leute auf mich verfallen sind, ist mir doch ein Rätsel. Vor einer Woche kommt ein Mann an meine Tür – ein feiner Mann, Sir, und ein Gentleman, wie man mit einem halben Auge sehen konnte. *Sie sind Mrs. Adams*, sagt er. *Ich miete Ihre Räume für Miss Cameron*, sagt er. *Sie wird in einer Woche hier sein*, sagt er; und dann war er weg, ohne ein Wort übers Geld zu verlieren. Letzte Nacht kommt die junge Lady dann selbst – mit sanfter Stimme und niedergeschlagen, mit einem Hauch von Französisch in ihrer Aussprache. Aber bei meiner Seele, Sir, ich muß los, und ihr einen Tee machen, denn das arme Lämmchen wird sich ganz einsam fühlen, wenn sie unter einem fremden Dach aufwacht."

2. Wie ich nach Gaster Fell zog

Ich war immer noch mit meinem Frühstück beschäftigt, als ich das Klappern von Geschirr und die Schritte der Wirtin hörte, wie sie zum Zimmer ihrer neuen Untermieterin vorüberging. Einen Augenblick später stürzte sie den Weg zurück und platzte bei mir herein – mit erhobenen Händen und erschrocken Augen. „Herr, erbarme dich, Sir!" rief sie, „und ich bitte um Verzeihung, Sie zu stören, aber ich fürchte, die junge Lady, Sir, sie ist nicht in ihrem Zimmer."

„Nun, da ist sie", sagte ich, erhob mich und blickte durchs Fenster. „Sie ist wegen der Blumen zurückgegangen, die sie auf der Bank ließ."

„Oh, Sir, sehen Sie nur ihre Stiefel und ihr Kleid!" rief die Wirtin aufgewühlt. „Ich wünschte, ihre Mutter wäre hier, Sir, wirklich. Wo sie gewesen ist, weiß ich nicht, aber in ihrem Bett war sie in dieser Nacht nicht."

„Zweifellos war sie unruhig und ging spazieren, obwohl der Zeitpunkt sicherlich ungewöhnlich war."

Mrs. Adams spitzte ihre Lippen und schüttelte den Kopf. Aber als sie dann am Fensterflügel stand, blickte das Mädchen lächelnd hinauf und winkte ihr vergnügt zu, sie solle das Fenster öffnen.

„Sie haben meinen Tee?" fragte sie mit voller, klarer Stimme, gewürzt mit dem Hauch eines französischen Akzents.

„Er ist in Ihrem Zimmer, Miss."

„Schauen Sie sich meine Stiefel an, Mrs. Adams!" rief sie und versteckte sie unter ihrem Rock. „Diese Heide ist ein schrecklicher Ort – *effroyable* – ein Zoll, zwei Zoll, nie habe ich solchen Schlamm gesehen! Mein Kleid ist – *voila*!"

„Äh, Miss, Sie sind wirklich ganz schön mitgenommen", rief die Wirtin und blickte nach unten auf das verschmutzte Kleid. „Aber Sie müssen richtig müde sein und reif fürs Bett."

„Nein, nein", antwortete sie lachend. „Ich will nicht schlafen. Was ist der Schlaf? Es ist ein kleiner Tod – *voila tout*. Aber zu gehen, zu laufen, die Luft einzuatmen – das ist das Leben. Ich war nicht müde, und ich habe die ganze Nacht über die Heide von Yorkshire erkundet."

„Um Gottes willen, Miss, und wo sind Sie gewesen?" fragte Mrs. Adams.

Sie schwang ihre Hand in einer umfassenden Geste herum, die den ganzen westlichen Horizont einschloß. „Dort", rief sie. *„O comme elles sont tristes et sauvages, ces collines!* Aber hier habe ich Blumen. Sie werden mir Wasser bringen, nicht wahr? Sie werden sonst verwelken." Sie versammelte ihre Schätze in ihrem Schoß, und einen Augenblick später hörten wir ihren leichten, federnden Schritt auf der Treppe.

Also war diese seltsame Frau die ganze Nacht über ausgewesen. Was mochte sie aus ihrem gemütlichen Zimmer herausgetrieben haben, hinauf zu den düsteren, windzerzausten Hügeln? Handelte es sich lediglich um die Unruhe eines jungen Mädchens, die Liebe zu Abenteuern? Oder gab es möglicherweise eine tiefere Bedeutung für diesen nächtlichen Streifzug?

Tief wie die Mysterien, die meine Studien mich zu lösen gelehrt hatten, war hier ein menschliches Problem, das, im

Moment zumindest, über mein Verständnis hinausging. Ich war am Vormittag auf die Heide hinausgewandert, und als ich bei meiner Rückkehr das Auge hob und das kleine Dörfchen überblickte, entdeckte ich meine Mitbewohnerin in einiger Entfernung zwischen dem Stechginster. Sie hatte eine leichte Staffelei vor sich, darauf einen Papierblock, und schickte sich an, die herrliche Landschaft der Felsen und der Heide zu malen, die sich vor ihr ausbreitete. Als ich sie sah, bemerkte ich, daß sie ängstlich nach rechts und links Ausschau hielt. In meiner Nähe befand sich eine Wasserlache, die sich in einer Mulde gebildet hatte. Ich tauchte den Becher meiner Taschenflasche hinein, und trug ihn zu ihr hinüber.

„Miss Cameron, wie ich annehme", sagte ich. „Ich bin Ihr Mit-Untermieter. Mein Name ist Upperton. In dieser Wildnis müssen wir uns einander selbst vorstellen, wenn wir nicht für immer fremd bleiben wollen."

„Oh, dann wohnen Sie auch bei Mrs. Adams!" rief sie. „Ich hatte gedacht, hier gäbe es niemanden als Bauern an diesem seltsamen Ort."

„Ich bin ein Besucher, wie Sie selbst", antwortete ich. „Ich bin ein Studierender und kam auf der Suche nach Ruhe und Einsamkeit, die meine Studien erfordern."

„Ruhe, ja!" sagte sie, mit einem Blick in die Runde auf den riesigen Kreis der stillen Heide und der kleinen Zeile grauer Bauernhöfe, die sich schräg unter uns hinzog.

„Und noch nicht ruhig genug", antwortete ich lachend, „denn ich sehe mich gezwungen, weiter weg in der Heide die absolute Ruhe zu suchen, nach der es mich verlangt."

„Haben Sie etwa ein Haus in der Heide gebaut?" fragte sie mit hochgezogenen Augenbrauen.

„Ich habe und hoffe, in wenigen Tagen einzuziehen."

„Ah, aber das ist *triste*", rief sie. „Und wo befindet sich denn dieses Haus, das Sie gebaut haben?"

„Ziemlich weit draußen", antwortete ich."Sehen Sie das Flüßchen, das wie ein silbernes Band auf der fernen Heide liegt? Es ist der Gaster Beck, und er führt durch das Gaster Fell."

Sie fuhr auf, und richtete ihre großen, dunklen, fragenden Augen auf mich mit einem Blick, in dem Überraschung,

Ungläubigkeit, und so etwas wie Erschrecken miteinander um die Vorherrschaft zu kämpfen schienen.

„Und Sie wollen in Gaster Fell leben?“ rief sie.

„So habe ich es geplant. Aber was wissen Sie über das Gaster Fell, Miss Cameron?“ fragte ich. „Ich hatte gedacht, daß Sie eine Fremde in dieser Gegend wären.“

„Ja, ich war noch nie zuvor hier“, antwortete sie. „Aber ich habe meinen Bruder über diese Yorkshire-Heide sprechen gehört; und wenn ich mich nicht irre, bezeichnete er gerade diese als eine der wildesten und rauhesten von allen.“

„Sehr wahrscheinlich“, sagte ich leicht dahin. „Es ist tatsächlich ein trostloser Ort.“

„Warum dann dort leben?“ rief sie eifrig. „Bedenken Sie die Einsamkeit, die Kargheit, den Verzicht auf jeglichen Komfort und jeden Beistand, falls er erforderlich sein sollte.“

„Beistand? Welcher Beistand sollte in Gaster Fell benötigt werden?“

Sie senkte den Blick und zuckte die Achseln. „Krankheit kann zu allen Orten kommen“, sagte sie. „Wäre ich ein Mann, ich glaube nicht, daß ich in Gaster Fell allein leben würde.“

„Ich habe Schlimmerem getrotzt“, sagte ich lachend, „aber ich fürchte, daß Ihr Bild in Mitleidenschaft genommen wird, denn die Wolken türmen sich hochauf, und ich fühle bereits ein paar Regentropfen.“

Tatsächlich war es höchste Zeit, Schutz zu suchen, denn kaum hatte ich das ausgesprochen, setzte unvermittelt das Rauschen eines kräftigen Regenschauers ein. Fröhlich lachend warf meine Begleiterin ihr leichtes Tuch über den Kopf, ergriff Bild und Staffelei und eilte mit der geschmeidigen Anmut eines jungen Rehs den mit Ginster bewachsenen Hang hinab, während ich mit Falthocker und Farbkasten nachfolgte.

Es war kurz vor meiner Abreise aus Kirkby-Malhouse, als wir auf der grünen Bank im Garten saßen. Sie ließ ihre dunklen, verträumten, traurigen Augen über die düstere Heide schweifen, während ich, mit einem Buch auf meinen Knien, insgeheim ihr schönes Profil betrachtete und mich erstaunt fragte, wie zwanzig Jahre des Lebens einen so traurigen und wehmütigen Ausdruck darauf geprägt haben konnten.

„Sie haben viel gelesen“, bemerkte ich endlich. „Frauen haben heute Möglichkeiten, von denen ihre Mütter nichts ahnten. Haben Sie jemals daran gedacht weiterzugehen, einen Kurs an der Hochschule zu besuchen oder sogar einen Beruf zu erlernen?“

Sie lächelte müde bei dem Gedanken.

„Ich habe kein Ziel, keinen Ehrgeiz“, sagte sie. „Meine Zukunft ist schwarz – vernebelt – ein Chaos. Mein Leben ist wie einer dieser Pfade auf der Heide. Sie haben sie gesehen, *Monsieur* Upperton. Sie sind glatt und gerade und klar, wo sie beginnen, aber bald winden sie sich nach links und nach rechts, um Felsen und Klippen herum, bis sie sich in einigen Schlammsuhlen verlieren. In Brüssel war mein Weg gerade; aber jetzt, *Mon Dieu*! Wer kann mir sagen, wohin er führt?“

„Es bedarf keines Propheten, um das zu tun, Miss Cameron“, sprach ich in beinahe väterlicher Weise. „Wenn ich Ihr Leben lesen darf, erlaube ich mir zu sagen, daß Sie, wie viele Frauen – bestimmt sind, einen guten Mann glücklich zu machen und um, in einem allgemeineren Sinne, anderen das Vergnügen zu geben, das Ihre Gesellschaft mir gegeben hat, seit ich Sie zum ersten Male traf.“

„Ich werde nie heiraten“, sagte sie mit scharfem Nachdruck, der mich überraschte und irgendwie auch amüsierte.

„Nicht heiraten – und warum?“

Ein seltsamer Ausdruck überschattete ihre empfindsamen Gesichtszüge, und sie rupfte nervös an dem Gras am Ufer neben ihr.

„Ich wage es nicht“, sagte sie mit erregt zitternder Stimme.

„Sie wagen es nicht?“

„Es ist nichts für mich. Ich habe andere Dinge zu tun. Dieser Weg, von dem ich sprach, ist einer, den ich allein beschreiten muß.“

„Aber das ist doch krankhaft“, sagte ich. „Warum sollte Ihr Los, Miss Cameron, ein anderes sein, als das meiner eigenen Schwestern oder das der tausend anderen jungen Damen, die jede Saison in die Welt entlassen werden? Aber vielleicht ist es, weil Sie Angst haben und der Menschheit mißtrauen. Jede Ehe birgt ein Risiko in sich, aber auch die Chance des Glücks.“

„Das Risiko trüge der Mann, der mich heiratete“, rief sie. Und dann, im selben Augenblick, als hätte sie zu viel gesagt, sprang sie auf und hüllte sich in ihren Mantel. „Die Nachtluft ist kalt, Mr. Upperton“, sagte sie, huschte schnell hinweg und ließ mich zurück, in Gedanken versunken über die seltsamen Worte, die von ihren Lippen gefallen waren. Natürlich war es an der Zeit zu gehen. Ich biß meine Zähne zusammen und schwor, kein weiterer Tag solle mehr bis zu meinem Rückzug in die mich erwartende Einsamkeit der Heide vergehen, bevor mich noch diese neu gebildete Schlinge einzufangen drohte. Das Frühstück am nächsten Morgen war kaum vorüber, als ein Bauer meine wenigen persönlichen Sachen zur Tür schleppte, vor der eine einfache Handkarre darauf wartete, sie in meine neue Wohnung zu befördern. Meine Mit-Mieterin war in ihrem Zimmer geblieben. Zwar hatte ich meinen Geist gegen ihren Einfluß gewappnet, war aber doch ein wenig enttäuscht, daß sie mir erlauben wollte, ohne ein Wort des Abschieds zu gehen. Meine Handkarre mit ihrer Ladung Bücher darauf hatte sich bereits in Bewegung gesetzt, ich hatte Mrs. Adams die Hand geschüttelt und war im Begriff der Karre zu folgen, als ich schnelle Schritte auf der Treppe vernahm, und da war sie neben mir, in atemloser Hast.

„Dann gehen Sie also – Sie gehen wirklich?“ fragte sie.

„Meine Studien rufen mich.“

„Und nach Gaster Fell?“ fragte sie.

„Ja, in das Häuschen, das ich mir dort hergerichtet habe.“

„Und Sie werden dort allein leben?“

„Mit meinen hundert Gefährten, die dort auf der Karre liegen.“

„Ach, Bücher!“ rief sie mit einem reizenden Zucken ihrer anmutigen Schultern. „Aber wollen Sie mir etwas versprechen?“

„Was?“ fragte ich überrascht.

„Es ist nur eine Kleinigkeit. Sie werden es mir nicht abschlagen?“

„Sie brauchen es mir nur zu sagen.“

Sie beugte ihr schönes Gesicht mit einem Ausdruck intensivster Ernsthaftigkeit nach vorn. „Werden Sie Ihre Tür nachts verriegeln?“ sagte sie – und war verschwunden, ehe ich ein Wort der Erwiderung auf ihre außergewöhnliche Bitte hervorbringen konnte.

Mich endlich in meiner einsamen Wohnung zu befinden, regelrecht eingezogen zu sein, bescherte mir ein seltsames Gefühl. Für mich war der Horizont jetzt begrenzt durch das öde Rund drahtigen, ertraglosen Grases, übersät mit Ginsterbüschen und gezeichnet durch den Überfluß der Natur an Öde und Rippen aus Granit[33]. Eine langweiligere, heruntergekommenere Wüste habe ich noch nie gesehen; aber ihre Eintönigkeit war ihr eigentlicher Reiz.

Aber noch in der allerersten Nacht, die ich in Gaster Fell verbrachte kam es zu einem seltsamen Vorfall, der meine Gedanken einmal mehr zu der Welt zurückführte, die ich hinter mir gelassen hatte.

Es war ein düsterer und schwüler Abend mit großen bleiernen Wolkenbänken, die sich im Westen auftürmten. Als die Nacht anbrach, wurde die Luft in meiner kleinen Behausung schwer und drückend. Ein Gewicht schien auf meiner Stirn und meiner Brust zu lasten. Von fern schallte leise grollend der Donner eines Gewitters über die Heide. Unfähig einzuschlafen, kleidete ich mich an und blickte von der Tür meiner Hütte auf die schwarze Einöde, die mich umgab.

Ich schlenderte den schmalen Trampelpfad, der dem Bach folgt, einige Hundert Yards weit entlang und hatte mich gerade umgedreht, um zurückzugehen, als der Mond sich hinter einer tintenschwarzen Wolke verbarg und sich die Finsternis so plötzlich verstärkte, daß ich weder den Pfad zu meinen Füßen sehen konnte, geschweige denn den Bach zu meiner Rechten oder die Felsen zu meiner Linken. Ich tappte noch in der dicken Finsternis herum, als ein Donnerschlag erfolgte und ein Blitzstrahl die ganze riesige Heide erhellte, so daß jeder Busch und jeder Fels klar und hart in strahlendem Licht stand. Es war nur für einen Augenblick, doch diese kurze Ansicht erfüllte mich mit Schrecken und Angst, denn genau vor mir auf meinem Pfad, keine zwanzig Yards entfernt, da

33 Trockenmauern

stand eine Frau; das strahlende Licht schlug ihr ins Antlitz und zeigte jedes Detail ihrer Kleidung und ihrer Gesichtszüge.

Es war nicht zu verkennen – diese dunklen Augen, diese hohe, anmutige Statur. Sie war es – Eva Cameron, die Frau, von der ich dachte, sie für immer verloren zu haben. Für einen Moment stand ich wie versteinert, fragte mich, ob sie es wirklich sein könne, oder dies eine Einbildung meines aufgeregten Gehirns wäre. Dann lief ich schnell dorthin, wo ich sie gesehen hatte, rief laut nach ihr, erhielt aber keine Antwort. Wieder rief ich, und wieder kam keine Antwort, außer dem melancholischen Jammern einer Eule. Ein zweiter Blitz beleuchtete die Landschaft, und der Mond brach hinter den Wolken hervor. Aber obwohl ich eine Anhöhe erklomm, von der aus ich die ganze Heide zu überblicken vermochte, konnte ich kein Anzeichen dieser seltsamen mitternächtlichen Wanderin ausmachen. Für eine Stunde oder länger durchstreifte ich die Heide und fand dann endlich wieder zurück zu meiner kleinen Hütte, immer noch im Zweifel, ob ich eine Frau oder eine Schattengestalt gesehen hatte.

3. Von dem grauen Haus in der Schlucht

Es war entweder am vierten oder fünften Tag, nachdem ich meine Hütte in Besitz genommen hatte, als ich erstaunt draußen auf dem Gras Schritte hörte, und bald darauf ein Klopfen von einem Stock an der Tür. Die Explosion einer Höllenmaschine hätte mich mehr kaum überraschen oder verwirren können. Ich hatte gehofft, alle Störungen ausgeschlossen zu haben, und doch war hier jemand, der an meine Tür mit der gleichen Ungezwungenheit klopfte, als würde es sich um eine Schenke handeln. Wütend schleuderte ich mein Buch zu Boden und zog den Riegel im selben Augenblick zurück, als mein Besucher seinen Stock erneut erhoben hatte, um sein rüdes Begehr um Einlaß zu wiederholen. Er war ein großer, starker Mann mit rötlichem Bart und großem Brustkasten, gekleidet in einen lockeren und eher praktisch denn elegant geschnittenen Tweed-Anzug. Da er im gleißenden Sonnenlicht stand, konnte ich in jeden Zug in seinem Gesicht studieren.

Die große, fleischige Nase, die ruhigen, blauen Augen mit ihren dicken, buschig überhängenden Augenbrauen, die breite Stirn, voller Runzeln und Furchen, die in einem seltsamen Widerspruch zu seinem jugendlichen Habitus standen. Trotz seines wettergegerbten Filzhutes und des bunten Tuches, das um den muskulösen braunen Hals gebunden war, konnte ich auf einen Blick sehen, daß er ein Mann von Lebensart und Bildung war. Ich war auf einen wandernden Schäfer oder ungehobelten Landstreicher gefaßt gewesen, aber diese Erscheinung verwirrte mich einigermaßen.

„Sie sehen erstaunt aus“, sagte er mit einem Lächeln. „Glauben Sie, Sie wären der einzige Mensch auf der Welt mit einem Sinn für die Einsamkeit? Sie sehen, es gibt noch andere Einsiedler in der Wildnis außer Ihnen.“

„Wollen Sie damit sagen, Sie leben hier?“ fragte ich in wenig gewinnendem Tonfall.

„Dort drüben“, antwortete er und deutete mit seinem Kopf nach hinten.

„Ich dachte, da wir nun Nachbarn sind, Mr. Upperton, könnte ich nichts weniger tun, als einmal vorbeizuschauen und zu sehen, ob ich in irgendeiner Weise behilflich sein kann.“

„Danke“, sagte ich kalt, meine Hand auf dem Riegel der Tür lassend. „Ich bin ein Mann einfacher Bedürfnisse, und Sie können nichts für mich tun. Sie haben mir gegenüber den Vorteil, meinen Namen zu wissen.“

Er schien durch mein unfreundliches Benehmen abgekühlt zu werden. „Ich erfuhr es von den Maurern, die hier am Werk waren“, sagte er. „Was mich betrifft, ich bin Arzt, der Arzt von Gaster Fell. Das ist der Name, unter dem ich in dieser Gegend segle, und er tut es so gut, wie jeder andere.“

„Kein guter Platz, um hier zu praktizieren, nicht wahr?“ Ich beobachtete ihn. „Meilenweit in jeder Richtung keine Menschenseele außer Ihnen. Zudem glaube ich sagen zu dürfen, Sie selbst scheinen etwas Hilfe gebrauchen zu können.“ Ich bemerkte auf seiner sonnengebräunten Wange einen weißen Spritzer, wie von dem kürzlichen Umgang mit einer starken Säure.

„Das ist nichts“, antwortete er schroff und wandte sein Gesicht halb von mir ab, um das Mal zu verbergen. „Ich muß zurück, denn ich habe einen Gefährten, der auf mich wartet. Wenn ich jemals etwas für Sie tun kann, lassen Sie es mich wirklich wissen. Sie müssen nur dem Beck aufwärts folgen, für eine Meile oder so, um mein Heim zu finden. Haben Sie einen Riegel an der Innenseite der Haustür?“

„Ja“, antwortete ich, einigermaßen erschrocken über diese Frage.

„Dann legen sie ihn vor“, sagte er. „Die Heide ist ein seltsamer Ort. Man weiß nie, wer sich hier herumtreiben kann. Es ist immer gut, auf der sicheren Seite zu sein. Auf Wiedersehen.“

Er griff an seinen Hut, drehte sich auf dem Absatz um und schlenderte fort, am Ufer des kleinen Flüßchens entlang.

Ich blieb, mit meiner Hand auf dem Riegel, stehen und blickte meinem unerwarteten Besucher nach, als ich noch eines weiteren Bewohners der Wildnis gewahr wurde. In einiger Entfernung entlang des Pfades, den der Fremde nahm, lag ein großer, grauer Felsblock, und da stand ein kleines verhutzeltes Männchen und lehnte sich gegen den Felsen. Als der andere ihn erreicht hatte, richtete er sich auf. Die beiden sprachen eine Minute oder länger miteinander, der größere Mann deutete häufig mit seinem Kopf in meine Richtung, als beschriebe er, was es zwischen uns gegeben hatte. Dann gingen sie gemeinsam fort und verschwanden in einer Senke des Heidelandes. Ich erblickte sie nochmals an einer ansteigenden Bodenstelle weiter aufwärts. Mein Besucher hatte seinen Arm um seinen älteren Freund gelegt, entweder aus Zuneigung oder um diesen bei dem steilen Aufstieg zu unterstützen. Die vierschrötige, stämmige Figur und die hutzelige, magere seines Begleiters hoben sich gegen den Himmel ab. Sie drehten sich zu mir um und blickten auf mich zurück. Bei dem Anblick schlug ich die Tür zu, um sie nicht zu ermutigen zurückzukehren. Aber als ich einige Minuten später aus meinem Fenster schaute, bemerkte ich, daß sie gegangen waren.

Den ganzen Tag lang beugte ich mich über den ägyptischen Papyrus, mit dem ich beschäftigt war, aber weder die scharfsinnigen Argumente des antiken Philosophen von Memphis, noch die mystische Bedeutung, die in dieser Seite verborgen lag, vermochten meinen Geist von dem irdischen Geschehen loszulösen. Es ging auf den Abend zu, als ich verzweifelt meine Arbeit beiseite warf. Ich war voller Empörung gegen diesen Mann wegen seiner Störung. Am Ufer des Baches, der hinter der Tür meiner Behausung vorbeifloß, kühlte ich meine erhitzte Stirn und überdachte die Angelegenheit. Ohne Zweifel war es das kleine Geheimnis, das diese Nachbarn umgab, das meinen Geist so hartnäckig mit Beschlag belegte. Vermochte ich das zu ergründen, wäre es nicht länger ein Hindernis für meine Studien. Was sollte mich also davon abhalten, zu ihrer Behausung zu gehen und sie insgeheim zu beobachten, um herauszufinden, um wen es sich da eigentlich handelte? Zweifellos würde die Kenntnis ihrer Lebensweise eine einfache und prosaische Erklärung zu liefern vermögen. Auf jeden Fall war es ein schöner Abend, und ein Spaziergang wäre eine Belebung für Körper und Geist. Ich zündete meine Pfeife an und machte mich auf meinen Weg über die Heide, wobei ich die Richtung einhielt, die die beiden genommen hatten.

Etwa auf halbem Weg in eine wilde Schlucht hinab stand eine kleine Gruppe knorriger und verkümmerter Eichen. Hinter diesen stieg eine dünne, dunkle Rauchsäule in die ruhige Abendluft auf. Sicher wies das auf den Ort des Hauses meines Nachbarn hin. Indem ich mich nach links hielt, konnte ich die Zuflucht einer Reihe von Felsen erreichen, von wo aus ich die Gelegenheit hatte, das Haus zu beobachten, ohne mich selbst der Gefahr auszusetzen, entdeckt zu werden. Es war ein kleines, schiefergedecktes Haus, kaum größer als die Felsbrocken hinter denen es lag. Wie meine eigene Hütte war es offensichtlich gebaut worden, um Schäfern als Unterkunft zu dienen; aber, im Unterschied zu mir, waren hier keine Mühen aufgewendet worden, um es instand zu setzen oder zu vergrößern.

Zwei kleine Fenster, eine gebrochene und verwitterte Tür und ein rohes Faß, um das Regenwasser aufzufangen, waren die einzigen äußeren Dinge, aus denen ich Schlüsse auf die Bewohner drinnen ziehen konnte. Doch auch diese lieferten

Stoff zum Nachdenken. Als ich mich vorsichtig näherte, mich jedoch weiter in der Deckung der Felsen versteckte, sah ich, daß dicke eiserne Stangen die Fenster sicherten und die alte Tür mit dem gleichen Metall beschlagen war. Diese seltsamen Vorsichtsmaßnahmen, im Verein mit der wilden Umgebung und der völligen Einsamkeit, verliehen dem freistehenden Gebäude einen unbeschreiblich üblen und furchteinflößenden Charakter. Ich verstaute meine Pfeife in der Tasche und kroch auf Händen und Knien durch Stechginster und Farne, bis ich nur noch hundert Yards von der Tür meines Nachbarn entfernt war. Dort duckte ich mich nieder, um zu beobachten, da ich mich nicht weiter anzunähern vermochte, ohne Gefahr zu laufen, entdeckt zu werden.

Ich hatte mich gerade in meinem Versteck eingerichtet, als die Tür des Hauses geöffnet wurde und der Mann, der sich mir als der Arzt von Gaster Fell vorgestellt hatte, barhäuptig und mit einem Spaten in seinen Händen heraustrat. Vor der Tür gab es ein kleines gepflegtes Beet mit Kartoffeln, Erbsen und anderem Grünzeug, und hier begann er sich mit Gartenarbeiten zu beschäftigen, während er mit einer kraftvollen, aber nicht sehr musikalischen Stimme vor sich hin sang. Er war ganz vertieft in seine Arbeit und stand mit dem Rücken zum Haus, als aus der halboffenen Tür die nämliche schwache Kreatur auftauchte, die ich am Morgen gesehen hatte. Ich konnte jetzt wahrnehmen, daß es ein Mann von sechzig war, runzlig, gebeugt und kraftlos, mit spärlichem, ergrautem Haar und länglichem, farblosem Gesicht. Mit einem unterwürfigen, seitwärtigen Gang schlurfte er zu seinem Gefährten hinüber, der seiner Annäherung erst bewußt wurde, als dieser unmittelbar bei ihm war. Dessen leichter Tritt oder seine Atmung mögen ihm schließlich seine Annäherung verraten haben, denn der Arbeitende fuhr herum und erblickte ihn.

Jeder machte einen schnellen Schritt auf den anderen zu, wie zu einer Begrüßung, und dann – noch jetzt fühle ich den Schrecken des Momentes – stürmte der großgewachsene Mann vor und schlug seinen Gefährten zu Boden, hob ihn sodann auf, lief mit ihm in großer Geschwindigkeit zum Haus und verschwand mit seiner Last darin.

Obwohl ich durch mein abwechslungsreiches Leben abgehärtet bin, ließ mich die Plötzlichkeit und Gewalttätigkeit des Geschehens erschaudern.

Das Alter des Mannes, seine schwache Konstitution, seine demütige und abwehrende Haltung machten dies zu einer wahrhaft schändlichen Tat. Ich war so wütend, daß ich, unbewaffnet wie ich war, kurz davor stand, zu dem Haus zu stürmen, als der Klang von Stimmen von drinnen mir anzeigte, daß das Opfer sich erholt hatte. Die Sonne war unter den Horizont gesunken, und alles war grau, außer einer roten Feder am Hut des Pennigent[34]. Die Dämmerung schützte mich, und ich konnte mich so weit annähern und meine Ohren anstrengen, daß ich die hohe, quengelnde Stimme des älteren Mannes und die tiefen, rauhen Töne seines Angreifers unterscheiden konnte, vermischt mit einem seltsamen metallischen Poltern und Klirren. Jetzt kam der Arzt heraus, verriegelte die Tür hinter sich und stapfte in der Dämmerung auf und ab, raufte sich die Haare und wedelte wie ein Verrückter mit seinen Armen in der Luft herum. Dann machte er sich auf den Weg ins Tal. Er ging sehr schnell, und ich verlor ihn bald zwischen den Felsen aus den Augen.

Als sein Tritt in der Ferne verklungen war, wagte ich mich näher an das Haus heran. Der Gefangene darin gab noch immer einen Redeschwall von sich und stöhnte von Zeit zu Zeit, als hätte er Schmerzen. Diese Rede stellte sich, als ich näher gekommen war, als ein Gebet heraus – ein schrilles, wortreiches Gebet, herausgestoßen mit der intensiven Ernsthaftigkeit eines Mannes, der sich einer drohenden und ernsten Gefahr gegenüber sieht.

Es war etwas unaussprechlich Furchterregendes in diesem Schwall inständigen und für kein menschliches Ohr bestimmten Flehens jenes einsamen Leidenden, den er da in die Stille der Nacht hinauskreischte. Ich grübelte immer noch, ob ich mich in die Affäre einmischen sollte oder nicht, als ich in der Ferne die

34 auch Pen-y-ghent; flacher Berg (306 m) in den Yorkshire Dales, dessen langgestreckter Gipfel einer Kopfbedeckung ähnelt.

Schritte des zurückkehrenden Arztes hörte. Daraufhin zog ich mich schnell an dem Eisengitter hoch und warf einen Blick durch das rautenförmig verglaste Fenster. Das Innere des Hauses wurde durch die grelle Glut eines chemischen Ofens erleuchtet. In seiner Lichtfülle konnte ich einen großen Haufen herumliegender Retorten, Reagenzgläser und Destillierkolben unterscheiden, die auf dem Tisch funkelten, und seltsame, groteske Schatten an die Wand warfen. An der gegenüberliegenden Seite des Raumes befand sich ein hölzernes Gerüst, ähnlich einem Hühnerkäfig, und darin kniete, immer noch ins Gebet vertieft, der Mann dessen Stimme ich gehörte hatte. Das rote Glühen, das auf sein aufwärts gerichtetes Gesicht fiel, ließ dieses wie auf einem Gemälde von Rembrandt aus dem Dunkel hervorstechen und zeigte jede Falte seiner pergamentartigen Haut. Ich hatte nur Zeit für einen flüchtigen Blick, dann ließ ich das Fenstergitter los und machte, daß ich davonkam. Ich eilte zwischen den Felsen hindurch und über das Heidekraut und ließ in meinem Tempo nicht nach, bis ich mich wieder zurück in meiner Hütte befand. Dort warf ich mich auf meine Couch, stärker verstört und erschüttert, als ich jemals befürchtet hatte, etwas ähnliches noch einmal fühlen zu müssen.

Alle Zweifel, die ich je gehabt haben konnte, ob ich wirklich meine ehemalige Mit-Untermieterin in jener Gewitternacht gesehen hatte, wurden am nächsten Morgen beseitigt. Ich schlenderte den Weg entlang, der zu der Schlucht führte, und entdeckte an einer Stelle, an der der Boden weicher war, die Abdrücke eines Fußes – kleine zierliche Fußabdrücke eines guten Damenstiefels. Die winzige Ferse und der hohe Spann konnte niemand anderem gehören als meiner Begleiterin von Kirkby-Malhouse. Ich folgte ihrer Spur eine gute Strecke, bis ich erkennen konnte, daß sie zu dem einsamen und unheilvollen Haus führte. Welche Macht konnte es geben, um dieses zarte Mädchen durch Wind und Regen und Dunkelheit und über die furchterregende Heide zu einem so seltsamen Rendezvous zu treiben?

Ich habe berichtet, daß ein kleines Flüßchen talabwärts und gerade an meiner Tür vorüberfloß. Eine Woche etwa nach den Vorfällen, die ich beschrieb, saß ich an meinem Fenster, als ich etwas Weißes langsam das Flüßchen hinuntertreiben sah. Mein erster Gedanke war, es handele sich um ein Schaf, das mit dem Ertrinken kämpfte; ich ergriff also meinen Stock, ging zum Ufer und fischte das Objekt heraus. Bei der Untersuchung erwies es sich als ein großes Leinentuch, zerrissen und zerfetzt, mit den Initialen *J. C.* in der Ecke. Was ihm jedoch eine unheilvolle Bedeutung verlieh, war, daß es von Saum zu Saum ganz bespritzt und verfärbt war.

Ich verschloß die Tür meiner Behausung und machte mich auf den Weg über die Heide zum Haus des Arztes. Ich war noch nicht weit gegangen, als ich ebendiesen Mann entdeckte. Er lief rasch an einem Hang entlang, schlug mit einem Knüppel nach den Ginsterbüschen und brüllte wie ein Verrückter. Dieser Anblick bestärkte und bestätigte die Zweifel an der Gesundheit seines Verstandes, die ich bereits gehegt hatte.

Als er sich näherte, merkte ich, daß sein linker Arm in einer Schlinge steckte. Er erblickte mich und zögerte, unentschlossen, ob er sich mir nähern solle oder nicht. Ich hatte keine Lust auf ein Gespräch mit ihm, so ging ich schnell an ihm vorbei, worauf er seinen Weg fortsetzte, immer noch schimpfend und mit seinem Knüttel um sich schlagend. Als er über die Heide verschwunden war, hielt ich weiter auf sein Haus zu, entschlossen, irgendeinen Anhaltspunkt zu entdecken, der mir das Vorgefallene zu erklären vermochte. Als ich dort ankam, war ich überrascht, die eisenbeschlagene Tür weit offen zu finden. Der Boden davor trug alle Anzeichen eines Kampfes. Die chemischen Apparate und die Möbel drinnen waren sämtlich zerschlagen und überallhin verstreut. Die deutlichsten Hinweise aber lieferte der unheimliche hölzerne Käfig; er war überall mit Blut bespritzt, und sein unglücklicher Insasse war verschwunden. Mein Herz wurde schwer bei dem Gedanken an den kleinen Mann, denn ich war mir sicher, daß ich ihn in dieser Welt nie mehr sehen würde.

Es gab nichts in dem Raum, was ein Licht auf die Identität meines Nachbarn geworfen hätte. Der Raum war vollgestopft mit chemischen Geräten. In einer Ecke enthielt ein kleines Bücherregal eine Auswahl wissenschaftlicher Werke. In einer anderen lag ein Haufen geologischer Gesteinsproben, in der Hauptsache handelte es sich um Kalkstein.

Auf meinem Heimweg konnte ich kein Anzeichen des Arztes entdecken; als ich aber meine Hütte erreichte, mußte ich erstaunt und empört feststellen, daß sie jemand in meiner Abwesenheit betreten hatte. Kisten waren unter dem Bett hervorgezogen worden, die Vorhänge waren verschoben und die Stühle von der Wand weggerückt. Sogar meine Studienobjekte waren nicht sicher gewesen vor dem groben Eindringling, wie mir die deutlich sichtbaren Abdrücke schwerer Stiefel auf dem ebenholzschwarzen Teppich verrieten.

4. Von dem Mann, der in der Nacht kam

Die Nacht kündigte sich mit stürmischen Böen an, und der Mond war ganz umgürtet von zerrissenen Wolken. Der Wind blies in melancholischen Stößen schluchzend und seufzend über die Heide und ließ die Stechginster-Büsche aufstöhnen. Von Zeit zu Zeit sprühte ein Regenschauer gegen die Fensterscheibe. Ich war bis annähernd Mitternacht auf und hatte das Fragment über die Unsterblichkeit von Iamblichos, dem alexandrinischen Platoniker, vor Augen, von dem Kaiser Julian bemerkte, er sei wohl ein Nachfolger des Plato in der Zeit, aber nicht im Genie. Endlich schlug ich mein Buch zu, öffnete meine Tür und warf einen letzten Blick auf die trostlose Heide und den noch trostloseren Himmel. Als ich meinen Kopf vorstreckte, erfaßte mich ein Windstoß und entführte die rote Glut meiner Pfeife sprühend und tanzend in die Dunkelheit hinaus. Im selben Moment erstrahlte der Mond in hellem Glanz zwischen zwei Wolken hindurch und ich erblickte, keine zweihundert Yards von meiner Tür entfernt am Hang sitzend, den Mann, der sich der Arzt von Gaster Fell nannte. Er hockte im Heidekraut – seine Ellbogen stützten auf den Knien, und das Kinn ruhte in den Händen –, bewegungslos wie ein Stein, den Blick fest auf die Tür meiner Behausung gerichtet.

Bei dem Anblick dieses unheilvollen Wachpostens durchschoß mich ein Schauder des Schreckens und der Angst, denn der Mann war von düsteren und geheimnisvollen Andeutungen umweht, und Stunde und Ort entsprachen durchaus seiner finsteren Erscheinung. Augenblicklich aber trieb ein männliches Auflodern von Ärger und Selbstvertrauen diese kleinlichen Emotionen aus meinem Kopf, und ich schritt furchtlos auf ihn zu. Als ich näher kam, erhob er sich und blickte mich an. Der Mond beschien sein düsteres, bärtiges Gesicht und glitzerte in seinen Augäpfeln.

„Was soll das bedeuten?“ rief ich, als ich ihn erreicht hatte. „Mit welchem Recht spionieren Sie hinter mir her?“

„Ihr Aufenthalt auf dem Lande hat Sie Ihre guten Manieren vergessen lassen“, sagte er. „Die Heide ist offen für jedermann.“

„Sie wollen sagen, mein Haus ist offen für jedermann“, erwiderte ich hitzig. „Sie waren so unverschämt, es während meiner Abwesenheit zu durchsuchen.“

Er fuhr hoch, und seine Gesichtszüge zeigten die intensivste Erregung. „Ich schwöre, daß ich nichts dergleichen tat!“ rief er. „Ich habe niemals in meinem Leben einen Fuß in Ihr Haus gesetzt. Oh, Sir, Sir, wenn Sie mir doch nur Glauben schenken würden. Ihnen droht Gefahr, und Sie würden gut daran tun, vorsichtig zu sein.“

„Ich habe genug von Ihnen“, sagte ich. „Ich habe den feigen Schlag gesehen, den Sie ausführten, als Sie glaubten, unbeobachtet zu sein. Ich war auch an Ihrem Haus, und kenne sein Geheimnis. Wenn in England noch Recht gesprochen wird, so werden Sie dafür hängen. Was mich anbelangt, ich bin ein alter Soldat, Sir, und ich bin bewaffnet. Ich werde meine Tür nicht abschließen. Doch falls Sie oder irgendein anderer Schurke versucht, den Fuß über meine Türschwelle zu setzen, geschieht das auf eigene Gefahr.“ Mit diesen Worten drehte ich mich auf dem Absatz um und schritt zu meiner Hütte zurück.

In den nächsten zwei Tagen frischte der Wind auf und steigerte sich, begleitet von ständigen Regenböen, bis schließlich in der dritten Nacht der wütendste Sturm losbrach, an den ich mich in England jemals erinnern kann. Ich fühlte, es war wirklich nutzlos, zu Bett gehen, auch konnte ich mich nicht hinreichend konzentrieren, um ein Buch zu lesen. Ich drehte meine

Lampe halb herunter, um das Licht zu dimmen, lehnte mich zurück in meinem Stuhl und verlor mich in Träumen.

Ich vergaß völlig die Zeit, denn ich habe keine Erinnerung daran, wie lange ich da an der Grenze zwischen Wachen und Schlaf saß. Schließlich, es muß gegen drei, vielleicht auch gegen vier Uhr gewesen sein, kam ich mit einem Ruck zu mir – aber nicht nur einfach so, sondern jeder Sinn und jeder Nerv war plötzlich angespannt. Bei dem schwachen Licht blickte ich mich im ganzen Zimmer um, konnte jedoch nichts entdecken, was mich hatte hochschrecken lassen.

Das gemütliche Zimmer, das regenbeschlagene Fenster, die rauhe Holztür – alles war wie immer. Ich war gerade so weit, mich dazu zu überreden, irgendein ungeformter Wachtraum habe einen diffusen Schreck an meine Nerven gesandt, als ich mir der Ursache bewußt wurde. Da war ein Geräusch – das Geräusch menschlicher Schritte vor meiner Hütte.

Inmitten des Donners und des Regens und des Windes hörte ich es – einen langsamen und heimlichen Tritt, jetzt auf dem Rasen, jetzt auf den Steinen – gelegentlich ganz innehaltend, dann aufs Neue, und jedesmal kam er näher heran. Ich saß atemlos da und horchte auf das schaurige Geräusch. Endlich hörten die Schritte genau vor meiner Tür auf. Ein Keuchen und heftiges Atmen war zu hören, wie von jemandem, der lange und schnell marschiert ist.

Durch das flackernde Licht der verlöschenden Lampe konnte ich sehen, daß der Riegel meiner Tür ruckte, als würde ein leichter Druck von außen darauf ausgeübt. Langsam, langsam, hob er sich, bis er frei war, und dann gab es eine Pause von mindestens einer Viertelminute oder länger, währenddessen ich weiter regungslos mit weit aufgerissenen Augen und gezogenem Säbel dasaß. Sodann, sehr langsam, begann sich die Tür in den Angeln zu drehen, und die scharfe Luft der Nacht strömte pfeifend durch den Schlitz. Sehr vorsichtig wurde sie aufgeschoben, ohne daß die rostigen Scharniere auch nur einen Laut von sich gaben. Als die Öffnung sich erweiterte, bemerkte ich eine dunkle, schattenhafte Gestalt auf meiner Schwelle, und ein bleiches Gesicht blickte herein. Die Gesichtszüge waren menschlich, die Augen jedoch waren es nicht. Sie schienen mit einem grünlichen Glanz von innen heraus durch die Dunkelheit zu brennen, und in ihrem unheilvollen, verschlagenen, stechenden Blick sah ich reine Mordlust. Ich sprang aus meinem Stuhl und erhob mein blankes Schwert, als mit einem wilden Schrei eine zweite Gestalt auf meine Tür zusprang. Bei deren Annäherung heulte mein schattenhafter Besucher schrill auf und floh, jaulend wie ein verprügelter Hund, quer über die Felsen.

Immer noch vibrierend vor Schreck stand ich an meiner Tür und spähte in die Nacht hinaus, und die mißtönenden Schreie der Flüchtenden gellten noch in meinen Ohren. In diesem Augenblick beleuchtete ein kräftiger Blitz die ganze Umgebung taghell.

Bei seinem Licht sah ich, bereits in einiger Entfernung hügelaufwärts, zwei dunkle Schemen einander mit großer Schnelligkeit über die Heide hin verfolgen. Sogar aus dieser Entfernung ließ der Unterschied zwischen ihnen keinen Zweifel an ihrer Identität aufkommen. Der erste war jener schmale, ältere Mann, dessen Tod ich für sicher gehalten hatte; der zweite war mein Nachbar, der Arzt. Für einen Augenblick wurden sie durch das unirdische Licht klar und deutlich herausgehoben, im Moment darauf hatte die Dunkelheit sie verschluckt, und sie waren fort. Als ich mich umwandte, um zurück in mein Zimmer zu gehen, stieß mein Fuß gegen etwas, das auf meiner Schwelle lag. Ich bückte mich und fand ein einfaches Messer, auf altmodische Art völlig aus Blei gefertigt und so weich und biegsam, daß es als Waffe eine seltsame Wahl war. Um es noch ungefährlicher zu machen, hatte man die Spitze quer abgeschnitten. Die Schneide jedoch war sorgfältig an einem Stein geschärft worden, wie man an den Bearbeitungsspuren unschwer erkennen konnte, so daß es in den Händen eines entschlossenen Mannes immer noch ein gefährliches Werkzeug war.

Und was bedeutete dies alles? werden Sie fragen. Vielen der Abenteuer, die ich in meinem unsteten Leben zu bestehen hatte – einige ebenso seltsam und bemerkenswert, wie dieses hier –, mangelt es an einer endgültigen Erklärung, nach der es Sie verlangt. Das Schicksal ist groß darin, Geschichten zu spinnen; aber es beendet sie, in der Regel, unter Mißachtung aller künstlerischen Gesetze und mit einem unziemlichen Mangel an Rücksicht auf jeglichen literarischen Anstand. Wie es der Zufall jedoch will, liegt mir hier ein Schreiben vor, dessen Inhalt ich ohne weiteren Kommentar anfügen möchte und das alles aufzuklären vermag, was jetzt noch im Dunkel verborgen liegt.

Anstalt für Geisteskranke Kirkby,
am 4. September 1885

Ich bin mir zutiefst bewußt, daß ich Ihnen eine Entschuldigung und Erklärung jener aufsehenerregenden und, in Ihren Augen, mysteriösen Ereignisse schuldig bin, die sich kürzlich abgespielt haben, und die so ernstlich in die Zurückgezogenheit Ihres Dasein eingriffen, das Sie zu führen gedachten. Ich hätte Sie am Morgen nach der Wiederergreifung meines Vaters aufsuchen müssen, aber da ich von Ihrer Abneigung Besuchern gegenüber wußte, und auch in Anbetracht Ihres – Sie werden meine Worte entschuldigen – sehr zum Jähzorn neigenden Temperamentes, hielt ich den Gedanken für besser, mich Ihnen auf dem Briefwege zu erklären.

Mein armer Vater war ein hart arbeitender Allgemeinmediziner in Birmingham, wo sein Name noch in Erinnerung ist und respektiert wird. Vor etwa zehn Jahren begann er Anzeichen einer geistigen Verwirrung zu zeigen, die wir geneigt waren auf Überarbeitung und die Auswirkungen eines Sonnenstichs zurückzuführen. Im Bewußtsein meiner eigenen Unzulänglichkeit, einen Fall von derartiger Wichtigkeit zu beurteilen, konsultierte ich umgehend die besten Ratgeber in Birmingham und London. Unter anderen waren wir bei dem herausragenden Nervenarzt Mr. Fraser-Brown, der äußerte, meines Vaters Fall wäre nur intermittierend, während seiner Paroxysmen aber gefährlich. *Es mag eine mörderische oder eine religiöse Wendung geben*, sagte er, *oder es kann zu einer Mischung aus beidem kommen. Für Monate mag er so normal sein wie Sie und ich, und dann, einen Moment später nur, kann es durchbrechen. Sie laden eine große Verantwortung auf sich, wenn Sie ihn ohne Überwachung lassen.*

Ich brauche nichts weiter hinzuzufügen, Sir. Sie werden die schreckliche Aufgabe verstehen, die meiner armen Schwester und mir zugefallen ist – zu versuchen, meinem Vater die Anstalt zu ersparen, die ihn in seinen gesunden Phasen mit Schrecken erfüllt. Ich kann nur bedauern, daß Ihre Ruhe durch unser Unglück gestört worden ist, und ich bitte Sie im Namen meiner Schwester und in meinem eigenen um Verzeihung.

Hochachtungsvoll
J. Cameron

Die Tragödie am Blut-Stein

Eine Druiden-Geschichte

„Still!“ sagte meinen Reisegefährte, erhob seine Hand mit einer warnenden Geste und blickte zu seiner Frau hinüber, die gemütlich unter ihren Wolldecken eingehüllt abseits ruhte. „Still!“

„Mein lieber Herr“, protestierte ich, „mein Hinweis auf Dr. Price …“

„Still!“ unterbrach mich meinen Begleiter erneut, aber noch energischer. „Kein Wort!“

Nun, das war ein sehr eigentümliches Benehmen. Der Gentleman, der meine Ausführungen so brüsk unterband, war in Rugby mit seiner Frau in den Wagen gestiegen, und wir hatten eine Stunde oder mehr unserer Reise damit zugebracht, unsere Ansichten über Gegenstände des aktuellen Interesses auszutauschen.

Im Verlaufe unserer Plauderei hatte irgendeine unglückliche Eingebung mich dazu verführt, auf Dr. Price und seinen jüngsten Versuch zur Wiederbelebung des Druidentums durch die Feuerbestattung eines Kleinkindes zu sprechen zu kommen. Zu meiner Überraschung hatte meine Anspielung einen starken Effekt auf meinen Begleiter, der sehr aufgeregt wurde, und mich in der erwähnten Weise entschieden zügelte.

„Ah! Es ist in Ordnung!“ fuhr er fort, nachdem er sich zu seiner Frau hinübergebeugt und auf sie hinabgesehen hatte. „Sie schläft. Kommen Sie hier herüber, in diese Ecke, damit sie uns nicht hört, falls sie erwacht.“

Ich folgte dieser seltsamen Aufforderung, während durch meinen Kopf viele Vermutungen schossen, welchen Grund es für diese Vorsichtsmaßnahme geben könnte.

„Für sie ist das ein schmerzliches Thema“, sagte er und nickte mit seinem Kopf in Richtung der schlafenden Frau. „Jede Andeutung könnte einen akuten Anfall bei ihr auslösen.“

„Worauf?“

„Auf den Druidismus.“

„Wie außergewöhnlich!“ entfuhr es mir.

„Ich habe die Zeitungen der letzten Woche von ihr ferngehalten“, fuhr meine Reisebekanntschaft fort, „damit sie nichts über die Eskapaden jenes Doktors hört.“ Ich bin überzeugt, es würde einen sehr schlechten Einfluß auf ihren Gemütszustand haben.“

„Tatsächlich?“ bemerkte ich, nicht ohne eine wachsende Überzeugung, dass mein Begleiter nicht ganz richtig im Oberstübchen sei.

„Ah! Natürlich, Sie verstehen es nicht“, sagte er und lächelte, als er meine offensichtliche Verwirrung bemerkte.

„Tatsache ist, daß kurz vor unserer Heirat – vor etwa zehn Jahren – meine Frau eine sehr schreckliche Erfahrung in Zusammenhang mit dem Druidismus hatte. Es gelangte damals nicht in die Zeitungen, aber es leben noch eine ganze Menge Leute, die die Tatsachen bezeugen können. Es griff ihre Nerven stark an, und alles, was ihr das wieder in Erinnerung ruft, würde sie sofort niederwerfen.“

Nach dieser kurzen Einleitung beugte sich mein neuer Freund weit zu mir herüber und erzählte mir mit leiser Stimme, unterbrochen durch viele flüchtige Blicke auf seine schlafende Frau, die Geschichte ihres außerordentlichen Abenteuers. Ich habe mich bemüht, sie so gut als möglich in seinen eigenen Worten wiederzugeben, aber ich kann weder den Ernst seiner Darstellung, noch den unheimlichen Effekt vermitteln, der durch die flackernde Wagenlampe und die Anwesenheit der schlafenden Heldin dieser seltsamen Geschichte erzeugt wurde.

„Ich weiß nicht,wie gut Sie Wales kennen“, begann er, „aber selbst wenn Sie sich dort auskennen, ist es sehr unwahrscheinlich, dass Ihre Reise Sie jemals bis nach Llanduran geführt hat. Es ist ein abseits liegendes, kleines Bergdorf oben im Norden, unweit des Meeres, ein Platz, der wohl kaum auf einer Landkarte zu finden sein dürfte und wohin kein Tourist jemals kommt, es sei denn, der Zufall würde ihn dorthin verschlagen. Dies allerdings war unser Schicksal im Herbst von ’72, und wir wurden derart durch die hübsche Gegend und die Ursprünglichkeit des dortigen bäuerlichen Landlebens gefangengenommen, daß wir für einige Zeit dort blieben. Wir bildeten eine einigermaßen große Gesellschaft – mein Bruder Stephen und seine Frau, meine jetzige Frau mit ihren zwei Brüdern und drei Freunde von mir aus London. Zusammen hatten wir eine sehr lustige Zeit und setzten die ruhig lebende Bevölkerung von Cymric[35] nicht wenig in Erstaunen, bis unsere Ferien plötzlich und tragisch ihr Ende fanden.

Ich muss Ihnen erklären, daß meine Frau – oder Miss Madison, wie sie in jenen Tagen hieß – ein außerordentlich abenteuerliches Temperament besaß. Sie schien für Furcht absolut unempfänglich zu sein. Ich protestierte fortwährend gegen die Risiken, die sie einging, und ihre Brüder versuchten ebenso, sie zurückzuhalten, aber ohne Erfolg. Je mehr wir Einspruch erhoben, desto verwegener wurde sie. Schließlich waren wir sogar gezwungen, sie zurückzulassen, wenn wir eine ernsthaftere Bergtour vorhatten, da wir fürchten mußten, sie würde einen Unfall erleiden.

Eines Morgens, als wir nach unten kamen, um zu frühstücken, erfuhren wir zu unserer Überraschung, daß Miss Madison gesehen worden war, wie sie in der frühesten Tagesdämmerung das Gasthaus allein und in Wanderkleidung in Richtung der Berge verlassen hatte. Ihre Absicht war offenbar, sich davonzustehlen, um allein einige jener Plätze zu besichtigen, zu denen wir ohne sie gegangen waren. Alle waren wir durch diese Eskapade des wilden Mädchens ziemlich alarmiert; aber unsere Befürchtungen vertieften sich zu wirklicher Besorgnis, als der ganze Tag verging,ohne daß wir auch nur ein Wort von ihr hörten. Das Gebiet war bekanntermaßen gefährlich. Die Berge, ohne bemerkenswert hoch zu sein, waren zerklüftet und schroff, und von zahlreichen Abgründen

35 Cymric – altenglische Bezeichnung für Wales

durchschnitten. Erst kürzlich hatte es in der Nähe einige tödliche Unfälle gegeben. Kein Wunder also, daß mein Herz schwer wurde, als ich den Gasthof nachts an der Spitze einer mit Fackeln bewehrten Gruppe verließ, um die Frau zu suchen, die ich bereits zu lieben begonnen hatte.

Ich erzähle Ihnen die Geschichte von hier ab aus ihrer Sicht und schildere Ihnen das tatsächliche Geschehen so, wie wir es später aus ihrem Munde vernahmen.

Sie verließ das Gasthaus und lachte hin und wieder über ihren Einfall, es uns allen zu zeigen. Schnell nahm sie ihren Weg in die Berge. Der Morgen war schön und die klare, belebende Luft steigerte ihre natürliche Vitalität und Ausdauer, so daß sie bereits einen sehr langer Weg zurückgelegt hatte, bevor ihr der Gedanke an Ermüdung kam. Sie war aufs Geratewohl gegangen und war den schmalen Ziegenpfaden gefolgt, von einem schroffen Tal ins nächste, und sie hatte alle bekannten Wegmarkierungen außer Sicht gelassen und fand sich in einem trostlosen Labyrinth wieder, auf jeder Seite umgeben von hochaufragenden Felsspitzen und ohne das kleinste Zeichen menschlichen Lebens.

Viele Frauen an ihrer Stelle hätten Angst bekommen, aber, wie ich sagte, sie war von Natur aus tapfer, und da sie den Versuch, ihren Weg zurückzufinden, als hoffnungslos erkannte, eilte sie weiter in der Absicht, einen Aussichtspunkt zu erreichen, von dem aus sie sich durch einen Blick auf die Außenwelt orientieren könnte.

Während sie voranschritt, wurde die Landschaft kahler und düsterer. Die Berge in jenen Regionen sind durchweg trostlos und kaum malerisch genug, um Touristen anzuziehen, und zu unfruchtbar, um es jemandem zu erlauben, hier zu siedeln. Sie stolperte zwischen großen Felsbrocken umher und stieß auf das Bett eines ausgetrockneten Baches, mit hohen Granitwänden zu jeder Seite, ohne Riß oder Öffnung. Dem Lauf des alten Stromes folgend, gelangte sie schließlich zu einem Platz, an dem es offenbar einen Wasserfall gegeben hatte, da das Bett des Stromes jäh für dreißig oder vierzig Fuß abfiel. Hoffend, durch Hinaufsteigen einen Überblick über ihren Aufenthaltsort zu erhalten, kletterte meine Frau diesen steilen Anstieg hinauf und erreichte mir einigen Schwierigkeiten den oberen Absatz.

Ein außergewöhnlicher Anblick eröffnete sich ihr. Die Kluft, durch die der Fluß sich seinen Weg gebahnt hatte, war der einzige Zugang zu einer kleinen Schlucht, auf allen Seiten von hohen, dunkle Klippen eingefaßt. Dieser abgelegene Winkel bildete eine Sackgasse von ungefähr zweihundert Yard Länge und fünfzig in der Breite, umschlossen von Tannenbäumen, die an der Basis der steinernen Wände emporsprossen. In der Mitte des freien Platzes lag eine große flache Platte, umringt von einigen Steinen, die einen doppelten Kreis darum bildeten. Diese Anordnung war offenbar künstlich, und meine Frau schaute sich um, in der Hoffnung, einige Zeichen menschlichen Lebens zu erblicken. Zu ihrer großen Freude nahm sie unter den Bäumen so etwas wie eine grobgezimmerte Hütte wahr, zu der sie eilte, in der Hoffnung, dort eine Erfrischung zu erhalten und sich dann nach dem Heimweg erkundigen zu können.

Die ungehobelte Tür dieser hölzernen Wohnung war angelehnt, und Miss Madison drückte sie auf, nachdem sie mehrmals, ohne aber eine Antwort zu erhalten, geklopft hatte.

Der Raum, in den sie trat, war klein und eingerichtet in der primitivsten Weise. Ein Haufen Ziegenfelle in der Ecke schien als Bett verwendet worden zu sein, und ein großer Holzblock in der Mitte sollte offenbar als Tisch dienen, denn die Überreste einer Mahlzeit, ein paar Knochen, lagen noch darauf. Was die junge Dame jedoch am stärksten in dieser außerordentlichen Wohnung beeindruckte, waren die Wände, die dicht mit seltsamen Inschriften bedeckt waren, aufgemalt in dunklen Buchstaben. Diese gehörten zu irgendeiner unbekannten Sprache, die sie für Walisisch hielt, aber es gab auch andere Zeichen, besonders über der Tür und in der Mitte jeder Wand, die offenbar als Zaubersymbole dienen sollten, mehrfach variiert in den verschiedensten Gestalten und Formen.

Meine Frau stand im Eingang, betrachtete all diese merkwürdigen Sachen mit natürlicher Neugier, als sie einen Schatten gewahrte, der sich zwischen sie und die Sonne schob. Sich umdrehend, sah sie hinter sich den außergewöhnlichsten Sterblichen, den je erblickt hatte. Er war ein älterer Mann, mit langem, wallendem Haar und ein grauem Bart, der über seiner Brust herabhing. Er konnte nicht kleiner als sechs Fuß vier Zoll gewesen sein, und die Breite seiner Schultern und die Länge seiner Arme verrieten eine außerordentliche Stärke, während der große Stecken, auf den er sich stützte, ihm Wahlweise als Wanderstab oder als Waffe dienen mochte. Sein Gewand war eine Art zerlumpter Kittel, ursprünglich wohl weiß, jetzt aber verblichen und schmutzig. Was meine Frau jedoch mehr als seine Eigenschaften oder seine merkwürdige Kleidung beeindruckte, waren seine Augen, die von hellem, fast farblosem Blau waren, beträchtlich hervorsprangen und unablässig in Bewegung waren.

„Heil, Lady!“ rief er aus, und kam auf Miss Madison zu, wobei er mit wohlmodulierten Stimme sprach: „Seit fünf Monden harre ich Deiner. Warum hast Du so lang gezögert?“

Beträchtlich erstaunt, jedoch eher amüsiert denn erschrocken, wich die junge Dame einen Schritt oder zwei zurück vor dieser merkwürdigen Erscheinung, die langsam näher kam, wobei der Mann rhythmisch seine Hände schwang.

„Der Blut-Stein ist trocken!“ schrie er, „der Blut-Stein ist trocken! Soll gesagt werden, daß es in den Tagen der fünfzehnten Inkarnation keinen Mann gab, der die alten Götter ehrte, und keine Frau, die es wagte, sich auf den Blut-Stein zu legen? Britannien’s Edelste und Schönste haben sich auf dieser kalten Liegestatt ausgestreckt. Du bist der Ehre wert, Jungfer. Du bist unerschrocken, und Deine Hand ist fest. So soll die sein, die da erwählt wurde von den hohen Göttern.“

Mittlerweile hatte meine Frau erkannt, daß der Mann vor ihr ein Verrückter war, obwohl sie nicht noch die Bedeutung seiner merkwürdigen Worte erkannte. Sie bemühte sich jedoch, ihren Schrecken so gut als möglich zu verbergen, und ihren wild dreinblickenden Begleiter zu beschwichtigen.

„Sie müssen ein einsames Leben hier führen, Sir“, sagte sie. „Wer sind Sie und warum hausen Sie allein hier oben?“

„Wer ich bin?“ schrie er und warf seine langen, dünnen Arme in die Luft. „Ich bin Ap-Griffiths, vom reinen Blut von Arisdenna, siebzigster in der Abfolge des hohen Priesters Morla, dem zweiter Bruder der großen Königin Boadicea. Ich bin der Letzte der Druiden. Alle Männer ringsum“, setzte er traurig, hinzu „haben das alte Glaubensbekenntnis verlassen. Niemand beugt sich noch den hohen Göttern. Nur wir sind standhaft und treu, Jungfer; Du und ich – der Schlächter und das Lamm.“

Unterdessen ernstlich alarmiert, bemühte sich meine Frau, zum Ausgang der kleinen Schlucht zu gelangen, aber der Wahnsinnige ergriff in höchster Erregung ihr Handgelenk und schleppte sie zu dem Punkt, an dem sich die Steine befanden.

„Ich habe es erfüllt!“ kreischte er. „Es hat schon viel größere gegeben, aber keines war so vollendet. Was wartet dort? Der Blut-Stein!“Er wies auf die flache Platte in der Mitte. „Trocken ist er seit vielen Jahren. doch wenn du darauf liegen wirst, Jungfer, wenn dein Lebensblut über den heißen Stein zischt, wenn die Flammen rings um dich emporlodern, dann werden die Götter wissen, daß es noch Gläubige gibt. O nein, erschaudere nicht und weiche nicht zurück. Dein wertloser Körper mag verkohlt und gequält werden, doch deine Seele wird zu den Sternen emporsteigen und auf ewig frohlocken vor einem Glück, das Worte unfähig sind zu beschreiben. Sieh meine Steine. Vierunddreißig außen und achtundzwanzig innen, getreu den Regeln des weisen und heiligen Morla. Auch ein Rinne führt um den Blutstein und mein Werkzeug ist, wie es sein sollte.“ In diesem Moment zog er ein langes scharfes Messer aus seinem Gewand hervor. „Seit Monaten ist alles bereit, allein das Opfer fehlte; und nun senden mir die großen Götter auch dieses.“

Meine Frau war, wie ich bereits erwähnte, mutig und geistesgegenwärtig. Es war ihr sofort klar, daß ein Fluchtversuch angesichts eines derart behenden und kräftigen Gegners unmöglich wäre. Ihre einzige Hoffnung auf Rettung lag darin, ihm scheinbar zu willfahren und ihn zu überlisten. Also wandte sie sich an ihn und heuchelte so viel Gelassenheit, wie ihr möglich war, während sie die furchtbare Frage stellte:

„Wann soll ich geopfert werden?“

„Um Mitternacht“, sagte der Wahnsinnige mit Entschiedenheit.

Instinktiv fühlte sie, es wäre zwecklos, ihre Weiblichkeit, ihre Jugend oder ihre Hilflosigkeit gegenüber dem blutrünstigen Fanatiker ins Feld zu führen. Die Sonne stand bereits kurz über dem Horizont, und es würden nur noch wenige Stunden vergehen, bevor sie über den schrecklichen Blut-Stein hingestreckt liegen würde. Ihre letzte Chance lag darin, diese letzten Stunden zu nutzen.

„Ich bin unkundig in vielen Dingen, von denen Sie sprechen“, sagte sie. „Ich habe noch viel zu lernen, bevor ich sterbe.“

„Daran tust du recht, Jungfer“, sagte er. „Viel gibt es, was niemand noch zu erzählen vermag in diesen späten Tagen, ausgenommen jene, die noch das Blut des Priesters in ihren Adern haben. Folge mir in meine Wohnstatt, und ich werde dich unterweisen in jenen vielen Dingen, auf daß, wenn deine Seele ihrer Banden ledig ist, sie wissen mag, wohin sie eilt.“

Mit diesen Worten führte der Druide, wie ich ihn einmal nennen will, Miss Madison in die Hütte und befahl ihr, sich auf einer groben Holzbank gegenüber der Tür niederzulassen. Er selbst legte sich auf einige Ziegenfelle zu ihren Füßen und begann mit großer Redegewandtheit und Ernsthaftigkeit zu erzählen. Vieles von seinem Vortrag war ihr unverständlich, und gelegentlich verfiel er in derbe, holperige Verse, aber sie verstand genug, um zu wissen, daß er den Regeln des alten englischen Glaubens folgte. Armes Mädchen! Ihr Bewußtsein war derart voller Schrecken, daß sie seinen Darlegungen nicht viel Aufmerksamkeit zu widmen vermochte. Wohin immer sie auch blickte, es eröffnete sich keine Möglichkeit zur Flucht. Durch die halb geöffnete Tür sah sie die Nacht hereinbrechen. Der Druide bemerkte dies ebenso, denn plötzlich unterbrach er seine Ansprache, sprang auf und ergriff ein großes Hackbeil, das an der Wand lehnte.

Auf einige Zeit muß ich dich verlassen, Jungfer“, sagte er. Viel muß noch getan werden, bevor die Dunkelheit kommt. Das Holz muß gespalten werden für den Scheiterhaufen, denn ich schwöre dir, niemand, der je auf diesem harten Hochzeitsbett lag, hat ein geziemenderes Ende gehabt, als deines sein wird.“

Mit diesen Worten eilte er aus der Hütte und krachende Schläge zeigten Miss Madison, daß er einen der Tannenbäume fällte, die das Tal umgaben.

Während eines Momentes wuchs ein Hoffnungsschimmer in ihrem Verstand. Konnte sie ihm nicht entwischen, während er sich seiner Arbeit widmete, und den Ausgang der Schlucht erreichen, ohne daß er sie bemerkte? Sie erhob sich mit dem Entschluß, alles auf eine Karte zu setzen, bemerkte jedoch zu ihrem unbeschreiblichen Schrecken, daß der schlaue Übeltäter, als er zu ihren Füßen lag, es auf eine unerklärliche Weise fertiggebracht hatte, die Schlinge eines Seils um ihre Knöchel zu legen, und daß sie fest an die Bank gefesselt war. Erst jetzt kam ihr die unerbittliche Grausamkeit und die unnachgiebige Entschlossenheit des Monsters, das sie gefangengenommen hatte, völlig zu Bewußtsein. Sie rief kläglich um Hilfe, obwohl sie wußte, dass ihre Schreie so nutzlos waren, wie ihre Versuche, sich loszureißen. Sie war völlig in der Gewalt des Wahnsinnigen.

Ihr Schreien brachte ihn zurück. Er stand im Eingang und blickte mit einem melancholischem Gesichtsausdruck an ihr herab. Mittlerweile war es so dunkel geworden, daß es schwer wurde, seine Züge zu erkennen.

„Lady“, sagte er, „dies ist nicht, was ich erhofft hatte. Wie soll dein Mut dich im höchsten Augenblick emportragen, wenn du jetzt erschauderst? Vor allen Frauen bist du geehrt durch die Wahl der Götter. Kannst du dich nicht würdig erweisen dieser Wahl? Wisse auch, daß deine Schreie ohne Nutzen sind, denn auf viele Meilen gibt es kein menschliches Ohr. Du bist nicht die einzige, an der es ist, heut Nacht zu sterben. Wenn das rote Licht des Scheiterhaufens die Klippen von Conmorris färbt und der Holocaust sich vollendet, dann wird Ap-Griffiths, der letzte der Priester, dahinscheiden, denn seine Mission ist glorreich erfüllt. Mein Leben, wie das deine, Jungfer, endet mit dem Anbruch der sechzehnten Inkarnation, die sich in der zwölften Stunde dieser Nacht vollziehen wird, wie mein Wissen mir offenbart.“

Zur Verzweiflung getrieben, betete meine arme Frau. Sie betete um Erlösung von dem Irren und flehte ihn an, von der

Durchführung seines mörderischen Planes abzusehen. Ihre Gebete hatten jedoch genau den gegenteiligen Effekt, denn in einem Wutanfall sprang der Druide auf sie los, drückte sie mit Gewalt auf die Bank hinunter, an die sie bereits gefesselt war.

„Gemeines, undankbares Weib!“ brüllte er und wickelte einen Strick fest um ihren Körper, um sich ihr noch mehr zu versichern als zuvor. „Willst du dich ins sichere Verderben bringen? Kein Wort mehr, oder ich muß deine Zunge zum Schweigen bringen. Du hast bereits eine schwere Sünde begangen.“

Mit diesen Wörtern ergriff er erneut sein Hackbeil und ging wieder an seine Arbeit. Er schnitt große Reisigbündel und häufte sie um den unheilvollen Blutstein herum auf.

Zunehmend senkte sich die Schwärze der Nacht in das kleine Tal hinab. Das bedauernswerte Mädchen, mehr tot als lebendig auf der rauhen Bank hingestreckt, konnte die Umrisse des ausgemergelten Irren wahrnehmen, während er sein Hackbeil mit teuflischer Wut handhabte. Dann verstummte das Geräusch, und sie verlor ihn in der Dämmerung aus den Augen. Als jedoch der Mond herauskam, sah sie ihn wieder, wie er bei den senkrecht stehenden Steinen niederkniete. Er beugte seinen Kopf, fuchtelte mit seinen Armen herum und erweckte ganz den Anschein, religiöse Handlungen zu begehen. Dann erhob er sich und gab einen groben, wilden Gesang von sich, der durch die kleine Schlucht hallte und von den felsigen Wänden zurückgeworfen wurde.

Während dieser Zeit hatte Miss Madison die Hoffnung an die Möglichkeit einer Flucht bereits aufgegeben. Plötzlich jedoch nahmen ihre aufs äußerste angespannten Sinne einen Laut in einiger Entfernung wahr. Erbebend vor Anspannung lauschte sie, und wieder erschien es ihr, als würde mit einem schwachen Lufthauch zugleich ein leiser Ton an ihr Ohr getragen, ähnlich dem Ton eines Hornes. Könnte es sein, daß ihre Freunde den rechten Weg eingeschlagen hatten? Sie rührte sich nicht und konnte das Schlagen ihres eigenen Herzens hören. Für fünf Minuten herrschte absolute Ruhe, abgesehen von dem monotonen Gesang des Irren. Dann vernahm sie erneut den gleichen langen klagenden Laut, scheinbar sogar ein wenig lauter und näher als zuvor. Der Druide schien ihn gleichfalls wahrgenommen zu haben, denn er unterbrach seine Beschwörungen und schritt unruhig auf und ab.

Nach ihrer Schätzung konnte es nicht später als elf Uhr sein. Demnach hatte sie eine Stunde Zeit, bevor der Irre seinen Plan auszuführen gedachte. Die Spannung war quälend. Sie lag mit geschlossenen Augen und zählte die Sekunden und wartete auf die Wiederholung des Tons, aber alles blieb grabesstill.

Minute auf Minute verstrich. Eine halbe Stunde verging ohne irgendein Zeichen ihrer Retter. Und erneut ging eine Viertelstunde vorüber. Der Irre warf einen letzten Blick auf den Scheiterhaufen und machte sich daran, seine Vorbereitungen abzuschließen. Er riß ein Streichholz an und entzündete den Holzhaufen an seiner Basis. Das trockene, harzhaltige Kiefernholz knisterte und stotterte, während lange Flammenzungen ringsum die Ränder des tödlichen Blut-Steins umleckten. Er näherte sich der Tür der Hütte. „Die Zeit ist gekommen, Jungfer!“ sagte er.

Es muß ein schrecklicher Anblick gewesen sein. Die Feuersäule schoß nach oben in die Luft und warf fantastische Schatten auf die riesigen Tannenbäume und den Druiden-Stein – und inmitten des Lichtkreises der weißgewandete Irre und das vor ihm zurückweichende Mädchen! Er war soeben dabei, das Seil, das sie band, zu lösen, als vom Eingang der Schlucht ein lauter Hornstoß ertönte und einen Chor menschlicher Stimmen durcheinander erschallte. Das Licht des Feuers hatte das Rettungskommando herbeigeführt.

Der Druide begann sich wie ein gejagtes Tier zu benehmen. „Zu spät!“ brüllte er, „zu spät! Ihr Schicksal ist besiegelt! Sie muß sterben!“ Er riß die Frau von der Bank hoch und rannte, sie fest umklammernd, mit unglaublicher Geschwindigkeit zum Feuer, wo er sie niederlegte und sein langes Messer hervorzog. Die letzten Erinnerungen meiner armen Frau sind die an sein grimmiges Gesicht, das auf sie herabblickt, die grausamen, farblosen Augen und das erhobene Messer.

Als sie wieder zu sich kam, waren freundliche Gesichter um sie herum. Ihr Kopf ruhte an meiner Brust, und das erste

Wort, das über ihre lieben Lippen kam, war mein Name. Der Druide lag ein wenig abseits mit einer klaffenden Kopfwunde auf seinem Rücken. Nie wieder bekomme ich so einen Stock wieder, wie jenen alten Freund, den ich in dieser Nacht über seinem verrückten Schädel zerbrach. Es stand auf des Messers Schneide. Wäre ich einen Moment später gekommen, hätte dieser Bursche sein Messer in Marys Herz gestoßen.

Wir brachten sie in das Gasthaus in Llanduran, aber sie entwickelte am nächsten Tag ein Gehirnfieber, und lag für Wochen lebensgefährlich danieder. Das Abenteuer hat einen solchen Eindruck bei ihr hinterlassen, daß die leiseste Erinnerung daran ihr sehr schaden kann. Aus diesem Grunde habe ich ihr die Episode von Dr. Price vorenthalten.

„Und der Druide, fragte ich?"

„Oh, es stellte sich heraus, daß er ein wohlbekannter Wissenschaftler und Archäologe war. Er war unberechenbar in seinem Verhalten und war aus diesem Grunde im Merthyr Lunatic Asylum untergebracht worden, woraus er vor sechs Monaten spurlos entflohen war. Er muß die ganze Zeit in diesem Winkel in den Bergen bei seinen heidnischen Riten verbracht haben und sich von Ziegen und allem ernährt haben, was er hier finden konnte."

„Was wurde aus ihm?"

„Oh, das ist die erstaunlichste Sache an der ganzen erstaunlichen Geschichte. Ob der Schlag mit meinem Stock irgendeine Delle wieder ausbügelte oder was sonst passierte, ich weiß es nicht. Aber Tatsache ist, daß er, sobald er wieder zur Besinnung kam, so normal war wie Sie und ich, und, soweit ich weiß, sich an nichts erinnerte. Sie brachten ihn für einige Zeit in die Anstalt zurück, da man einen Rückfall befürchtete, entließen ihn aber schließlich. Still! Sie erwacht. Ja, zu Beginn der nächsten Sitzung wird es recht lebhaft werden, wie es den Anschein hat. Denkst Du nicht auch, mein Liebling?"

Quellen und Übersetzer

Die hier vorliegenden Erzählungen erschienen in Buchform zuerst in den Bänden „The Captain of the Polestar and Other Stories“ (1890) und „Danger! And Other Stories“ (1918). Die Mehrzahl der Erzählungen erscheint hier in deutscher Erstveröffentlichung.

„Der Kapitän des ‚Polarstern‘“ (The Captain of the „Polestar“).
Erstveröffentlichung des Originals in „Temple Bar“, 1883. Erste Buchpublikation des Originals in „The Captain of the Polestar and Other Tales“. Longmans, Green and Co., 1890. Erste deutsche Ausgabe in „Das Töpfchen Kaviar“. Verlag von Robert Lutz, Stuttgart 1910. Übersetzt von Rudolf Lautenbach.

„John Barrington Cowles“ (John Barrington Cowles).
Erstveröffentlichung des Originals in „Cassell’s Saturday Journal“, 1884. Erste Buchpublikation des Originals in „The Captain of the Polestar and Other Tales“. Longmans, Green and Co., 1890. Erste deutsche Ausgabe in „Sherlock Holmes und die Ohren“. Verlag von Robert Lutz, Stuttgart 1908. Übersetzt von Adolf Gleiner und Rudolf Lautenbach.

„Eine erfüllte Stunde“ (One Crowded Hour)
Erstveröffentlichung des Originals in „Strand Magazine“, 1911. Erste Buchpublikation des Originals in „Danger! And Other Stories“. John Murray, London 1918. Erscheint hier in deutscher Erstveröffentlichung. Übersetzt von Olaf R. Spittel.

„Ein Mann von Ehre“ (A Point of View).
Erstveröffentlichung des Originals in „Danger! And Other Stories“. John Murray, London 1918. Erscheint hier in deutscher Erstveröffentlichung. Übersetzt von Olaf R. Spittel.

„Die Bloßstellung des Lord Barrymore“ (The Fall of Lord Barrymore).
Erstveröffentlichung des Originals in „Strand Magazine“, 1911. Erste Buchpublikation des Originals in „Danger! And Other Sto-

ries“. John Murray, London 1918. Erscheint hier in deutscher Erstveröffentlichung. Übersetzt von Anne Koch.

„Mit fremden Federn“ (Borrowed Scenes).
Erstveröffentlichung des Originals in „Pall Mall Magazine“, 1913. Erste Buchpublikation des Originals in „Danger! And Other Stories“. John Murray, London 1918. Erscheint hier in deutscher Erstveröffentlichung. Übersetzt von Olaf R. Spittel.

„Die unterbrochene Existenz des John Huxford“ (John Huxford’s Hiatus).
Erstveröffentlichung des Originals in „Cornhill Magazine“, 1888. Erste Buchpublikation des Originals in „The Captain of the Polestar and Other Tales“. Longmans, Green and Co., 1890. Erscheint hier in deutscher Erstveröffentlichung. Übersetzt von Jürgen Meyer.

Ein literarisches Mosaik (A Literary Mosaic / Cyprian Overbeck Wells).
Erstveröffentlichung des Originals in „Boy’s Own Paper“, 1886 unter dem Titel „Cyprian Overbeck Wells. A Literary Mosaic“. Erste Buchpublikation des Originals in „The Captain of the Polestar and Other Tales“ unter dem Titel „A Literary Mosaic“. Longmans, Green and Co., 1890. Erscheint hier in deutscher Erstveröffentlichung. Übersetzt von Olaf R. Spittel.

Der Ring des Thoth (The Ring of Thoth).
Erstveröffentlichung des Originals in „Cornhill Magazine“, 1890. Erste Buchpublikation des Originals in „The Captain of the Polestar and Other Tales“. Longmans, Green and Co., 1890. Erste deutsche Ausgabe in „Die Schreckenskammer“. Mosaik Verlag, Hamburg 1966. Für die vorliegende Ausgabe neu übersetzt von Anne Koch.

Der Arzt von Gaster Fell (The Surgeon of Gaster Fell).
Erstveröffentlichung des Originals in „Chambers’s Journal“, 1890. Erste Buchpublikation des Originals in „Danger! And Other Stories“. John Murray, London 1918. Erscheint hier in deutscher Erstveröffentlichung. Übersetzt von Olaf R. Spittel.

„Die Tragödie am Blut-Stein“ (The Blood-Stone Tragedy)
Erstveröffentlichung des anonym erschienenen Originals in „Cassell’s Saturday Journal“, 1884. Erste Buchpublikation des Originals: „The Blood-Stone Tragedy“. The Arthur Conan Doyle Society, Chester 1995. Erscheint hier in deutscher Erstveröffentlichung. Übersetzt von Olaf R. Spittel.

KURT NIKOLAUS

ZU GAST BEI SHERLOCK HOLMES

EIN HÖRSPIEL, EINE ERZÄHLUNG
UND EIN DRAMA

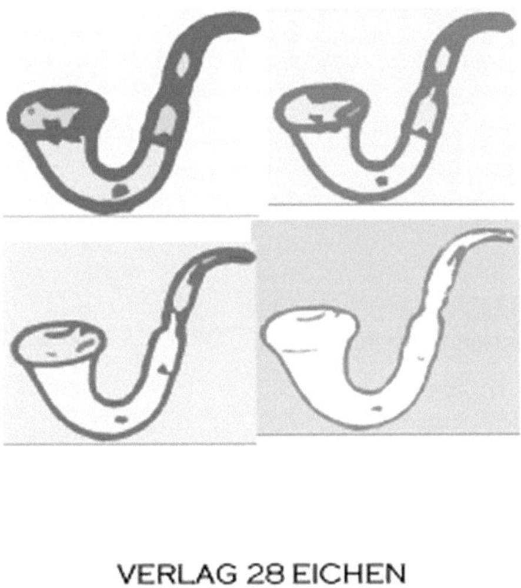

VERLAG 28 EICHEN